1권

KB085026

제1회
부산교통공사 운영직

NCS 직업기초능력평가

www.sdedu.co.kr

⟨문항 및 시험시간⟩

평가영역	문항 수	시험시간	모바일 OMR 답안채점/성적분석 서비스
의사소통＋수리＋문제해결＋자원관리＋정보	50문항	50분	

제1회 모의고사

문항 수 : 50문항
응시시간 : 50분

※ 다음은 슈퍼푸드로 선정된 토마토를 소개한 글이다. 이어지는 질문에 답하시오. [1~2]

(가) 토마토는 우리말로 '일년감'이라 하며, 한자명은 남만시(南蠻柿)라고 한다. 우리나라에서는 토마토를 처음에는 관상용으로 심었으나 차츰 영양가가 있음이 밝혀져 밭에 재배하기 시작했고 식용으로 대중화되었다. 토마토는 가짓과에 속하는 일년생 반덩굴성 식물열매이며 원산지는 남미 페루이다. 16세기 초 콜럼버스가 신대륙을 발견한 즈음 유럽으로 건너가 스페인과 이탈리아에서 재배되기 시작했다. 우리나라에는 19세기 초 일본을 거쳐서 들어왔다고 추정되고 있다. 한때 미국에서 정부와 업자 사이에 '토마토가 과일이냐 채소냐'의 논란이 있었는데, 이에 대법원에서는 토마토를 채소로 판결 내렸다. 어찌 됐든 토마토는 과일과 채소의 두 가지 특성을 갖추고 있으며 비타민과 무기질 공급원으로 아주 우수한 식품이다. 세계적인 장수촌으로 알려진 안데스 산맥 기슭의 빌카밤바(Vilcabamba) 사람들은 토마토를 많이 먹은 덕분으로 장수를 누렸다고 전해 오고 있다.

(나) 토마토에 함유되어 있는 성분에는 구연산, 사과산, 호박산, 아미노산, 루틴, 단백질, 당질, 회분, 칼슘, 철, 인, 비타민 A, 비타민 B1, 비타민 B2, 비타민 C, 식이섬유 등이 있다. 특히 비타민 C의 경우 토마토 한 개에 하루 섭취 권장량의 절반가량이 들어 있다. 토마토가 빨간색을 띠는 것은 '카로티노이드'라는 식물 색소 때문인데, 특히 빨간 카로티노이드 색소인 라이코펜이 주성분이다. 라이코펜은 베타카로틴 등과 더불어 항산화 작용을 하는 물질이며, 빨간 토마토에는 대략 7 ~ 12mg의 라이코펜이 들어 있다.

(다) 파란 토마토보다 빨간 토마토가 건강에 더 유익하므로 완전히 빨갛게 익혀 먹는 것이 좋으며, 라이코펜이 많은 빨간 토마토를 그냥 먹을 경우 체내 흡수율이 떨어지므로 열을 가해 조리해서 먹는 것이 좋다. 열을 가하면 라이코펜이 토마토 세포벽 밖으로 빠져나와 우리 몸에 잘 흡수되기 때문이다. 실제 토마토 소스에 들어 있는 라이코펜의 흡수율은 생토마토의 5배에 달한다고 한다.

(라) 토마토의 껍질을 벗길 때는 끓는 물에 잠깐 담갔다가 건진 후 찬물에서 벗기면 손쉽게 벗길 수 있다. 잘 익은 토마토를 껍질을 벗기고 으깨 체에 밭쳐 졸인 것을 '토마토 퓌레(채소나 과일의 농축 진액)'라고 한다. 그리고 토마토 퓌레에 소금과 향신료를 조미한 것이 '토마토 소스'이며, 소스를 보다 강하게 조미하고 단맛을 낸 것이 '토마토 케첩'이다. 토마토의 라이코펜과 지용성 비타민은 기름에 익힐 때 흡수가 잘 되므로 기름에 볶아 푹 익혀서 퓌레 상태로 만들면 편리하다. 마늘과 쇠고기를 다져서 올리브유에 볶다가 적포도주 조금, 그리고 토마토 퓌레를 넣으면 토마토 소스가 된다. 토마토 소스에 파스타나 밥을 볶으면 쉽게 맛을 낼 수 있다.

그런데 토마토와 같이 산(酸)이 많은 식품을 조리할 때는 단시간에 조리하거나 스테인리스 스틸 재질의 조리 기구를 사용해야 한다. 알루미늄제 조리 기구를 사용하게 되면 알루미늄 성분이 녹아 나올 수 있기 때문이다. 세계보건기구(WHO)는 지난 1997년 알루미늄에 대해 신체 과다 노출 시 구토, 설사, 메스꺼움 등을 유발할 수 있다고 경고한 바 있다.

01 다음 중 (가) ~ (라)의 소제목으로 적절하지 않은 것은?

① (가) : 토마토가 우리에게 오기까지

② (나) : 토마토의 다양한 성분

③ (다) : 토마토를 건강하게 먹는 방법

④ (라) : 토마토가 사랑받는 이유

02 윗글을 읽고 이해한 내용으로 적절하지 않은 것은?

① 토마토는 그냥 먹는 것보다 열을 가해 먹는 것이 더 좋다.

② 토마토는 일본을 거쳐 우리나라에 들어온 것으로 추정된다.

③ 토마토를 조리할 때는 알루미늄제 조리 기구를 사용해야 한다.

④ 토마토의 라이코펜은 기름에 익힐 때 흡수가 잘 된다.

03 B회사에서는 추석을 맞이해 직원들에게 선물을 보내려고 한다. 선물은 비슷한 가격대의 상품으로 다음과 같이 준비하였으며, 전 직원들을 대상으로 투표를 실시하였다. 가장 많은 표를 얻은 상품 하나를 선정하여 선물을 보낸다면, 총 얼마의 비용이 들겠는가?

상품내역		투표결과					
상품명	가격	총무부	기획부	영업부	생산부	관리부	연구소
한우Set	80,000원	2	1	5	13	1	1
영광굴비	78,000원	0	3	3	15	3	0
장뇌삼	85,000원	1	0	1	21	2	2
화장품	75,000원	2	1	6	14	5	1
전복	70,000원	0	1	7	19	1	4

※ 투표에 대해 무응답 및 중복응답은 없다.

① 9,200,000원 ② 9,450,000원
③ 9,650,000원 ④ 9,800,000원

04 다음은 성별 국민연금 가입자 수에 대한 자료이다. 이에 대한 설명으로 가장 적절한 것은?

〈성별 국민연금 가입자 수〉

(단위 : 명)

구분	사업장가입자	지역가입자	임의가입자	임의계속가입자	합계
남자	8,059,994	3,861,478	50,353	166,499	12,138,324
여자	5,775,011	3,448,700	284,127	296,644	9,804,482
합계	13,835,005	7,310,178	334,480	463,143	21,942,806

① 남자 사업장가입자 수는 남자 지역가입자 수의 2배 미만이다.
② 여자 사업장가입자 수는 이를 제외한 항목의 여자 가입자 수를 모두 합친 것보다 적다.
③ 전체 지역가입자 수는 전체 사업장가입자 수의 50% 미만이다.
④ 전체 가입자 중 여자 가입자 수의 비율은 40% 이상이다.

05 다음은 B공단에서 발표한 어린이 보호구역 지정대상 및 현황에 대한 자료이다. 〈보기〉 중 이에 대한 설명으로 적절하지 않은 것을 모두 고르면?

〈어린이 보호구역 지정대상 및 지정현황〉

(단위 : 곳)

구분		2016년	2017년	2018년	2019년	2020년	2021년	2022년
어린이보호구역 지정대상	계	17,339	18,706	18,885	21,274	21,422	20,579	21,273
어린이보호구역 지정현황	계	14,921	15,136	15,444	15,799	16,085	16,355	16,555
	초등학교	5,917	5,946	5,975	6,009	6,052	6,083	6,127
	유치원	6,766	6,735	6,838	6,979	7,056	7,171	7,259
	특수학교	131	131	135	145	146	148	150
	보육시설	2,107	2,313	2,481	2,650	2,775	2,917	2,981
	학원	–	11	15	16	56	36	38

〈보기〉

ㄱ. 2019년부터 2022년까지 어린이보호구역 지정대상은 전년 대비 매년 증가하였다.

ㄴ. 2017년 어린이보호구역 지정대상 중 어린이보호구역으로 지정된 구역의 비율은 75% 이상이다.

ㄷ. 어린이보호구역으로 지정된 구역 중 학원이 차지하는 비중은 2020년부터 2022년까지 전년 대비 매년 증가하였다.

ㄹ. 어린이보호구역으로 지정된 구역 중 초등학교가 차지하는 비중은 2016년부터 2019년까지 매년 60% 이상이다.

① ㄱ, ㄴ
② ㄴ, ㄹ
③ ㄱ, ㄴ, ㄷ
④ ㄱ, ㄷ, ㄹ

06 A ~ E 5명이 순서대로 퀴즈게임을 해서 벌칙 받을 사람 1명을 선정하고자 한다. 다음 게임 규칙과 결과에 근거할 때, 항상 옳은 것을 〈보기〉에서 모두 고르면?

- 규칙
  - A → B → C → D → E 순서대로 퀴즈를 1개씩 풀고, 모두 한 번씩 퀴즈를 풀고 나면 한 라운드가 끝난다.
  - 퀴즈 2개를 맞힌 사람은 벌칙에서 제외되고, 다음 라운드부터는 게임에 참여하지 않는다.
  - 라운드를 반복하여 맨 마지막까지 남는 한 사람이 벌칙을 받는다.
  - 벌칙을 받을 사람이 결정되면 라운드 중이라도 더 이상 퀴즈를 출제하지 않는다.
  - 게임 중 동일한 문제는 출제하지 않는다.
- 결과
  3라운드에서 A는 참가자 중 처음으로 벌칙에서 제외되었고, 4라운드에서는 오직 B만 벌칙에서 제외되었으며, 벌칙을 받을 사람은 5라운드에서 결정되었다.

〈보기〉

ㄱ. 5라운드까지 참가자들이 정답을 맞힌 퀴즈는 총 9개이다.
ㄴ. 게임이 종료될 때까지 총 22개의 퀴즈가 출제되었다면, E는 5라운드에서 퀴즈의 정답을 맞혔다.
ㄷ. 게임이 종료될 때까지 총 21개의 퀴즈가 출제되었다면, 퀴즈를 푸는 순서가 벌칙을 받을 사람 선정에 영향을 미친 것으로 볼 수 있다.

① ㄱ
② ㄴ
③ ㄱ, ㄷ
④ ㄴ, ㄷ

07 A ~ E학생은 영어, 수학, 국어, 체육 수업 중 두 개의 수업을 듣는다. 〈조건〉이 다음과 같을 때, E학생이 듣는 수업으로 바르게 짝지어진 것은?

―――――――――〈조건〉―――――――――
- A학생과 B학생은 영어 수업만 같이 듣는다.
- B학생은 C학생, E학생과 수학 수업을 함께 듣는다.
- C학생은 D학생과 체육 수업을 함께 듣는다.
- A학생은 D학생, E학생과 어떤 수업도 같이 듣지 않는다.

① 영어, 수학   ② 영어, 국어

③ 수학, 체육   ④ 국어, 체육

08 다음 〈보기〉 중 강제연상법에 해당하는 것을 모두 고르면?

―――――――――〈보기〉―――――――――
ㄱ. 생각나는 대로 자유롭게 발상함으로써 다양한 아이디어를 창출한다.
ㄴ. 각종 힌트를 통해 사고 방향을 미리 정하고, 그와 연결 지어 아이디어를 발상한다.
ㄷ. 주제의 본질과 닮은 것을 힌트로 하여 아이디어를 발상한다.
ㄹ. 대상과 비슷한 것을 찾아내어 그것을 힌트로 새로운 아이디어를 창출한다.
ㅁ. 실제로는 관련이 없어 보이는 것들을 조합하여 새로운 아이디어를 도출한다.
ㅂ. 집단의 효과를 통해 아이디어의 연쇄반응을 일으켜 다양한 아이디어를 창출한다.
ㅅ. 찾고자 하는 내용을 표로 정리해 차례대로 그와 관련된 아이디어를 도출한다.

① ㄱ, ㅂ   ② ㄴ, ㅅ

③ ㄴ, ㅁ, ㅅ   ④ ㄱ, ㅂ, ㅅ

09 독일인 A씨는 베를린에서 한국을 경유하여 일본으로 가는 비행기표를 구매하였다. A씨의 일정이 다음과 같을 때, A씨가 인천공항에 도착하는 한국시각과 A씨가 참여했을 환승투어를 바르게 짝지은 것은?(단, 제시된 조건 외에는 고려하지 않는다)

〈A씨의 일정〉

한국행 출발시각 (독일시각 기준)	비행시간	인천공항 도착시각	일본행 출발시각 (한국시각 기준)
11월 2일 19:30	12시간 20분		11월 3일 19:30

※ 독일은 한국보다 8시간 느리다.
※ 비행 출발 1시간 전에는 공항에 도착해야 한다.

〈환승투어 코스 안내〉

구분	코스	소요 시간
엔터테인먼트	• 인천공항 → 파라다이스시티 아트테인먼트 → 인천공항	2시간
인천시티	• 인천공항 → 송도한옥마을 → 센트럴파크 → 인천공항 • 인천공항 → 송도한옥마을 → 트리플 스트리트 → 인천공항	2시간
산업	• 인천공항 → 광명동굴 → 인천공항	4시간
전통	• 인천공항 → 경복궁 → 인사동 → 인천공항	5시간
해안관광	• 인천공항 → 을왕리해변 또는 마시안해변 → 인천공항	1시간

	도착시각	환승투어
①	11월 2일 23:50	산업
②	11월 2일 15:50	엔터테인먼트
③	11월 3일 23:50	전통
④	11월 3일 15:50	인천시티

10 B사에서 승진대상자 중 2명을 승진시키려고 한다. 승진의 조건은 동료평가에서 '하'를 받지 않고 합산점수가 높은 순이다. 합산점수는 100점 만점의 점수로 환산한 승진시험 성적, 영어 성적, 성과 평가의 수치를 합산한다. 승진시험의 만점은 100점, 영어 성적의 만점은 500점, 성과 평가의 만점은 200점이라고 할 때, 승진대상자 2명은 누구인가?

구분	승진시험 성적	영어 성적	동료 평가	성과 평가
A	80	400	중	120
B	80	350	상	150
C	65	500	상	120
D	70	400	중	100
E	95	450	하	185
F	75	400	중	160
G	80	350	중	190
H	70	300	상	180
I	100	400	하	160
J	75	400	상	140
K	90	250	중	180

① B, K
② E, I
③ F, G
④ H, D

11 B회사는 상반기 신입사원 공개채용을 시행했다. 서류전형과 인적성, 면접전형이 모두 끝나고 최종 면접자들의 점수를 확인하여 합격 점수 산출법에 따라 합격자를 선정하려고 한다. 총점이 80점 이상인 지원자가 합격한다고 할 때, 합격자끼리 바르게 짝지어진 것은?

〈최종 면접 점수〉

구분	A	B	C	D	E
자원관리능력	75	65	60	68	90
의사소통능력	52	70	55	45	80
문제해결능력	44	55	50	50	49

〈합격 점수 산출법〉

- (자원관리능력)×0.6
- (의사소통능력)×0.3
- (문제해결능력)×0.4
- 총점 : 80점 이상

※ 과락 점수(미만) : 직업기초능력 60점, 의사소통능력 50점, 문제해결능력 45점

① A, C
② A, D
③ B, E
④ C, E

12 다음은 B회사의 인사부에서 정리한 사원 목록이다. 이를 보고 〈보기〉 중 적절한 것을 모두 고르면?

	A	B	C	D
1	사번	성명	직책	부서
2	869872	조재영	부장	경영팀
3	890531	정대현	대리	경영팀
4	854678	윤나리	사원	경영팀
5	812365	이민지	차장	기획팀
6	877775	송윤희	대리	기획팀
7	800123	김가을	사원	기획팀
8	856123	박슬기	부장	영업팀
9	827695	오종민	차장	영업팀
10	835987	나진원	사원	영업팀
11	854623	최윤희	부장	인사팀
12	847825	이경서	사원	인사팀
13	813456	박소미	대리	총무팀
14	856123	최영수	사원	총무팀

〈보기〉

㉠ 부서를 기준으로 내림차순으로 정렬되었다.
㉡ 직책은 사용자 지정 목록을 이용하여 부장, 차장, 대리, 사원 순으로 정렬되었다.
㉢ 부서를 우선 기준으로, 직책을 다음 기준으로 정렬하였다.
㉣ 성명을 기준으로 내림차순으로 정렬되었다.

① ㉠, ㉡   ② ㉠, ㉢
③ ㉠, ㉣   ④ ㉡, ㉢

13 엑셀에서 [데이터 유효성] 대화 상자의 [설정] 탭 중 제한 대상 목록에 해당하지 않는 것은?

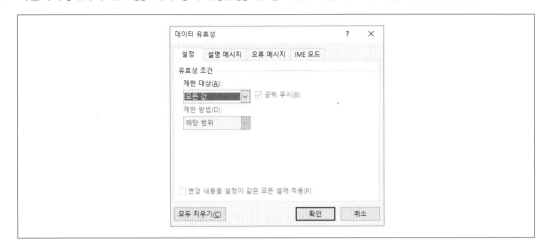

① 정수   ② 날짜

③ 시간   ④ 분수

14 B공사에 근무하고 있는 C사원은 우리나라 국경일을 CONCATENATE 함수를 이용하여 다음과 같이 입력하고자 한다. [C2] 셀에 입력해야 하는 함수식으로 가장 적절한 것은?

	A	B	C
1	국경일	날짜	우리나라 국경일
2	3·1절	매년 3월 1일	3·1절(매년 3월 1일)
3	제헌절	매년 7월 17일	제헌절(매년 7월 17일)
4	광복절	매년 8월 15일	광복절(매년 8월 15일)
5	개천절	매년 10월 3일	개천절(매년 10월 3일)
6	한글날	매년 10월 9일	한글날(매년 10월 9일)

① =CONCATENATE(A2, B2)

② =CONCATENATE(A2, (, B2,))

③ =CONCATENATE(B2, (, A2,))

④ =CONCATENATE(A2, "(", B2, ")")

※ 다음은 최근 들어 전 연령대에 걸쳐 문제가 되고 있는 스마트폰 중독에 대한 내용을 정리한 자료이다. 이어지는 질문에 답하시오. [15~16]

<표>

구분	항목	내용
기존 물질중독 및 인터넷 중독과 공통적인 증상	의존 / 불안	스마트폰을 사용하지 않으면 우울하거나 초조함, 답답한 기분을 느끼며, 습관적으로 스마트폰을 사용하게 됨
	내성	더 많은 시간을 사용해야 만족을 느끼게 되며, 사용시간이 점점 증가하게 되어 나중에는 많이 사용해도 만족감이 없는 상태
	금단	스마트폰에 대한 강박적 사고나 환상을 가지게 되며, 스마트폰이 옆에 없으면 불안하고 초조함을 느끼는 현상
	일상생활 장애	의존, 내성, 금단 증상 등이 반복적이고 만성화되어 기분변화 및 일상생활의 문제가 발생 예 일상 업무 및 학업 부적응, 언어파괴 문제 등
스마트폰과 인터넷의 차이	편리성 증대	한 번의 터치만으로 PC보다 훨씬 편하게 원하는 시간에 접속하거나 소셜 네트워크 등을 사용할 수 있음
	접근성 증대	항상 손에 들고 다니면서 자신이 원하는 특정 정보나 메시지를 즉각적으로 확인할 수 있으며, 스마트폰 APP의 푸시기능으로 인해 SNS 서비스의 즉시성을 더욱 극대화시켜줌
	사용자 중심의 다양한 APP 활용 가능	개인의 선호에 따라 선택적으로 어플리케이션을 구성할 수 있고 앱 스토어에서 자신의 취향 및 개성에 맞는 소프트웨어를 다운받아 활용 가능
	새로운 중독 콘텐츠 생성 가능성	기존의 인터넷 중독 카테고리에 추가로 SNS 중독, 앱 중독 등의 새로운 중독 콘텐츠 카테고리 생성이 가능해짐

<스마트폰 중독 현황 및 차이점>

15 스마트폰 중독현상 중 금단 증상에 해당하는 것은?

① 밤새 스마트폰으로 동영상을 보면서 잠을 이루지 못해 다음날 직장에 지각하거나 직장에서 업무에 집중하지 못하는 상황이 반복된다.

② 밤 11시 이후에 스마트폰을 하지 않으려고 거실에 두었으나 얼마 지나지 않아 SNS 메시지가 왔을 것 같은 생각과 휴대폰 게임이 계속 떠오르는 현상 때문에 거실을 몇 번이나 들락날락거리며 잠을 못 잔다.

③ 출·퇴근 길 전철 안에서, 업무 중에, 퇴근 후 집에서 등 장소를 불문하고 항상 스마트폰을 사용하지만 중요한 강의를 들어야 하거나 누군가를 만날 땐 스마트폰을 사용하지 않는다.

④ 스마트폰 사용시간을 줄이기 위해 사용시간을 제한하려고 노력하지만 자주 실패하고, 스마트폰을 사용할 때에는 아무리 많은 시간 동안 사용하더라도 특별히 '많이 사용했다.'라는 생각이 들지 않는다.

16 다음 중 인터넷 중독과 달리 스마트폰 중독으로 인해 나타나는 행동으로 적절하지 않은 것은?

① A씨는 편하게 접속할 수 있는 스마트폰의 주식 관련 어플리케이션을 사용하기 시작하면서 이전보다 더 많은 시간을 주식 거래에 할애하고 있다.

② B씨는 시간이 날 때마다 자신의 관심 블로그에 새 글이 등록되지는 않았는지, 쇼핑 어플리케이션에서 쿠폰이 발송되지는 않았는지 습관처럼 확인한다.

③ C씨는 얼마 전 즐겨하던 인터넷 게임이 새로 스마트폰 어플리케이션으로 출시되면서 시도 때도 없이 게임을 하느라 일상에 지장을 겪고 있다.

④ D씨는 스마트폰으로 자신이 좋아하는 만화를 출·퇴근 시간에 보며, PC를 사용할 수 있을 때는 보다 큰 화면으로 볼 수 있어 인터넷을 이용하여 만화를 보고 있다.

17 다음 글의 내용으로 가장 적절한 것은?

'청렴(淸廉)'은 현대 사회에서 좁게는 반부패와 동의어로 사용되며 넓게는 투명성과 책임성 등을 포괄하는 통합적 개념으로 사용되고 있다. 유학자들은 청렴을 효제와 같은 인륜의 덕목보다는 하위에 두었지만 군자라면 마땅히 지켜야 할 일상의 덕목으로 중시하였다. 조선의 대표적 유학자였던 이황과 이이는 청렴을 사회 규율이자 개인 처세의 지침으로 강조하였다. 특히 공적 업무에 종사하는 사람이라면 사회 규율로서의 청렴이 개인의 처세와 직결된다는 점에 유념해야 한다고 보았다.

청렴에 대한 논의는 정약용의 『목민심서』에서 본격적으로 나타난다. 정약용은 청렴이야말로 목민관이 지켜야 할 근본적인 덕목이며 목민관의 직무는 청렴이 없이는 불가능하다고 강조하였다. 정약용은 청렴을 당위의 차원에서 주장하는 기존의 학자들과 달리 행위자 자신에게 실질적 이익이 된다는 점을 들어 설득하고자 한다. 그는 청렴은 큰 이득이 남는 장사라고 말하면서, 지혜롭고 욕심이 큰 사람은 청렴을 택하지만 지혜가 짧고 욕심이 작은 사람은 탐욕을 택한다고 설명한다. 정약용은 "지자(知者)는 인(仁)을 이롭게 여긴다."라는 공자의 말을 빌려 "지혜로운 자는 청렴함을 이롭게 여긴다."라고 하였다. 비록 재물을 얻는 데 뜻이 있더라도 청렴함을 택하는 것이 결과적으로는 지혜로운 선택이라고 정약용은 말한다. 목민관의 작은 탐욕은 단기적으로 보면 눈 앞의 재물을 취하여 이익을 얻을 수 있겠지만 궁극에는 개인의 몰락과 가문의 불명예를 가져올 수 있기 때문이다.

정약용은 청렴을 지키는 것은 두 가지 효과가 있다고 보았다. 첫째, 청렴은 다른 사람에게 긍정적 효과를 미친다. 목민관이 청렴할 경우 백성을 비롯한 공동체 구성원에게 좋은 혜택이 돌아갈 것이다. 둘째, 청렴한 행위를 하는 것은 목민관 자신에게도 좋은 결과를 가져다준다. 청렴은 그 자신의 덕을 높이는 것일 뿐 아니라 자신의 가문에 빛나는 명성과 영광을 가져다줄 것이다.

① 정약용은 청렴이 목민관이 반드시 지켜야 할 덕목임을 당위론 차원에서 정당화하였다.

② 정약용은 탐욕을 택하는 것보다 청렴을 택하는 것이 이롭다는 공자의 뜻을 계승하였다.

③ 정약용은 청렴한 사람은 욕심이 작기 때문에 재물에 대한 탐욕에 빠지지 않는다고 보았다.

④ 정약용은 청렴이 백성에게 이로움을 줄 뿐 아니라 목민관 자신에게도 이로운 행위라고 보았다.

※ 다음은 국가별 교통서비스 수입 현황을 나타낸 자료이다. 이어지는 질문에 답하시오. [18~19]

<国가별 교통서비스 수입 현황>

(단위 : 백만 달러)

구분	해상	항공	기타	합계
한국	25,160	5,635	776	31,571
인도	63,835	13,163	258	77,256
터키	5,632	4,003	522	10,157
멕시코	8,550	6,136	–	14,686
미국	36,246	53,830	4,268	94,344
브라질	9,633	4,966	305	14,904
이탈리아	7,598	10,295	8,681	26,574

18 다음 중 해상 교통서비스 수입액이 많은 국가부터 순서대로 바르게 나열한 것은?

① 인도 – 미국 – 한국 – 브라질 – 멕시코 – 이탈리아 – 터키
② 인도 – 미국 – 한국 – 멕시코 –브라질 – 터키 – 이탈리아
③ 인도 – 한국 – 미국 – 브라질 – 멕시코 – 이탈리아 – 터키
④ 인도 – 미국 – 한국 – 브라질 – 이탈리아 – 터키 – 멕시코

19 다음 중 자료에 대한 설명으로 적절하지 않은 것은?

① 터키의 교통서비스 수입에서 항공 수입이 차지하는 비중은 45% 미만이다.
② 전체 교통서비스 수입 금액이 첫 번째와 두 번째로 높은 국가의 차이는 17,088백만 달러이다.
③ 해상 교통서비스 수입보다 항공 교통서비스 수입이 더 높은 국가는 미국과 터키이다.
④ 멕시코는 해상과 항공 교통서비스만 수입하였다.

20 다음은 B공사에서 서울 및 수도권 지역의 가구를 대상으로 난방 방식 및 난방연료 사용현황을 조사한 자료이다. 이를 이해한 내용으로 가장 적절한 것은?

〈난방 방식 현황〉

(단위 : %)

종류	서울	인천	경기남부	경기북부	전국 평균
중앙난방	22.3	13.5	6.3	11.8	14.4
개별난방	64.3	78.7	26.2	60.8	58.2
지역난방	13.4	7.8	67.5	27.4	27.4

〈난방연료 사용현황〉

(단위 : %)

종류	서울	인천	경기남부	경기북부	전국 평균
도시가스	84.5	91.8	33.5	66.1	69.5
LPG	0.1	0.1	0.4	3.2	1.4
등유	2.4	0.4	0.8	3.0	2.2
열병합	12.6	7.4	64.3	27.1	26.6
기타	0.4	0.3	1.0	0.6	0.3

① 경기북부의 경우 도시가스를 사용하는 가구 수가 등유를 사용하는 가구 수의 30배 이상이다.

② 다른 난방연료와 비교했을 때 서울과 인천에서는 등유를 사용하는 비율이 낮다.

③ 지역난방을 사용하는 가구 수는 서울이 인천의 약 1.7배이다.

④ 경기남부의 가구 수가 경기북부의 가구 수의 2배라면 경기지역에서 개별난방을 사용하는 가구 수의 비율은 약 37.7%이다.

21 B기업은 가전전시회에서 자사의 제품을 출품하기로 하였다. 자사의 제품을 보다 효과적으로 홍보하기 위하여 다음과 같이 행사장의 A ~ G 중 세 곳에서 홍보판촉물을 배부하기로 하였다. 가장 많은 사람들에게 홍보판촉물을 나눠 줄 수 있는 위치는 어디인가?

- 전시관은 제1전시관 → 제2전시관 → 제3전시관 → 제4전시관 순서로 배정되어 있다.
- 행사장 출입구는 한 곳이며, 다른 곳으로는 출입이 불가능하다.
- 방문객은 행사장 출입구로 들어와서 시계 반대 방향으로 돌며, 4개의 전시관 중 2개의 전시관만을 골라 관람한다.
- 방문객은 자신이 원하는 2개의 전시관을 모두 관람하면 행사장 출입구를 통해 나가기 때문에 한 바퀴를 초과해서 도는 방문객은 없다.
- 방문객은 전시관 입구로 들어가면 출구로 나오기 때문에 전시관의 입구와 출구 사이에 있는 외부 통로를 동시에 지나치지 않는다.
- 행사장에는 시간당 평균 400명이 방문하며, 각 전시관의 시간당 평균 방문객 수는 다음과 같다.

제1전시관	제2전시관	제3전시관	제4전시관
100명	250명	150명	300명

행사장 출입구

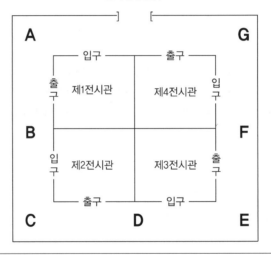

① A, B, C
② A, D, G
③ B, C, E
④ B, D, F

22 다음 글을 근거로 판단할 때, 〈보기〉에서 적절한 것을 모두 고르면?

- 손글씨 대회 참가자 100명을 왼손으로만 필기할 수 있는 왼손잡이, 오른손으로만 필기할 수 있는 오른손잡이, 양손으로 모두 필기할 수 있는 양손잡이로 분류하고자 한다.
- 참가자를 대상으로 아래 세 가지 질문을 차례대로 하여 해당하는 참가자는 한 번만 손을 들도록 하였다.
  [질문 1] 왼손으로만 필기할 수 있는 사람은?
  [질문 2] 오른손으로만 필기할 수 있는 사람은?
  [질문 3] 양손으로 모두 필기할 수 있는 사람은?
- 양손잡이 중 일부는 제대로 알아듣지 못해 질문 1, 2, 3에 모두 손을 들었고, 그 외 모든 참가자는 바르게 손을 들었다.
- 질문 1에 손을 든 참가자는 16명, 질문 2에 손을 든 참가자는 80명, 질문 3에 손을 든 참가자는 10명이다.

〈보기〉

ㄱ. 양손잡이는 총 10명이다.
ㄴ. 왼손잡이 수는 양손잡이 수보다 많다.
ㄷ. 오른손잡이 수는 왼손잡이 수의 6배 이상이다.

① ㄱ
② ㄴ
③ ㄱ, ㄴ
④ ㄱ, ㄷ

23 다음은 우체국 택배에 대한 SWOT 분석 결과일 때, 이를 바탕으로 세운 전략으로 적절하지 않은 것은?

강점(Strength)	약점(Weakness)
• 공공기관으로서의 신뢰성 • 우편 서비스에 대한 높은 접근성 • 전국적인 물류망 확보	• 인력 및 차량의 부족 • 공공기관으로서의 보수적 조직문화 • 부족한 마케팅 자원
기회(Opportunity)	위협(Threat)
• 전자상거래 활성화로 인한 택배 수요 증가 • 경쟁력 확보를 위한 기관의 노력	• 민간 업체들과의 경쟁 심화 • 기존 업체들의 설비 및 투자 확대 • 대기업 중심의 업체 진출 증가

① SO전략 : 전국적 물류망을 기반으로 택배 배송 지역을 확장한다.
② WO전략 : 보수적 조직문화의 개방적 쇄신을 통해 공공기관으로서의 경쟁력을 확보한다.
③ ST전략 : 민간 업체와의 경쟁에서 공공기관으로서의 높은 신뢰도를 차별화 전략으로 활용한다.
④ WT전략 : 지역별로 분포된 우체국 지점의 접근성을 강조한 마케팅으로 대기업의 공격적 마케팅에 대응한다.

24 다음은 어느 도서대여 업체에 소속된 선생님들의 한 주간 실적을 나타낸 자료이다. 실적에 대한 급여 산출 방식을 본인이 직접 선택할 수 있다고 할 때, 급여 산출 방식을 잘못 선택한 선생님은?(단, 모두 최대의 이익을 원한다)

〈분야별 지도 학생 수〉

(단위 : 명)

구분	도서대여	독서지도	글쓰기지도	학습지풀이	급여 산출 방식
A선생님	15	10	3	–	1안
B선생님	6	–	5	3	2안
C선생님	8	5	–	7	2안
D선생님	14	–	2	9	1안

〈급여 산출 방식〉

(단위 : 원/명)

구분	1안	2안
도서대여	5,000	3,000
독서지도	10,000	12,000
글쓰기지도	15,000	10,000
학습지풀이	7,000	10,000

① A선생님   ② B선생님
③ C선생님   ④ D선생님

25 다음 중 Windows 원격 지원에 대한 설명으로 적절하지 않은 것은?

① 다른 사용자에게 도움을 주기 위해서는 먼저 원격 지원을 시작한 후 도움받을 사용자가 들어오는 연결을 기다려야 한다.

② 다른 사용자의 도움을 요청할 때에는 [간단한 연결]을 사용하거나 [도움 요청 파일]을 사용할 수 있다.

③ [간단한 연결]은 두 컴퓨터 모두 Windows 7을 실행하고 인터넷에 연결되어 있는 경우에 좋은 방법이다.

④ [도움 요청 파일]은 다른 사용자의 컴퓨터에 연결할 때 사용할 수 있는 특수한 유형의 원격 지원 파일이다.

26 다음은 B기업의 재고 관리 사례이다. 금요일까지 부품 재고 수량이 남지 않게 완성품을 만들 수 있도록 월요일에 주문할 A ~ C부품 개수를 바르게 짝지은 것은?(단, 주어진 조건 이외에는 고려하지 않는다)

〈부품 재고 수량과 완성품 1개당 소요량〉

(단위 : 개)

부품명	부품 재고 수량	완성품 1개당 소요량
A	500	10
B	120	3
C	250	5

〈완성품 납품 수량〉

(단위 : 개)

항목 \ 요일	월	화	수	목	금
완성품 납품 개수	없음	30	20	30	20

※ 부품 주문은 월요일에 한 번 신청하며, 화요일 작업 시작 전에 입고된다.
※ 완성품은 부품 A, B, C를 모두 조립해야 한다.

	A	B	C		A	B	C
①	100개	100개	100개	②	100개	180개	200개
③	500개	180개	250개	④	500개	150개	200개

27 엑셀에서 차트를 작성할 때 차트 마법사를 이용할 경우, 차트 작성 순서를 바르게 나열한 것은?

ㄱ 작성할 차트 중 차트 종류를 선택하여 지정한다.
ㄴ 데이터 범위와 계열을 지정한다.
ㄷ 차트를 삽입할 위치를 지정한다.
ㄹ 차트 옵션을 설정한다.

① ㄱ－ㄴ－ㄷ－ㄹ
② ㄱ－ㄴ－ㄹ－ㄷ
③ ㄱ－ㄷ－ㄴ－ㄹ
④ ㄴ－ㄱ－ㄷ－ㄹ

28 다음 글의 빈칸에 들어갈 내용으로 가장 적절한 것은?

하늘이 내린 생물을 해치고 없애는 것은 성인(聖人)이 하지 않는 바이다. 하물며 하늘의 도가 어찌 사람들에게 살아있는 것을 죽여서 자기의 생명을 기르게 하였겠는가? 『서경』에서는 "천지는 만물의 부모이며, 인간은 만물의 영장이다. 진실로 총명한 자는 천자가 되고, 천자는 백성의 부모가 된다."라고 하였다. 천지가 이미 만물의 부모라면 천지 사이에 태어난 것은 모두 천지의 자식이다. 천지와 사물의 관계는 부모와 자식의 관계와 같으며, 자식 가운데 어리석고 지혜로움의 차이가 있는 것은 사람과 만물 사이에 밝고 어두움의 차이가 있는 것과 같다. 부모는 자식이 어리석고 불초하면 사랑하고 가엽게 여기며 오히려 걱정하거늘, 하물며 해치겠는가? 살아있는 것을 죽여서 자기의 생명을 기르는 것은 같은 식구를 죽여서 자기를 기르는 것이다. 같은 식구를 죽여서 자기를 기르면 부모의 마음이 어떠하겠는가? 자식들끼리 서로 죽이는 것은 부모의 마음이 아니다. 사람과 만물이 서로 죽이는 것이 어찌 천지의 뜻이겠는가? 인간과 만물은 이미 천지의 기운을 함께 얻었으며, 천지의 이치도 함께 얻었고 천지 사이에서 함께 살아가고 있다. 이미 하나의 같은 기운과 이치를 함께 부여받았는데, 어찌 살아있는 것들을 죽여서 자신의 생명을 양육할 수 있겠는가? 그래서 불교에서는 "천지는 나와 뿌리가 같고, 만물은 나와 한 몸이다."라고 하였고, 유교에서는 "천지만물을 자기와 하나로 여긴다."고 하면서 이것을 '인(仁)'이라고 부른다.

그렇지만 실천하여 행하는 것이 그 이상과 같아야 비로소 인의 도를 온전히 다했다고 할 수 있다. 유교 경전인 『논어』는 "공자는 그물질은 하지 않으셔도 낚시질은 하셨으며, 화살로 잠든 새는 쏘지 않으셨지만 나는 새는 맞추셨다."라고 하였고, 『맹자』도 "군자가 푸줏간을 멀리하는 것은 가축이 죽으면서 울부짖는 소리를 들으면 차마 그 고기를 먹지 못하기 때문이다."라고 말하고 있다. 이것으로 보면 _____

① 유교는 『서경』 이래 천지만물을 하나의 가족처럼 여기는 인의 도를 철두철미하게 잘 실천하고 있다.
② 유교에서는 공자와 맹자에서부터 살생하지 말라는 불교의 계율을 이미 잘 실천하고 있다.
③ 유교의 공자와 맹자는 동물마저 측은히 여기는 대상에 포함하여 인간처럼 대하였다.
④ 유교는 인의 도가 지향하는 이상을 실천하는 데 철저하지 못한 측면이 있다.

29 다음 글의 내용으로 가장 적절한 것은?

우리 속담에도 '울다가도 웃을 일이다.'라는 말이 있듯이 슬픔의 아름다움과 해학의 아름다움이 함께 존재한다면 이것은 우리네의 곡절 많은 역사 속에서 밴 미덕의 하나라고 할 만하다. 울다가도 웃을 일이라는 말은 물론 어처구니가 없을 때 하는 말이기도 하지만, 애수가 아름다울 수 있고 또 익살이 세련되어 아름다울 수 있다면 그 사회의 서정과 조형미에 나타나는 표현에도 의당 이러한 것이 반영되어 있어야 한다.
이러한 고요의 아름다움과 슬픔의 아름다움이 조형 작품 위에 옮겨질 수 있다면 이것은 바로 예술에서 말하는 적조미의 세계이며 익살의 아름다움이 조형 위에 구현된다면 이것은 해학미의 세계일 것이다.

① 익살은 우리 민족만이 지닌 특성이다.
② 익살은 풍속화에서 가장 잘 표현된다.
③ 익살이 조형 위에 구현된다면 적조미이다.
④ 익살은 우리 민족의 삶의 정서를 반영한다.

30 다음 글의 빈칸에 들어갈 내용으로 가장 적절한 것은?

우리의 생각과 판단은 언어에 의해 결정되는가 아니면 경험에 의해 결정되는가? 언어결정론자들은 우리의 생각과 판단이 언어를 반영하고 있고 실제로 언어에 의해 결정된다고 주장한다. 언어결정론자들의 주장에 따르면 에스키모인들은 눈에 대한 다양한 언어 표현을 갖고 있어서 눈이 올 때 우리가 미처 파악하지 못한 미묘한 차이점들을 찾아낼 수 있다. 또 언어결정론자들은 '노랗다', '샛노랗다', '누르스름하다' 등 노랑에 대한 다양한 우리말 표현들이 있어서 노란색들의 미묘한 차이가 구분되고 그 덕분에 색에 대한 우리의 인지 능력이 다른 언어 사용자들보다 뛰어나다고 본다. 이렇듯 언어결정론자들은 사용하는 언어에 의해서 우리의 사고 능력이 결정된다고 본다.
정말 그럴까? 모든 색은 명도와 채도에 따라 구성된 스펙트럼 속에 놓이고, 각각의 색은 여러 언어로 표현될 수 있다. 이러한 사실에 비추어보면 우리말이 다른 언어에 비해 보다 풍부한 표현을 갖고 있다고 볼 수 없다. 나아가 _____ 따라서 우리의 생각과 판단은 언어가 아닌 경험에 의해 결정된다고 보는 쪽이 더 설득력이 있다.

① 개개인의 언어습득능력과 속도는 모두 다르기 때문에 인지능력에 대한 언어의 영향도 제각기 다르다.
② 경험이 언어에 미치는 영향과 경험이 언어에 미치는 영향을 계량화하여 비교하기는 곤란한 일이다.
③ 어떤 것을 가리키는 단어가 있을 때에만 우리는 그 단어에 대하여 사고할 수 있다.
④ 더 풍부한 표현을 가진 언어를 사용함에도 불구하고 인지능력이 뛰어나지 못한 경우들도 있다.

31 다음은 A ~ E의 NCS 직업기초능력평가 점수에 대한 자료이다. 표준편차가 가장 큰 순서대로 바르게 나열한 것은?

〈NCS 직업기초능력평가 점수〉

(단위 : 점)

구분	의사소통능력	수리능력	문제해결능력	자원관리능력	조직이해능력
A	60	70	75	65	80
B	50	90	80	60	70
C	70	70	70	70	70
D	70	50	90	100	40
E	85	60	70	75	60

① D > B > E > C > A 　　　② D > B > E > A > C

③ B > D > A > E > C 　　　④ B > D > C > E > A

32 다음은 예식장 사업 형태에 대한 자료이다. 이에 대한 설명으로 적절하지 않은 것은?

〈예식장 사업 형태〉

(단위 : 개, 백만 원, m²)

구분	개인경영	회사법인	회사 이외의 법인	비법인 단체	합계
사업체 수	1,160	44	91	9	1,304
매출	238,789	43,099	10,128	791	292,807
비용	124,446	26,610	5,542	431	157,029
면적	1,253,791	155,379	54,665	3,534	1,467,369

※ $[수익률(\%)] = \left[\dfrac{(매출)}{(비용)} - 1 \right] \times 100$

① 예식장 사업은 대부분 개인경영 형태로 이루어지고 있다.

② 사업체당 매출액이 평균적으로 가장 큰 예식장 사업 형태는 회사법인 예식장이다.

③ 예식장 사업은 매출액의 약 50% 정도가 수익이 되는 사업이다.

④ 수익률이 가장 높은 예식장 사업 형태는 회사법인 예식장이다.

33 다음은 2023년 1월의 지출목적별 소비자물가 동향이다. 이에 대한 설명으로 가장 적절한 것은?

〈지출목적별 소비자물가 동향〉

(단위 : 개, %)

지출목적별 부문	품목수	가중치	등락률	
			전월비	전년 동월비
식료품 및 비주류음료	134	135.9	−0.2	3.6
주류 및 담배	8	12.4	0.9	2.2
의류 및 신발	34	62.3	0.8	5.1
주택, 수도, 전기 및 연료	21	169.7	0.7	5.5
가정용품 및 가사서비스	49	37.9	0.9	4.0
보건	28	73.1	0.4	2.0
교통	32	109.2	1.1	5.0
통신	8	57.8	0.0	−3.5
오락 및 문화	64	53.0	−0.1	0.6
교육	20	114.1	0.3	1.7
음식 및 숙박	42	120.4	0.1	2.5
기타상품 및 서비스	41	54.2	0.4	2.6

※ 보합세 : 가격이 거의 변동 없이 그대로 유지되는 시세

① 2023년 1월의 물가는 전년 동월에 비해 모두 올랐다.

② 전월에 비해 전체적인 평균 물가는 보합세를 보이고 있다.

③ 필요 목적 품목으로 가장 중요하게 꼽고 있는 것은 '주택, 수도, 전기 및 연료'이고, 세 번째 주요 품목으로 꼽고 있는 것은 '교육'이다.

④ 전년 동월 1인당 교통비가 86,500원이었다면, 2023년 1월 1인당 교통비 지출액은 9만 원 이상이다.

34 다음은 축산물 수입 추이를 나타낸 그래프이다. 이에 대한 설명으로 적절하지 않은 것은?

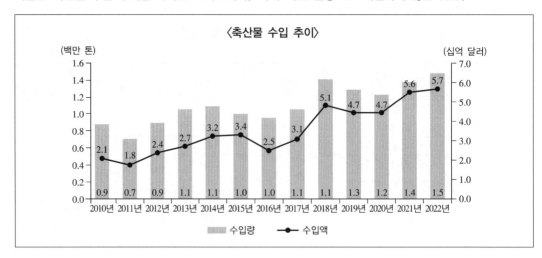

① 2022년 축산물 수입량은 2012년 대비 약 67% 증가하였다.
② 처음으로 2010년 축산물 수입액의 두 배 이상 수입한 해는 2018년이다.
③ 전년 대비 축산물 수입액의 증가율이 가장 높았던 해는 2018년이다.
④ 축산물 수입량과 수입액의 변화 추세는 동일하다.

35 K씨는 인터넷뱅킹 사이트에 가입하기 위해 가입절차에 따라 정보를 입력하는데, 패스워드 만드는 과정이 까다로워 계속 실패 중이다. 사이트 가입 시 패스워드 〈조건〉이 다음과 같을 때, 이에 부합하는 패스워드는 무엇인가?

─────〈조건〉─────
• 패스워드는 7자리이다.
• 영어 대문자와 소문자, 숫자, 특수기호를 적어도 하나씩 포함해야 한다.
• 숫자 0은 다른 숫자와 연속해서 나열할 수 없다.
• 영어 대문자는 다른 영어 대문자와 연속해서 나열할 수 없다.
• 특수기호를 첫 번째로 사용할 수 없다.

① a?102CB
② 7!z0bT4
③ #38Yup0
④ ssng99&

36 다음 〈조건〉을 근거로 판단할 때, A ～ E국가 중 두 개 이상의 국가를 공격할 수 있는 국가로 바르게 짝지어진 것은?

―〈조건〉―
- A국가와 B국가는 민주주의 국가이다.
- B국가와 E국가, C국가와 D국가는 각각 동맹관계에 있다.
- D국가는 핵무기를 보유하고 있다.
- 군사력의 크기는 B국가 > A국가 = D국가 > C국가 > E국가이다.
- 민주주의 국가는 서로 공격하지 않는다.
- 핵무기를 가진 국가는 공격받지 않는다.
- 동맹국은 서로 공격하지 않고, 동맹국이 다른 국가를 공격을 할 경우 동참하여야 한다.
- 연합군의 형성은 동맹국 간에 한한다.
- 자신보다 강한 국가를 단독으로 공격하지 않는다.

① A국가, B국가, C국가
② A국가, C국가, D국가
③ A국가, D국가, E국가
④ B국가, D국가, E국가

37 K씨는 로봇청소기를 합리적으로 구매하기 위해 모델별로 성능을 비교 및 분석하였다. 다음 〈보기〉에 따라 K씨가 선택할 로봇청소기 모델은?

〈로봇청소기 모델별 성능 분석표〉

모델	청소 성능		주행 성능			소음 방지	자동 복귀	안전성	내구성	경제성
	바닥	카펫	자율주행 성능	문턱 넘김	추락 방지					
A	★★★	★	★★	★★	★★	★★★	★★★	★★★	★★★	★★
B	★★	★★★	★★★	★★★	★	★★★	★★	★★★	★★★	★★
C	★★★	★★★	★★★	★	★★★	★★★	★★★	★★★	★★★	★
D	★★	★★	★★★	★★	★	★★	★★	★★★	★★	★★

※ ★★★ : 적합, ★★ : 보통, ★ : 미흡

―〈보기〉―
K씨 : 로봇청소기는 내구성과 안전성이 1순위이고 집에 카펫은 없으니 바닥에 대한 청소 성능이 2순위야. 글을 쓰는 아내를 위해서 소음도 중요하겠지. 문턱이나 추락할 만한 공간은 없으니 자율주행성능만 좋은 것으로 살펴보면 되겠네. 나머지 기준은 크게 신경 안 써도 될 것 같아.

① A모델
② B모델
③ C모델
④ D모델

38 B사는 사무실에 배치할 공기청정기를 다음 성능 비교 자료를 보고 선택하려고 한다. S대리가 공기청정기에 대하여 〈보기〉와 같이 요청하였을 경우, D씨가 선택해야 하는 공기청정기 모델은?

〈업체별 공기청정기 성능 비교〉

| 업체명 | 모델명 | 성능 | | | | 유지관리비용 | | A/S 기간 (연) | 렌탈비 (원/월) |
		사용면적 (m²)	탈취효율	유해가스 제거효율	소음방지 효율	에너지 사용량 (kWh/년)	필터 교체비용 (원)		
S전자	AL112WS	36.4	★★★	★★	★★★	67	46,500	1	267,000
S전자	DS302GV	39.9	★★★	★★★	★★★	67	51,000	1	273,000
H전자	GT227QA	41.2	★★★	★★★	★★	80	43,000	2	232,000
L전자	DC846PS	36.4	★★	★★★	★★★	73	52,500	1	215,000
S전자	LT356FE	38.9	★★	★★★	★★	42	41,500	2	352,000
H전자	PO946VG	45.3	★★★	★★	★★★	92	42,000	1	228,000
H전자	ER754LF	40.2	★★	★★	★★	99	46,500	2	313,000
L전자	AX754LS	36.8	★★	★★	★★★	115	43,000	2	259,000
S전자	PO754OU	38.7	★★★	★★★	★★★	103	42,500	1	262,000
성능 등급 표시		★★★ : 매우 우수　　★★ : 우수　　★ : 보통							

※ L전자의 제품은 등록비 10만 원을 별도로 지불해야 한다.
※ S전자는 4개월 렌탈비 무료 이벤트를 진행 중이다.
※ 공기청정기 필터는 10개월에 한 번씩 교체해야 한다.

─〈보기〉─

S대리 : D씨, 우리 사무실에 공기청정기를 렌탈해서 배치하려고 하는데 적절한 공기청정기 좀 찾아 주세요. 우선 탈취효율과 유해가스 제거효율은 우수 등급 이상이면 상관없지만, 사무실 분위기가 매우 조용한 편이니 소음방지효율 부분은 매우 우수 등급이어야 합니다. 사무실에 전기제품이 많다 보니 에너지 사용량도 신경 써야 할 것 같네요. 연당 100kWh 이하인 제품으로 부탁합니다. A/S 기간은 1년 이상인 제품으로 선택해 주세요. 공기청정기 사용면적은 35m² 이상이면 되겠네요. 2년간 렌탈할 예정이니 제품 등록비나 이벤트 확인해서 가장 저렴한 공기청정기를 저에게 알려 주세요.

① AL112WS
② DS302GV
③ DC846PS
④ PO946VG.

39 다음 자료를 보고 K사원이 7월 출장여비로 받을 수 있는 총액을 바르게 구한 것은?

〈출장여비 계산기준〉

• 출장여비는 출장수당과 교통비의 합으로 계산한다.
• 출장수당의 경우 업무추진비 사용 시 1만 원을 차감하며, 교통비의 경우 법인차량 사용 시 1만 원을 차감한다.

〈출장지별 출장여비〉

출장지	출장수당	교통비
B시	10,000원	20,000원
B시 이외	20,000원	30,000원

※ B시 이외 지역으로 출장을 갈 경우 13시 이후 출장 시작 또는 15시 이전 출장 종료 시 출장수당에서 1만 원 차감된다.

〈K사원의 7월 출장내역〉

출장일	출장지	출장 시작 및 종료 시각	비고
7월 8일	B시	14 ~ 16시	법인차량 사용
7월 16일	S시	14 ~ 18시	-
7월 19일	D시	9 ~ 16시	업무추진비 사용

① 6만 원
③ 9만 원

② 8만 원
④ 10만 원

40 각 워크시트에서 채우기 핸들을 [A3]로 끌었을 때 [A3] 셀에 입력되는 값으로 적절하지 않은 것은?

①
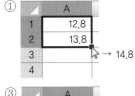

②
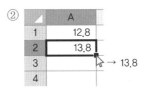

③
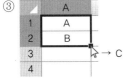

④
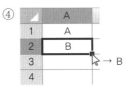

41 다음 문단을 논리적 순서대로 바르게 나열한 것은?

> (가) 초연결사회란 사람, 사물, 공간 등 모든 것들이 인터넷으로 서로 연결돼 모든 것에 대한 정보가 생성 및 수집되고 공유·활용되는 것을 말한다. 즉, 모든 사물과 공간에 새로운 생명이 부여되고 이들의 소통으로 새로운 사회가 열리고 있는 것이다.
>
> (나) 최근 '초연결사회(Hyper Connected Society)'란 말을 주위에서 심심치 않게 들을 수 있다. 인터넷을 통해 사람 간의 연결은 물론 사람과 사물, 심지어 사물 간의 연결 등 말 그대로 '연결의 영역 초월'이 이뤄지고 있다.
>
> (다) 나아가 초연결사회는 단지 기존의 인터넷과 모바일 발전의 맥락이 아닌 우리가 살아가는 방식 전체, 즉 사회의 관점에서 미래사회의 새로운 패러다임으로 큰 변화를 가져올 전망이다.
>
> (라) 초연결사회에서는 인간 대 인간은 물론, 기기와 사물 같은 무생물 객체끼리도 네트워크를 바탕으로 상호 유기적인 소통이 가능해진다. 컴퓨터, 스마트폰으로 소통하던 과거와 달리 초연결 네트워크로 긴밀히 연결되어 오프라인과 온라인이 융합되고, 이를 통해 새로운 성장과 가치 창출의 기회가 증가할 것이다.

① (가) - (나) - (다) - (라) ② (가) - (나) - (라) - (다)
③ (나) - (가) - (다) - (라) ④ (나) - (가) - (라) - (다)

42 과장인 귀하는 올해 입사한 사원의 중간 평가를 해야 한다. 사원 A ~ C를 업무 능력, 리더십, 인화력의 세 영역에서 평가한다. 평가는 절대 평가 방식에 따라 −1(부족), 0(보통), 1(우수)로 이루어지고, 세 영역의 점수를 합산하여 개인별로 총점을 낸다. 다음을 만족할 때 가능한 평가 결과표의 개수는?

〈평가 결과표〉

사원＼영역	업무 능력	리더십	인화력
A			
B			
C			

※ 각자의 총점은 0이다.
※ 각 영역의 점수 합은 0이다.
※ 인화력 점수는 A가 제일 높고, 그다음은 B, C 순이다.

① 3개 ② 4개
③ 5개 ④ 6개

43 다음 글의 내용으로 가장 적절한 것은?

감염에 대한 일반적인 반응은 열(熱)을 내는 것이다. 우리는 발열을 흔한 '질병의 증상'이라고만 생각한다. 아무런 기능도 없이 불가피하게 일어나는 수동적인 현상처럼 여긴다. 그러나 우리의 체온은 유전적으로 조절되는 것이며 아무렇게나 변하지 않는다. 병원체 중에는 우리의 몸보다 열에 더 예민한 것들도 있다. 체온을 높이면 그런 병원체들은 우리보다 먼저 죽게 되므로 발열 증상은 우리 몸이 병원체를 죽이기 위한 능동적인 행위가 되는 것이다.

또 다른 반응은 면역 체계를 가동시키는 것이다. 백혈구를 비롯한 우리의 세포들은 외부에서 침입한 병원체를 능동적으로 찾아내어 죽인다. 우리 몸은 침입한 병원체에 대항하는 항체를 형성하여 일단 치유된 뒤에는 다시 감염될 위험이 적어진다. 인플루엔자나 보통 감기 따위의 질병에 대한 우리의 저항력은 완전한 것이 아니어서 결국 다시 그 병에 걸릴 수도 있다. 어떤 질병에 대해서는 한 번의 감염으로 자극을 받아 생긴 항체가 평생 동안 그 질병에 대한 면역성을 준다. 바로 이것이 예방접종의 원리이다. 죽은 병원체를 접종함으로써 질병을 실제로 경험하지 않고 항체 생성을 자극하는 것이다.

일부 영리한 병원체들은 인간의 면역성에 굴복하지 않는다. 어떤 병원체는 우리의 항체가 인식하는 병원체의 분자구조, 즉 항원을 바꾸어 우리가 그 병원체를 알아보지 못하게 한다. 가령 인플루엔자는 항원을 변화시키기 때문에 이전에 인플루엔자에 걸렸던 사람이라도 새로이 나타난 다른 균종으로부터 안전할 수 없는 것이다. 인간의 가장 느린 방어 반응은 자연선택에 의한 반응이다. 어떤 질병이든지 남들보다 유전적으로 저항력이 더 많은 사람들이 있기 마련이다. 어떤 전염병이 한 집단에서 유행할 때 그 특정 병원체에 저항하는 유전자를 가진 사람들은 그렇지 못한 사람들에 비해 생존 가능성이 높다. 따라서 역사적으로 특정 병원체에 자주 노출되었던 인구 집단에는 그 병에 저항하는 유전자를 가진 개체의 비율이 높아질 수밖에 없다. 이 같은 자연선택의 예로 아프리카 흑인에게서 자주 발견되는 겸상(鎌狀) 적혈구 유전자를 들 수 있다. 겸상 적혈구 유전자는 적혈구의 모양을 정상적인 도넛 모양에서 낫 모양으로 바꾸어서 빈혈을 일으키므로 생존에 불리함을 주지만, 말라리아에 대해서는 저항력을 가지게 한다.

① 발열 증상은 수동적인 현상이지만 감염병의 회복에 도움을 준다.
② 예방접종은 질병을 실제로 경험하게 하여 항체 생성을 자극한다.
③ 겸상 적혈구 유전자는 적혈구 모양을 도넛 모양으로 변화시켜 말라리아로부터 저항성을 가지게 한다.
④ 병원체의 항원이 바뀌면 이전에 형성된 항체가 존재하는 사람도 그 병원체가 일으키는 병에 걸릴 수 있다.

44 다음은 B기관의 10개 정책(가 ~ 차)에 대한 평가결과이다. B기관은 정책별로 A ~ D의 점수를 합산하여 총점이 낮은 정책부터 순서대로 4개 정책을 폐기할 계획이다. 이때 폐기할 정책을 모두 고르면?

〈정책에 대한 평가결과〉

정책 \ 심사위원	A	B	C	D
가	●	●	◐	○
나	●	●	◐	●
다	◐	○	●	◐
라	( )	●	◐	( )
마	●	( )	●	◐
바	◐	◐	◐	●
사	◐	◐	◐	●
아	◐	◐	●	( )
자	◐	◐	( )	●
차	( )	●	◐	○
평균(점)	0.55	0.70	0.70	0.50

※ 정책은 ○(0점), ◐(0.5점), ●(1.0점)으로만 평가된다.

① 가, 다, 바, 사　　　　　② 나, 마, 아, 자
③ 다, 라, 바, 사　　　　　④ 다, 라, 아, 차

45 다음 중 함수식에 대한 결과로 적절하지 않은 것은?

① =TRIM("1/4분기 수익") → 1/4분기 수익
② =SEARCH("세","세금 명세서",3) → 5
③ =PROPER("republic of korea") → REPUBLIC OF KOREA
④ =LOWER("Republic of Korea") → republic of korea

46 다음 중 추세선을 추가할 수 있는 차트 종류는?

① 방사형　　　　　② 분산형
③ 원형　　　　　④ 표면형

47 다음 〈조건〉을 바탕으로 추론한 〈보기〉에 대한 판단으로 가장 적절한 것은?

〈조건〉

- 운동화는 슬리퍼보다 비싸다.
- 구두는 운동화보다 비싸다.
- 부츠는 슬리퍼보다 싸다.

〈보기〉

A : 운동화는 부츠보다 비싸다.
B : 슬리퍼는 구두보다 싸다.

① A만 옳다.
② B만 옳다.
③ A, B 모두 옳다.
④ A, B 모두 틀리다.

48 B기업은 문구류 제조 회사로서 K볼펜, A만년필, P연필을 생산하고 있으며, 각각 전체 판매수량 중 20%, 20%, 60%를 차지한다. 고정원가가 7,300,000원이라고 할 때, 다음 자료를 참고하여 각 제품별 손익분기점 판매량을 구하면?

〈제품별 원가 현황〉

(단위 : 원)

구분	K볼펜	A만년필	P연필
제품단위당 판매가격	6,500	36,000	2,500
제품단위당 변동원가	2,000	10,000	500

	K볼펜	A만년필	P연필
①	100개	200개	600개
②	200개	100개	600개
③	200개	200개	600개
④	200개	200개	500개

49 다음은 B사 영업팀의 실적을 정리한 파일이다. 고급 필터의 조건 범위를 [E1:G3] 영역으로 지정한 후 고급 필터를 실행했을 때 나타나는 데이터에 대한 설명으로 가장 적절한 것은?(단, [G3] 셀에는 「=C2> = AVERAGE($C$2:$C$8)」이 입력되어 있다)

	A	B	C	D	E	F	G
1	부서	사원	실적		부서	사원	식
2	영업2팀	최지원	250,000		영업1팀	*수	
3	영업1팀	김창수	200,000		영업2팀		TRUE
4	영업1팀	김홍인	200,000				
5	영업2팀	홍상진	170,000				
6	영업1팀	홍상수	150,000				
7	영업1팀	김성민	120,000				
8	영업2팀	황준하	100,000				

① 부서가 '영업1팀'이고 이름이 '수'로 끝나거나, 부서가 '영업2팀'이고 실적이 실적의 평균 이상인 데이터
② 부서가 '영업1팀'이거나 이름이 '수'로 끝나고, 부서가 '영업2팀'이거나 실적이 실적의 평균 이상인 데이터
③ 부서가 '영업1팀'이고 이름이 '수'로 끝나거나, 부서가 '영업2팀'이고 실적의 평균이 250,000 이상인 데이터
④ 부서가 '영업1팀'이거나 이름이 '수'로 끝나고, 부서가 '영업2팀'이거나 실적의 평균이 250,000 이상인 데이터

50 다음 차트에 대한 설명으로 적절하지 않은 것은?

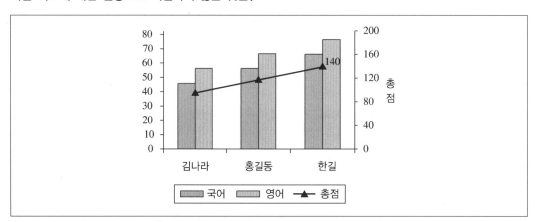

① [총점] 계열이 보조 축으로 표시된 이중 축 차트이다.
② 범례는 아래쪽에 배치되어 있다.
③ [영어] 계열의 [홍길동] 요소에 데이터 레이블이 있다.
④ 보조 세로(값) 축의 주 단위는 40이다.

www.sdedu.co.kr

제2회
부산교통공사 운영직

NCS 직업기초능력평가

〈문항 및 시험시간〉

평가영역	문항 수	시험시간	모바일 OMR 답안채점/성적분석 서비스
의사소통＋수리＋문제해결＋자원관리＋정보	50문항	50분	

제2회 모의고사

01 다음 글에서 추론할 수 있는 것을 〈보기〉에서 모두 고르면?

> 20세기 초만 해도 전체 사망자 중 폐암으로 인한 사망자의 비율은 극히 낮았다. 그러나 20세기 중반에 들어서면서 이 병으로 인한 사망률은 크게 높아졌다. 이러한 변화를 우리는 어떻게 설명할 수 있을까? 여러 가지 가설이 가능한 것으로 보인다. 어쩌면 자동차를 이용하면서 운동 부족으로 사람들의 폐가 약해졌을지도 모른다. 또는 산업화 과정에서 증가한 대기 중의 독성 물질이 도시 거주자들의 폐에 영향을 주었을지도 모른다.
>
> 하지만 담배가 그 자체로 독인 니코틴을 함유하고 있다는 것이 사실로 판명되면서, 흡연이 폐암으로 인한 사망의 주요 요인이라는 가설은 다른 가설들보다 더 그럴듯해 보이기 시작한다. 담배 두 갑에 들어 있는 니코틴이 화학적으로 정제되어 혈류 속으로 주입된다면, 그것은 치사량이 된다. 이러한 가설을 지지하는 또 다른 근거는 담배 연기로부터 추출된 타르를 쥐의 피부에 바르면 쥐가 피부암에 걸린다는 사실에 기초해 있다. 이미 18세기 이후 영국에서는 타르를 함유한 그을음 속에서 일하는 굴뚝 청소부들이 다른 사람들보다 피부암에 더 잘 걸린다는 것이 정설이었다.
>
> 이러한 증거들은 흡연이 폐암의 주요 원인이라는 가설을 뒷받침해 주지만, 그것들만으로 이 가설을 증명하기에는 충분하지 않다. 의학자들은 흡연과 폐암을 인과적으로 연관시키기 위해서는 훨씬 더 많은 증거가 필요하다는 점을 깨닫고, 수십 가지 연구를 수행하고 있다.

---〈보기〉---

ㄱ. 화학적으로 정제된 니코틴은 폐암을 유발한다.
ㄴ. 19세기에 타르와 암의 관련성이 이미 보고되어 있었다.
ㄷ. 니코틴이 타르와 동시에 신체에 흡입될 경우 폐암 발생률은 급격히 증가한다.

① ㄱ
② ㄴ
③ ㄱ, ㄴ
④ ㄴ, ㄷ

02 다음 문단을 논리적 순서대로 바르게 나열한 것은?

> (가) 하지만 영화를 볼 때 소리를 없앤다면 어떤 느낌이 들까? 아마 내용이나 분위기, 인물의 심리 등을 파악하기 힘들 것이다. 이런 점을 고려할 때 영화 속 소리는 영상과 분리해서 생각할 수 없는 필수 요소라고 할 수 있다. 소리는 영상 못지않게 다양한 기능이 있기 때문에 현대 영화감독들은 영화 속 소리를 적극적으로 활용하고 있다.
>
> (나) 이와 같이 영화 속 소리는 다양한 기능을 수행하기 때문에 영화의 예술적 상상력을 빼앗는 것이 아니라 오히려 더 풍부하게 해 준다. 그래서 현대 영화에서 소리를 빼고 작품을 완성한다는 것은 생각하기 어려운 일이 되었다.
>
> (다) 영화의 소리에는 대사, 음향 효과, 음악 등이 있으며, 이러한 소리들은 영화에서 다양한 기능을 수행한다. 우선, 영화 속 소리는 다른 예술 장르의 표현 수단보다 더 구체적이고 분명하게 내용을 전달하는 데 도움을 줄 수 있다. 그리고 줄거리 전개에 도움을 주거나 작품의 상징적 의미를 전달할 뿐만 아니라 주제 의식을 강조하는 역할을 하기도 한다. 영상에 현실감을 줄 수 있으며, 영상의 시공간적 배경을 확인시켜 주는 역할도 한다. 또한, 영화 속 소리는 영화의 분위기를 조성하고 인물의 내면 심리도 표현할 수 있다.
>
> (라) 유성영화가 등장했던 1920년대 후반에 유럽의 표현주의나 형식주의 감독들은 영화 속의 소리에 대한 부정적인 견해가 컸다. 그들은 가장 영화다운 장면은 소리 없이 움직이는 그림으로만 이루어진 장면이라고 믿었다. 그래서 그들은 영화 속 소리가 시각 매체인 영화의 예술적 효과와 영화적 상상력을 빼앗을 것이라고 내다보았다.

① (라) – (가) – (다) – (나)
② (가) – (다) – (라) – (나)
③ (라) – (다) – (가) – (나)
④ (나) – (라) – (가) – (다)

03 다음은 B대학교의 학과별 입학정원 변화에 대한 자료이다. 이를 그래프로 표현한 내용으로 적절하지 않은 것은?

〈학과별 입학정원 변화〉

(단위 : 명)

구분	2018년	2019년	2020년	2021년	2022년
A학과	110	142	135	157	150
B학과	68	55	62	60	54
C학과	128	130	148	150	144
D학과	90	87	80	85	77
E학과	66	67	64	60	65
F학과	50	40	48	42	45
G학과	115	114	114	110	120
H학과	106	110	108	105	100

① 2021 ~ 2022년 학과별 입학정원 변화

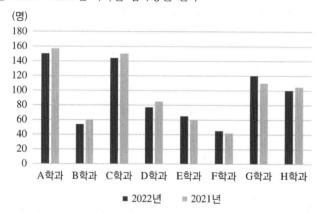

② 2018 ~ 2022년 A학과, C학과, D학과, G학과, H학과 입학정원 변화

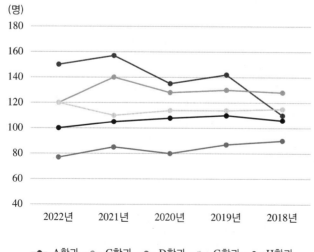

③ 2018 ~ 2022년 B학과, E학과, F학과, G학과 입학정원 변화

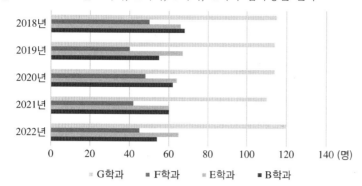

④ 2018 ~ 2020년 학과별 입학정원 변화

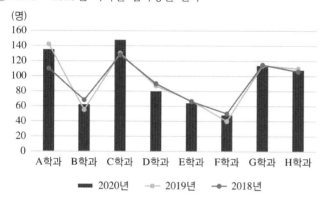

※ 다음은 20대 이상 성인에게 종이책 독서에 대해 설문조사를 한 자료이다. 이어지는 질문에 답하시오. **[4~5]**

〈종이책 독서 현황〉

(단위 : %)

구분		사례 수(명)	읽음	읽지 않음
전체		6,000	59.9	40.1
성별	남성	2,988	58.2	41.8
	여성	3,012	61.5	38.5
연령별	20대	1,070	73.5	26.5
	30대	1,071	68.9	31.1
	40대	1,218	61.9	38.1
	50대	1,190	52.2	47.8
	60대 이상	1,451	47.8	52.2

※ '읽음'과 '읽지 않음'의 비율은 소수점 둘째 자리에서 반올림한 값이다.

04 다음 중 자료에 대한 설명으로 적절하지 않은 것은?(단, 인원은 소수점 첫째 자리에서 반올림한다)

① 모든 연령대에서 '읽음'의 비율이 '읽지 않음'보다 높다.

② 여성이 남성보다 종이책 독서를 하는 비율이 3% 이상 높다.

③ 사례 수가 가장 적은 연령대의 '읽지 않음'을 선택한 인원은 250명 이상이다.

④ 40대의 '읽음'과 '읽지 않음'을 선택한 인원의 차이는 약 290명이다.

05 여성과 남성의 사례 수가 각각 3,000명이라면 '읽음'을 선택한 여성과 남성의 인원은 총 몇 명인가?

① 3,150명

② 3,377명

③ 3,591명

④ 3,782명

06 다음 중 (가), (나)의 공통된 전개 방식으로 가장 적절한 것은?

> (가) 문학이 구축하는 세계는 실제 생활과 다르다. 즉, 실제 생활은 허구의 세계를 구축하는 데 필요한 재료가 되지만 이 재료들이 일단 한 구조의 구성 분자가 되면 그 본래의 재료로서의 성질과 모습은 확연히 달라진다. 건축가가 집을 짓는 것을 떠올려 보자. 건축가는 어떤 완성된 구조를 생각하고 거기에 필요한 재료를 모아서 적절하게 집을 짓게 되는데, 이때 건물이라고 하는 하나의 구조를 완성하게 되면 이 완성된 구조의 구성 분자가 된 재료들은 본래의 재료와 전혀 다른 것이 된다.
>
> (나) 무엇을 이해한다는 것의 진정한 의미는 무엇일까? 우주의 진행 방식을 하나의 체스 게임에 비유해 보자. 그렇다면 이 체스 게임의 규칙은 신이 정한 것이며, 우리는 게임을 관람하는 관객에 불과하다. 그것도 규칙을 제대로 이해하지 못한 채 구경할 수밖에 없는 딱한 관객인 것이다. 우리에게 허락된 것은 오로지 게임을 지켜보는 것뿐이다. 물론 충분한 시간을 두고 지켜본다면 몇 가지 규칙 정도는 알아낼 수도 있다. 체스 게임이 성립되기 위해 반드시 요구되는 기본 규칙들이 바로 기초 물리학이다. 그런데 체스에 사용되는 말의 움직임이 워낙 복잡한데다가 인간의 지성은 명백한 한계가 있기 때문에 모든 규칙을 다 알고 있다 하더라도 특정한 움직임이 왜 행해졌는지를 전혀 이해하지 못할 수도 있다. 체스 게임의 규칙은 비교적 쉽게 배울 수 있지만, 매 순간 말이 갈 수 있는 최선의 길을 찾아내는 일은 결코 쉽지 않기 때문이다.

① 자연 현상에 대해 설명하고, 앞으로의 전망을 제시한다.
② 개념의 이해를 돕기 위해 친근한 대상을 예로 들어 설명한다.
③ 전문가의 의견을 통해 설명의 권위를 더한다.
④ 다양한 사례를 제시하고, 종합적으로 결론을 내린다.

07 세미는 1박 2일로 경주 여행을 떠나 불국사, 석굴암, 안압지, 첨성대 유적지를 방문했다. 〈조건〉이 다음과 같을 때, 세미의 유적지 방문 순서가 될 수 없는 것은?

> ───── 〈조건〉 ─────
> • 첫 번째로 방문한 곳은 석굴암, 안압지 중 한 곳이었다.
> • 여행 계획대로라면 첫 번째로 석굴암을 방문했을 때, 두 번째로는 첨성대에 방문하기로 되어 있었다.
> • 두 번째로 방문한 곳이 안압지가 아니라면, 불국사도 아니었다.
> • 세 번째로 방문한 곳은 석굴암이 아니었다.
> • 세 번째로 방문한 곳이 첨성대라면, 첫 번째로 방문한 곳은 불국사였다.
> • 마지막으로 방문한 곳이 불국사라면, 세 번째로 방문한 곳은 안압지였다.

① 안압지 – 첨성대 – 불국사 – 석굴암
② 안압지 – 석굴암 – 첨성대 – 불국사
③ 안압지 – 석굴암 – 불국사 – 첨성대
④ 석굴암 – 첨성대 – 안압지 – 불국사

08 김과장은 건강상의 이유로 간헐적 단식을 시작하기로 했다. 김과장이 선택한 간헐적 단식 방법은 월요일부터 일요일까지 일주일 중에 2일을 선택하여 아침 혹은 저녁 한 끼 식사만 하는 것이다. 〈조건〉을 토대로 김과장이 단식을 시작한 첫 주 월요일부터 일요일까지 한 끼만 먹은 요일과 이때 식사를 한 때는?

〈조건〉

- 단식을 하는 날 전후로 각각 최소 2일간은 세 끼 식사를 한다.
- 단식을 하는 날 이외에는 항상 세 끼 식사를 한다.
- 2주 차 월요일에는 단식을 했다.
- 1주 차에 먹은 아침식사 횟수와 저녁식사 횟수가 같다.
- 1주 차 월요일, 수요일, 금요일은 조찬회의에 참석하여 아침식사를 했다.
- 1주 차 목요일은 업무약속이 있어서 점심식사를 했다.

---

① 월요일(아침), 목요일(저녁)

② 화요일(아침), 금요일(아침)

③ 화요일(저녁), 금요일(아침)

④ 화요일(저녁), 토요일(아침)

09 다음 〈보기〉 중 창의적 사고에 대해 잘못 설명하고 있는 사람을 모두 고르면?

〈보기〉

갑 : 창의적 사고는 아무것도 없는 무에서 유를 만들어 내는 것이야.

을 : 창의적 사고는 끊임없이 참신한 아이디어를 산출하는 힘이야.

병 : 우리는 매일매일 끊임없이 창의적 사고를 계속하고 있어.

정 : 필요한 물건을 싸게 사기 위해서 하는 많은 생각들은 창의적 사고에 해당하지 않아.

무 : 창의적 사고를 대단하게 여기는 사람들의 편견과 달리 창의적 사고는 누구에게나 존재해.

---

① 갑, 병

② 갑, 정

③ 병, 정

④ 병, 무

10 갑 ～ 병 3명의 사람이 다트게임을 하고 있다. 다트 과녁은 색깔에 따라 다음과 같이 점수가 나눠진다. 〈조건〉에 따라 3명이 다트게임을 했을 때, 점수 결과로 나올 수 있는 경우의 수는?

〈다트 과녁 점수〉

(단위 : 점)

구분	빨강	노랑	파랑	검정
점수	10	8	5	0

〈조건〉
- 모든 다트는 네 가지 색깔 중 한 가지를 맞춘다.
- 각자 다트를 5번씩 던진다.
- 을은 40점 이상을 획득하여 가장 높은 점수를 얻었다.
- 병의 점수는 5점 이상 10점 이하이고, 갑의 점수는 36점이다.
- 검정을 제외한 똑같은 색깔은 3번 이상 맞춘 적이 없다.

① 9가지　　　　　　　　　　　② 8가지
③ 7가지　　　　　　　　　　　④ 6가지

11 B사 인사부에 근무하는 김대리는 신입사원들의 교육점수를 다음과 같이 정리한 후 VLOOKUP 함수를 이용해 교육점수별 등급을 입력하려고 한다. [E2:F8]의 데이터 값을 이용해 (A) 셀에 함수식을 입력한 후 자동 채우기 핸들로 사원들의 교육점수별 등급을 입력할 때, (A) 셀에 입력해야 할 함수식으로 가장 적절한 것은?

	A	B	C	D	E	F
1	사원	교육점수	등급		교육점수	등급
2	최○○	100	(A)		100	A
3	이○○	95			95	B
4	김○○	95			90	C
5	장○○	70			85	D
6	정○○	75			80	E
7	소○○	90			75	F
8	신○○	85			70	G
9	구○○	80				

① = VLOOKUP(B2, E2:F8, 2, 1)

② = VLOOKUP(B2, E2:F8, 2, 0)

③ = VLOOKUP(B2, $E$2:$F$8, 2, 0)

④ = VLOOKUP(B2, $E$2:$F$8, 1, 0)

※ B은행은 지역 고령농민을 위한 스마트뱅킹 교육을 실시하려고 한다. 다음 자료를 보고 이어지는 질문에 답하시오. [12~13]

<지역 고령농민을 위한 스마트뱅킹 교육>

• 참가인원 : 지역 고령농민 50명, B은행 임직원 15명
• 교육일시 : 2023년 2월 12일 오전 9시 ~ 11시
• 필요장비 : 컴퓨터, 빔 프로젝터, 마이크
• 특이사항
  - 교육 종료 후 다과회가 있으므로 별도 회의실이 필요하다.
  - 교육 장소는 조건을 충족하는 장소 중에서 가장 저렴한 장소로 선택한다.

<센터별 대여료 및 세부사항>

구분	대여료	보유 장비	수용인원	사용 가능 시간	비고
A센터	400,000원	컴퓨터, 빔 프로젝터, 마이크	50명	3시간	회의실 보유
B센터	420,000원	컴퓨터, 빔 프로젝터, 마이크	65명	4시간	회의실 보유
C센터	350,000원	컴퓨터, 마이크	45명	3시간	–
D센터	500,000원	마이크, 빔 프로젝터	75명	1시간	회의실 보유

12 다음 중 지역 고령농민을 위한 스마트뱅킹 교육 계획에 맞는 장소로 가장 적절한 것은?

① A센터
② B센터
③ C센터
④ D센터

13 지역 고령농민 참여자가 30명으로 변경되었을 때, 대여할 교육 장소로 가장 적절한 것은?

① A센터
② B센터
③ C센터
④ D센터

14 다음 중 컴퓨터 바이러스에 대한 설명으로 적절하지 않은 것은?

① 사용자가 인지하지 못한 사이 자가 복제를 통해 다른 정상적인 프로그램을 감염시켜 해당 프로그램이나 다른 데이터 파일 등을 파괴한다.

② 보통 소프트웨어 형태로 감염되나, 메일이나 첨부파일은 감염의 확률이 매우 적다.

③ 인터넷의 공개 자료실에 있는 파일을 다운로드하여 설치할 때 감염될 수 있다.

④ 온라인 채팅이나 인스턴트 메신저 프로그램을 통해서 전파되기도 한다.

15 B물류회사에서 근무 중인 귀하에게 화물운송기사 두 명이 찾아와 운송시간에 대한 질문을 하였다. 주요 도시 간 이동시간 자료를 참고했을 때, 두 기사에게 안내해야 할 시간은?(단, 귀하와 두 기사는 A도시에 위치하고 있다)

> K기사 : 저는 여기서 화물을 싣고 E도시로 운송한 후에 C도시로 가서 다시 화물을 싣고 여기로 돌아와야 하는데 시간이 얼마나 걸릴까요? 최대한 빨리 마무리 지었으면 좋겠는데….
>
> P기사 : 저는 여기서 출발해서 모든 도시를 한 번씩 거쳐 다시 여기로 돌아와야 해요. 가장 짧은 이동시간으로 다녀오면 얼마나 걸릴까요?

〈주요도시 간 이동시간〉

(단위 : 시간)

출발도시 \ 도착도시	A	B	C	D	E
A	–	1.0	0.5	–	–
B	–	–	–	1.0	0.5
C	0.5	2.0	–	–	–
D	1.5	–	–	–	0.5
E	–	–	2.5	0.5	–

※ 화물을 싣고 내리기 위해 각 도시에서 정차하는 시간은 고려하지 않는다.
※ '–' 표시가 있는 구간은 이동이 불가능하다.

	K기사	P기사		K기사	P기사
①	4시간	4시간	②	4.5시간	5시간
③	5시간	5.5시간	④	5.5시간	6시간

16 귀하는 최근 회사 내 업무용 개인 컴퓨터의 보안을 강화하기 위하여 다음과 같은 메일을 받았다. 이를 토대로 귀하가 취해야 할 행동으로 적절하지 않은 것은?

발신 : 전산보안팀
──────────────────────────────
수신 : 전 임직원

제목 : 업무용 개인 컴퓨터 보안대책 공유

내용 :
안녕하십니까. 전산팀장입니다.
최근 개인정보 유출 등 전산보안 사고가 자주 발생하고 있어 각별한 주의가 필요한 상황입니다. 이에 따라 자사에서도 업무상 주요 정보가 유출되지 않도록 보안프로그램을 업그레이드하는 등 전산보안을 더욱 강화하고 있습니다.
무엇보다 업무용 개인 컴퓨터를 사용하는 분들이 특히 신경을 많이 써주셔야 철저한 보안이 실천됩니다. 번거로우시더라도 아래와 같은 사항을 따라주시길 바랍니다.

• 인터넷 익스플로러를 종료할 때마다 검색기록이 삭제되도록 설정해 주세요.
• 외출 또는 외근으로 장시간 컴퓨터를 켜두어야 하는 경우에는 인터넷 검색기록을 직접 삭제해 주세요.
• 인터넷 검색기록 삭제 시 기본 설정되어 있는 항목 외에도 '다운로드 기록', '양식 데이터', '암호', '추적방지, ActiveX 필터링 및 Do Not Track 데이터'를 모두 체크하여 삭제해 주세요(단, 즐겨찾기 웹 사이트 데이터 보존 부분은 체크 해제할 것).
• 인터넷 익스플로러에서 방문한 웹 사이트 목록을 저장하는 기간을 5일로 변경해 주세요.
• 자사에서 제공 중인 보안프로그램은 항시 업데이트하여 최신 상태로 유지하여 주세요.

위 사항을 적용하는 데 어려움이 있을 경우에는 아래 첨부파일에 이미지와 함께 친절하게 설명되어 있으니 참고바랍니다.

〈첨부〉 업무용 개인 컴퓨터 보안대책 적용 방법 설명(이미지).zip

① 인터넷 익스플로러에서 [도구(또는 톱니바퀴 모양)]를 클릭하여 [인터넷옵션]의 '일반' 카테고리에 있는 [종료할 때 검색 기록 삭제]를 체크한다.

② 장시간 외출할 경우에는 [인터넷옵션]의 '일반' 카테고리에 있는 [삭제]를 클릭해 직접 삭제한다.

③ 검색기록 삭제 시 [인터넷옵션]의 '일반' 카테고리에 있는 [삭제]를 클릭하여 기존에 설정되어 있는 항목을 포함한 모든 항목을 체크하여 삭제한다.

④ [인터넷옵션]의 '일반' 카테고리 중 검색기록 부분에서 [설정]을 클릭하고, '기록' 카테고리의 [페이지 보관 일수]를 5일로 설정한다.

17 다음 글의 '도덕적 딜레마 논증'에 대한 비판으로 적절한 것을 〈보기〉에서 모두 고르면?

1890년대에 이르러 어린이를 의료 실험 대상에서 배제시켜야 한다는 주장이 대두되었다. 그 주장의 핵심적인 근거는 어린이가 의료 실험과 관련하여 제한적인 동의능력만을 가지고 있다는 것이었다. 여기서 동의능력이란 충분히 자율적인 존재가 제안된 실험의 특성이나 위험성 등에 대한 적절한 정보를 인식하고 그것에 기초하여 그 실험을 자발적으로 받아들일 수 있는 능력을 일컫는다. 그렇기 때문에 어린이를 실험 대상으로 하는 연구는 항상 도덕적 논란을 불러일으켰고, 1962년 이후 미국에서는 어린이에 대한 실험이 거의 시행되지 않았다. 이러한 상황에서 1968년 미국의 소아 약물학자 셔키는 다음과 같은 '도덕적 딜레마 논증'을 제시하였다. 어린이를 실험 대상에서 배제시키면, 어린이 환자 집단에 대해 충분한 실험을 하지 않은 약품들로 어린이를 치료하게 되어 어린이를 더욱 커다란 위험에 몰아넣게 된다. 따라서 어린이를 실험 대상에서 배제시키는 것은 도덕적으로 옳지 않다. 반면, 어린이를 실험 대상에서 배제시키지 않으면, 제한적인 동의능력만을 가진 존재를 실험 대상에 포함시키게 된다. 제한된 동의능력만을 가진 이를 실험 대상에 포함시키는 것은 도덕적으로 옳지 않다. 따라서 어린이를 실험 대상에 포함시키는 것은 도덕적으로 옳지 않다. 우리의 선택지는 어린이를 실험 대상에서 배제시키거나 배제시키지 않는 것뿐이다. 결국 어떠한 선택을 하든 도덕적인 잘못을 저지를 수밖에 없다.

〈보기〉

ㄱ. 어린이를 실험 대상으로 하는 연구는 그 위험성의 여부와는 상관없이 모두 거부되어야 한다. 적합한 사전 동의 없이 행해지는 어떠한 실험도 도덕적 잘못이기 때문이다.

ㄴ. 동물실험이나 성인에 대한 임상실험을 통해서도 어린이 환자를 위한 안전한 약물을 만들어낼 수 있다. 따라서 어린이를 실험 대상에 포함시키지 않더라도 어린이 환자가 안전하게 치료받지 못하는 위험에 빠지지 않을 수 있다.

ㄷ. 부모나 법정 대리인을 통해 어린이의 동의능력을 적합하게 보완할 수 있다. 어린이의 동의능력이 부모나 법정대리인에 의해 적합하게 보완된다면 어린이를 실험 대상에 포함시켜도 도덕적 잘못이 아닐 수 있다. 따라서 이런 경우의 어린이를 실험 대상에 포함시켜도 도덕적 잘못이 아닐 수 있다.

① ㄱ

② ㄴ

③ ㄱ, ㄷ

④ ㄴ, ㄷ

언어의 습득은 인종(人種)이나 지능(知能)과 관계없이 누구에게나 비슷한 수준으로 이루어진다. 그리고 하나의 언어를 일단 배우고 난 뒤에는 그것을 일상생활에서 자유자재로 구사할 수 있다. 마치 자전거나 스케이트를 한번 배우고 나면 그 뒤에는 별다른 신경을 쓰지 않고 탈 수 있는 것과 같다.

우리는 언어를 이처럼 쉽게 배우고 또 사용하고 있지만, 언어 사용과 관련하여 판단을 내리는 과정의 내면을 살펴보면, 그것이 그리 단순하지 않다는 사실을 알 수 있다. 지극히 간단한 언어 표현에 대한 문법성을 판단하기 위해서만도 엄청난 양의 사고 과정이 요구되기 때문이다.

예컨대, 우리는 '27의 제곱은 얼마인가?'와 같은 계산을 위해서는 상당한 시간을 소모하지 않으면 안 되면서도, '너는 냉면 먹어라. 나는 냉면 먹을게.'와 같은 문장은 어딘가 이상한 문장이라는 사실, 어떻게 고쳐야 바른 문장이 된다는 사실을 특별히 심각하게 따져보지 않고도 거의 순간적으로 파악해 낼 수 있다. 그러나 막상 ㉠'너는 냉면 먹어라. 나는 냉면 먹을게.'라는 문장이 틀린 이유가 무엇인지 설명하라고 하면, 일반인으로서는 매우 곤혹스러움을 느끼게 된다. 이를 논리적으로 설명해 내기 위해서는 국어의 문법 현상에 관한 상당한 수준의 전문적 식견이 필요하기 때문이다.

… (중략) …

언어는 개방적이고 무한한 체계이기 때문에 우리는 언어를 통해서 반드시 보았거나 들은 것, 존재하는 것만을 이야기하는 데 그치지 않고 '용, 봉황새, 손오공, 유토피아…' 같이 현실에 존재하지 않은 상상의 산물, 나아가서는 '희망, 불행, 평화, 위기…', '의문, 제시, 제한, 효과, 실효성…' 등과 같은 관념적이고 추상적인 개념까지를 거의 무한에 가깝게 표현할 수가 있다.

18 윗글의 서술 방식으로 가장 적절한 것은?

① 구체적인 사례를 들어 정보를 전달하고 있다.
② 대상 간의 차이점을 중심으로 서술하고 있다.
③ 상위 단위를 하위 단위로 나누어 설명하고 있다.
④ 대상의 변화 과정에 초점을 맞추어 전개하고 있다.

19 다음 중 밑줄 친 ㉠을 바르게 설명한 것은?

① 시간적으로 차이가 나는 두 행동을 마치 동시에 발생한 것처럼 표현했다.
② 이것과 저것의 다름을 나타내는 조사를 사용하면서 동일한 대상을 가리켰다.
③ 청자(聽者)가 분명한 상황에서 청자를 생략하는 것이 자연스러운데도 억지로 사용했다.
④ 반드시 들어가야 할 문장 성분을 생략함으로써 행위주체를 분명하게 드러내지 않았다.

20 다음은 외환위기 전후 한국의 경제 상황을 나타낸 자료이다. 이에 대한 설명으로 가장 적절한 것은?

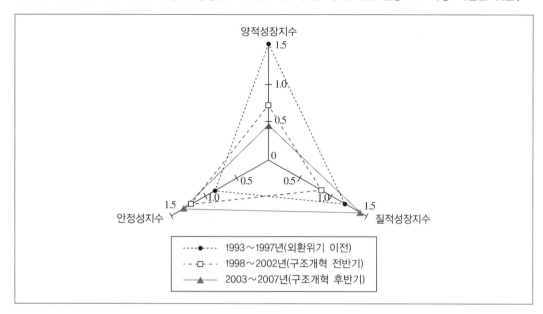

① 1993년 이후 양적성장지수가 감소함에 따라 안정성지수 또한 감소하였다.

② 안정성지수는 구조개혁 전반기와 구조개혁 후반기에 직전기간 대비 모두 증가하였으나, 구조개혁 후반기의 직전기간 대비 증가율은 구조개혁 전반기의 직전기간 대비 증가율보다 낮다.

③ 세 지수 모두에서 구조개혁 전반기의 직전기간 대비 증감폭보다 구조개혁 후반기의 직전기간 대비 증감폭이 크다.

④ 구조개혁 전반기와 후반기 모두에서 양적성장지수의 직전기간 대비 증감폭보다 안정성지수의 직전기간 대비 증감폭이 크다.

21 K씨는 퇴직 후 네일아트 전문 뷰티숍을 개점하기 위해 지난 1개월간 네일아트를 받아본 20 ~ 35세 여성 113명을 대상으로 뷰티숍 방문횟수와 직업에 대해 조사하였다. 설문조사 결과가 다음과 같을 때, K씨가 이해한 내용으로 가장 적절한 것은?(단, 복수응답과 무응답은 없다)

〈응답자의 연령대별 방문횟수〉

(단위 : 명)

방문횟수 \ 연령대	20 ~ 25세	26 ~ 30세	31 ~ 35세	합계
1회	19	12	3	34
2 ~ 3회	27	32	4	63
4 ~ 5회	6	5	2	13
6회 이상	1	2	0	3
합계	53	51	9	113

〈응답자의 직업 분포〉

(단위 : 명)

직업	학생	회사원	공무원	전문직	자영업	가정주부	합계
응답자 수	49	43	2	7	9	3	113

① 전체 응답자 중 20 ~ 25세 응답자가 차지하는 비율은 50% 이상이다.

② 26 ~ 30세 응답자 중 4회 이상 방문한 응답자 비율은 10% 이상이다.

③ 31 ~ 35세 응답자의 1인당 평균 방문횟수는 2회 미만이다.

④ 전체 응답자 중 직업이 학생 또는 공무원인 응답자 비율은 50% 이상이다.

22 B회사의 임직원들은 출장지에서 묵을 방을 배정받는다고 한다. 출장 인원은 대표를 포함한 10명이며, 그중 6명은 숙소 배정표와 같이 미리 배정되었다. 생산팀 장과장, 인사팀 유과장, 총무팀 박부장, 대표 4명이 다음 〈조건〉에 따라 방을 배정받아야 할 때, 항상 거짓인 것은?

〈숙소 배정표〉

101호 인사팀 최부장	102호	103호 생산팀 강차장	104호	105호	106호 생산팀 이사원
복도					
112호 관리팀 김부장	111호	110호	109호 총무팀 이대리	108호 인사팀 한사원	107호

〈조건〉
- 같은 직급은 옆방으로 배정하지 않는다.
- 마주보는 방은 같은 부서 임직원이 배정받을 수 없다.
- 대표의 옆방은 부장만 배정받을 수 있다.
- 빈방은 나란히 있거나 마주보지 않는다.

① 인사팀 유과장은 105호에 배정받을 수 없다.
② 104호는 아무도 배정받지 않을 수 있다.
③ 111호에는 생산팀 장과장이 묵는다.
④ 총무팀 박부장은 110호에 배정받는다.

23 다음 중 Windows 7에서 인터넷 익스플로러의 작업 내용과 바로가기의 연결이 적절하지 않은 것은?

① 현재 창 닫기 : [Ctrl]+[Q]
② 홈 페이지로 이동 : [Alt]+[Home]
③ 현재 웹 페이지를 새로 고침 : [F5]
④ 브라우저 창의 기본 보기와 전체 화면 간 전환 : [F11]

24 다음 (가) ~ (다)와 같은 생산 합리화 원칙이 적용된 사례를 〈보기〉에서 골라 바르게 짝지은 것은?

〈생산 합리화 원칙〉

(가) 공정과 제품의 특성에 따라 작업을 분업화한다.
(나) 불필요한 요소를 제거하여 작업 절차를 간소화한다.
(다) 제품의 크기, 형태에 대해 기준을 설정하여 규격화한다.

〈보기〉

ㄱ. 휴대전화와 충전 장치의 연결 방식을 같은 형식으로 만들었다.
ㄴ. 음료수의 생산 과정을 일곱 단계에서 다섯 단계의 과정으로 줄여 작업하였다.
ㄷ. 한 사람이 하던 자동차 바퀴의 나사 조립과 전기 장치 조립을 각각 두 사람이 하도록 하였다.

	(가)	(나)	(다)
①	ㄱ	ㄴ	ㄷ
②	ㄴ	ㄱ	ㄷ
③	ㄴ	ㄷ	ㄱ
④	ㄷ	ㄴ	ㄱ

25 다음은 A ~ F 6명이 달리기 시합을 하고 난 뒤 나눈 대화 내용이다. 이를 토대로 항상 참이 아닌 것은?

A : C와 F가 내 앞에서 결승선에 들어가는 걸 봤어.
B : D는 간발의 차로 바로 내 앞에서 결승선에 들어갔어.
C : 나는 D보다는 빨랐는데, 1등은 아니야.
D : C의 말이 맞아. 정확히 기억은 안 나는데 나는 3등 아니면 4등이었어.
E : 내가 결승선에 들어오고, 나중에 D가 들어왔어.
F : 나는 1등은 아니지만 꼴등도 아니었어.

① 제일 먼저 결승선에 들어온 사람은 E이다.
② 제일 나중에 결승선에 들어온 사람은 A이다.
③ C는 F보다 순위가 높다.
④ B는 C보다 순위가 낮다.

26 물적자원관리 과정 중 같은 단계의 특성끼리 바르게 짝지어진 것은?

① 반복 작업 방지, 물품활용의 편리성
② 통일성의 원칙, 물품의 형상
③ 물품의 소재, 물품활용의 편리성
④ 물품의 소재, 유사성의 원칙

27 B구청은 주민들의 정보화 교육을 위해 정보화 교실을 동별로 시행하고 있고, 주민들은 각자 일정에 맞춰 정보화 교육을 수강하려고 한다. 다음 중 개인 일정상 신청과목을 수강할 수 없는 사람은?(단, 하루라도 수강을 빠진다면 수강이 불가능하다)

〈정보화 교육 일정표〉

날짜	시간	장소	과정명	장소	과정명
화, 목	09:30 ~ 12:00	A동	인터넷 활용하기	C동	스마트한 클라우드 활용
	13:00 ~ 15:30		그래픽 초급 픽슬러 에디터		스마트폰 SNS 활용
	15:40 ~ 18:10		ITQ한글2010(실전반)		
수, 금	09:30 ~ 12:00		한글 문서 활용하기		Windows10 활용하기
	13:00 ~ 15:30		스마트폰 / 탭 / 패드(기본앱)		스마트한 클라우드 활용
	15:40 ~ 18:10		컴퓨터 기초(윈도우 및 인터넷)		-
월	09:30 ~ 15:30		포토샵 기초		사진 편집하기
화 ~ 금	09:30 ~ 12:00	B동	그래픽 편집 달인되기	D동	한글 시작하기
	13:00 ~ 15:30		한글 활용 작품 만들기		사진 편집하기
	15:40 ~ 18:10		-		엑셀 시작하기
월	09:30 ~ 15:30		Windows10 활용하기		스마트폰 사진 편집＆앱 배우기

〈개인 일정 및 신청과목〉

구분	개인 일정	신청 과목
D동의 홍길동	• 매주 월 ~ 금 08:00 ~ 15:00 편의점 아르바이트 • 매주 월요일 16:00 ~ 18:00 음악학원 수강	엑셀 시작하기
A동의 이몽룡	• 매주 화, 수, 목 09:00 ~ 18:00 학원 강의 • 매주 월 16:00 ~ 20:00 배드민턴 동호회 활동	포토샵 기초
C동의 성춘향	• 매주 수, 금 17:00 ~ 22:00 호프집 아르바이트 • 매주 월 10:00 ~ 12:00 과외	스마트한 클라우드 활용
B동의 변학도	• 매주 월, 화 08:00 ~ 15:00 카페 아르바이트 • 매주 수, 목 18:00 ~ 20:00 요리학원 수강	그래픽 편집 달인되기

① 홍길동   ② 이몽룡
③ 성춘향   ④ 변학도

28 B공사는 사원들의 복지 증진을 위해 안마의자를 구매할 계획이다. B공사의 안마의자 구입기준이 다음과 같을 때, 구매할 안마의자로 가장 적절한 것은?

〈B공사의 안마의자 구입기준〉

- 사원들이 자주 사용할 것으로 생각되니 A/S 기간이 2년 이상이어야 한다.
- 사무실 인테리어를 고려하여 안마의자의 컬러는 레드보다는 블랙을 구매한다.
- 겨울철에도 이용할 경우를 위해 안마의자에 온열기능이 있어야 한다.
- 안마의자의 구입 예산은 최대 2,500만 원까지이며, 가격이 예산 안에만 해당하면 모두 구매 가능하다.
- 안마의자의 프로그램 개수는 최소 10개 이상은 되어야 하며, 많으면 많을수록 좋다.

〈A ~ D안마의자 정보〉

구분	가격	컬러	A/S 기간	프로그램	옵션
A안마의자	2,200만 원	블랙	2년	12개	온열기능
B안마의자	2,100만 원	레드	2년	13개	온열기능
C안마의자	2,600만 원	블랙	3년	15개	–
D안마의자	2,400만 원	블랙	2년	13개	온열기능

① A안마의자
② B안마의자
③ C안마의자
④ D안마의자

29 다음 중 Windows 7의 [폴더 옵션]에서 설정할 수 있는 작업에 해당하지 않는 것은?

① 숨김 파일 및 폴더를 표시할 수 있다.
② 색인된 위치에서는 파일 이름뿐만 아니라 내용도 검색하도록 설정할 수 있다.
③ 숨김 파일 및 폴더의 숨김 속성을 일괄 해제할 수 있다.
④ 파일이나 폴더를 한 번 클릭해서 열 것인지, 두 번 클릭해서 열 것인지를 설정할 수 있다.

30 굴업도 백패킹을 계획하던 C씨는 이른 아침 인천 여객터미널에 가서 배편으로 섬에 들어가려고 한다. 7:20에 집에서 출발하였고, 반드시 오전 중에 굴업도에 입섬해야 한다면 C씨가 취할 수 있는 가장 저렴한 여객선 비용은 얼마인가?(단, 집에서 인천여객터미널까지 1시간이 걸린다)

〈인천 터미널 배편 알림표〉

구분	출항시간	항로 1 여객선	항로 2 여객선
A회사	AM 7:00	20,000원	25,000원
	AM 9:00		
	AM 11:00		
	PM 1:00		
B회사	AM 8:00	30,000원	40,000원
	AM 9:30		
	AM 10:30		
	AM 11:30		

※ 항로 1 여객선 : 자월도 → 덕적도 → 승봉도 → 굴업도 방문(총 4시간)
※ 항로 2 여객선 : 굴업도 직항(총 2시간)

① 20,000원
② 25,000원
② 30,000원
④ 40,000원

31 진영이는 이번 출장에 KTX표를 미리 구매하여 40% 할인된 가격에 구매하였다. 하지만 출장 일정이 바뀌어서 하루 전날 표를 취소하였다. 환불 규정에 따라 16,800원을 돌려받았을 때, 할인되지 않은 KTX표의 가격은?

〈환불 규정〉

• 2일 전 : 100%
• 1일 전부터 열차 출발 전 : 70%
• 열차 출발 후 : 50%

① 40,000원
② 48,000원
③ 56,000원
④ 67,200원

32 다음 글을 통해 알 수 있는 내용으로 가장 적절한 것은?

'춤을 춘다. 아니, 차라리 곡예를 부린다는 표현이 더 어울린다. 정상적인 사람이 저렇게 움직일 수는 없다. 하지만 그 절박한 상황에서도 그는 온갖 문제들을 한꺼번에 해결한다. 왜소하고 어정쩡하고 어딘가 덜 떨어진 인물임에도 그는 언제나 최후의 승자가 된다.'

이는 할리우드 '슬랩스틱 코미디'의 전형적인 전개 방식이다. 여기서 그는 찰리 채플린일 수도 있고, 버스터 키튼일 수도 있다. 겉으로 보기에 그들은 볼품없는 남자지만 숨겨진 능력의 소유자이며, 무엇보다 선하고 정의롭다. 평범한 동시에 위대한 영웅이 탄생하는 것이다. 할리우드의 영광은 바로 그들과 함께 시작되었다. 물론 요즘 할리우드 영화는 예전과 같이 천편일률(千篇一律)적이라고 할 수 없다. 하지만 그 뿌리에는 슬랩스틱 코미디가 있고 지금의 할리우드 영화는 그에 대한 일종의 확대 재생산이라 할 수 있다.

이와 같이 출발한 할리우드 영화는 1920년대를 넘어서면서 오늘날과 같은 모델이 형성되었다. 할리우드는 영화를 생산함에 있어 포드자동차의 분업과 체계화된 노동 방식을 차용했다. 새로운 이야기를 만들기보다는 이야기를 표준화하여 그때그때 상황에 맞추어 솜씨 좋게 조합하는 방식을 취하는 것이다. 그 결과로서 서부극, 공포물, 드라마, 멜로물, 형사물 등의 장르 영화가 탄생한 것이다. 이로써 할리우드는 영화를 생산하는 '공장'이 되었고 상업적으로 성공을 거두었다.

영화의 예술성과 관련하여 두 가지 시각이 있다. 할리우드 영화는 짜임새 있는 이야기 구조, 하나의 극점을 향해 순차적으로 나아가는 사건 진행, 분명한 결말, 영웅적인 등장인물 등을 제시하며 나름대로 상당한 내적 완성도를 얻고 있다. 그러나 영화의 가치는 엉성한 줄거리와 구성 방식에서도 발견할 수 있다. 〈누벨바그〉를 비롯한 유럽의 실험적 영화들이 이에 속한다. 문제가 있다면 많은 관객들이 이들 영화를 즐길 만큼 영화의 예술성에 큰 가치를 두지 않는다는 사실이다.

바로 그 증거가 1950년대까지 계속된 할리우드 영화의 승승장구로 이어졌다. 대중은 영화의 첫 용도를 '재담꾼'으로 설정했던 것이다. 그러나 동시에 할리우드 영화는 고착된 관습과 매너리즘에 빠졌다. 그때 할리우드에 새로운 출구를 제시한 것이 장 뤽고다르 등이 주축이 되었던 프랑스의 〈누벨바그〉였다. 할리우드는 '외부의 것'을 들여와 발전의 자양분으로 삼았던 것이다.

엄밀히 말해 오늘날 대부분의 영화는, 국적과 상관없이 사실상 모두 할리우드 영화의 강력한 영향에 있다. 할리우드가 만들어놓은 생산의 법칙, 분배의 법칙, 재생산의 법칙을 충실히 따라가고 있다. 단순한 '발명품'이었던 영화가 이제는 이렇듯 일상 깊숙이 침투하여 삶의 일부가 되도록 한 것은 분명 할리우드의 공적이라 할 수 있다.

※ 슬랩스틱 코미디 : 무성영화 시대에 인기를 끈 코미디의 한 형태이다.
※ 누벨바그 : '새로운 물결'이라는 뜻으로, 전(前) 세대 영화와 단절을 외치며 새로운 스타일의 화면을 만들었던 영화 운동이다.

① 초기 영화의 영향에서 탈피하여 예술성을 얻으려는 노력이 필요하다.
② 영화의 가치는 얼마만큼 대중들에게 영향력을 미치는가에 달려 있다.
③ 상업적 성공에 안주하지 말고 새로움을 위한 끊임없는 시도가 필요하다.
④ 오락적 성격만을 강조하는 것은 영화 예술에 대한 편견을 가져올 수 있으므로 지양해야 한다.

33 다음 중 甲과 乙의 주장을 도출할 수 있는 질문으로 가장 적절한 것은?

> 甲 : 유물이 가지고 있는 인지 가능한 형태적 특질을 검토하여 그룹을 지을 수 있다. '형식'이라는 용어로
> 개념화되는 본질적이고 형태적인 특징, 혹은 중심적 경향을 찾으면 이를 바탕으로 하나의 '유형'이 만들
> 어진다. 이 작업은 특정한 하나의 형식을 공통으로 가진 여러 유물 가운데, 원형이 되는 유물을 확인하
> 고 이 유물을 이상적인 기준으로 삼아 다른 유물들과 비교하는 과정을 거쳐 이루어진다. 각각의 유형
> 안에는 개별 유물 간의 차이, 즉 '변이'가 있기 마련이지만 그것이 새 유형을 설정할 수 있을 정도로
> 본질적이라고 판단되지 않는 한, 그것은 편차 정도일 뿐 설명할 가치가 없다. 유물의 모든 변화는 한
> 유형에서 다른 유형으로 바뀌는 '변환'이다.
>
> 乙 : 유물의 본질적 특징은 중심적인 경향 또한 경험적 관찰의 결과일 뿐이다. 특히 중심적인 경향은 유물의
> 수와 기준에 따라 언제든지 바뀔 수 있다. 유형은 유물 자체에 고유한 본질에 따라 존재하는 것이 아니
> 라, 관찰을 통해 추론된 것이며 연구자가 자신의 연구 목적에 따라 고안한 도구일 뿐이다. 존재하는 것
> 은 사물의 상태를 의미하는 상과 변이뿐이다. 따라서 변이에 관심을 집중해야 한다. 이 변이는 다양하게
> 나타나는데, 최초로 등장한 이후 점차적으로 많아지다가 서서히 소멸해간다. 즉, 변이의 빈도는 시·공
> 간에 따라 다르게 나타나며, 변화는 변이들이 시·공간에 따라 얼마나 분포되어 있는지에 의해 결정된다.

① 유물을 유형에 따라 구분할 수 있는가?
② 연구자의 유물 구분 기준은 무엇인가?
③ 유물의 본질적 특징은 실재하는가?
④ 유물의 유형 설정에 유물의 개수가 영향을 미치는가?

34 다음 차트에 대한 설명으로 적절하지 않은 것은?

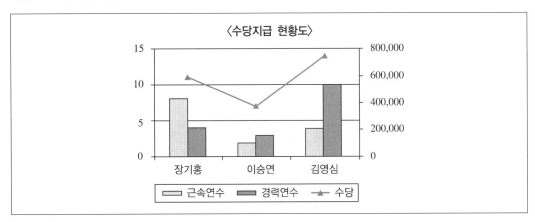

① 두 개의 차트 종류가 혼합되어 있으며, 값 축이 두 개로 설정된 이중 축 혼합형 차트이다.
② 막대그래프 계열 옵션의 계열 겹치기는 0%로 설정되었다.
③ 데이터 레이블이 표시되어 있는 차트이다.
④ 기본 가로 축 제목이 표시되어 있지 않은 차트이다.

35 다음은 B국 도시 A ~ F의 폭염주의보 발령일수, 온열질환자 수, 무더위 쉼터 수 및 인구수에 대한 자료이다. 〈보기〉 중 적절한 것을 모두 고르면?

〈도시별 폭염주의보 발령일수, 온열질환자 수, 무더위 쉼터 수 및 인구수〉

구분 도시	폭염주의보 발령일수 (일)	온열질환자 수 (명)	무더위 쉼터 수 (개)	인구수 (만 명)
A	90	55	92	100
B	30	18	90	53
C	50	34	120	89
D	49	25	100	70
E	75	52	110	80
F	24	10	85	25
전체	( )	194	597	417

─────〈보기〉─────

ㄱ. 무더위 쉼터가 100개 이상인 도시 중 인구수가 가장 많은 도시는 C이다.
ㄴ. 인구수가 많은 도시일수록 온열질환자 수가 많다.
ㄷ. 온열질환자 수가 가장 적은 도시와 인구수 대비 무더위 쉼터 수가 가장 많은 도시는 동일하다.
ㄹ. 폭염주의보 발령일수가 전체 도시의 폭염주의보 발령일수 평균보다 많은 도시는 2개이다.

① ㄱ, ㄴ　　　　　　　　　　② ㄱ, ㄷ
③ ㄴ, ㄹ　　　　　　　　　　④ ㄱ, ㄷ, ㄹ

36 다음은 동북아시아 3개국 수도의 30년간의 인구변화에 대한 자료이다. 이에 대한 설명으로 적절하지 않은 것은?

〈동북아시아 3개국 수도 인구〉

(단위 : 천 명)

구분	1992년	2002년	2012년	2022년
서울	9,725	10,342	10,011	9,860
베이징	6,017	8,305	12,813	20,384
도쿄	30,304	33,587	35,622	38,001

① 2012년을 기점으로 인구가 2번째로 많은 도시의 순위가 변동된다.
② 세 도시 중 해당 기간 동안 인구가 감소한 도시가 있다.
③ 베이징은 해당 기간 동안 언제나 세 도시 중 가장 높은 인구 증가율을 보인다.
④ 연도별 인구가 최소인 도시의 인구수 대비 인구가 최대인 도시의 인구수의 비는 계속 감소한다.

※ 다음은 GE 맥킨지 매트릭스 모델에 대한 자료이다. 이어지는 질문에 답하시오. [37~38]

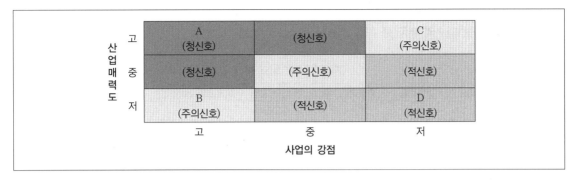

37 다음 중 GE 맥킨지 매트릭스 모델에 대한 설명으로 적절하지 않은 것은?

① BCG 매트릭스보다 발전된 기법으로 평가받고 있다.

② 좌상의 청신호 지역은 지속적으로 성장시키는 전략이 필요하다.

③ 대각선상의 주의신호 지역은 선별적인 투자 전략이 필요하다.

④ 사업단위 간의 상호작용을 고려하므로 실제 산업에 적용하기 쉽다.

38 다음 중 A ~ D사업에 대한 설명으로 적절하지 않은 것은?

① A사업은 매력적인 사업으로, 집중적으로 투자하여 시장 지위를 유지하면서 새로운 진출을 모색해야 한다.

② B사업은 강점은 있지만 시장 매력이 적은 사업으로, 시장 지위를 보호해야 한다.

③ C사업은 시장 매력은 있지만 강점이 없는 사업으로, 선택적으로 투자하고 사업의 회수 및 철수시기를 파악해야 한다.

④ D사업은 시장 매력이 낮고 강점이 없는 사업으로, 사업을 축소하거나 매각해야 한다.

39 귀하는 비품 담당자로서 지폐 계수기 구매 사업을 진행하여야 한다. 구매 가능한 제품은 A ~ D제품이고, 회사별 제품의 비교 평가서 및 구매 지침이 다음과 같을 때, 어느 제품을 선택해야 하는가?(단, 구매 지침을 모두 만족하는 다수의 제품 중 가장 저렴한 제품을 선택한다)

〈지폐 계수기 비교 평가 결과〉

구분	위폐감별	분당 계수 속도	투입구 용량	두께 조절 여부	가격	A/S
A제품	UV	1,400장	250장	가능	20만 원	방문
B제품	IR	1,500장	250장	가능	25만 원	1일 소요
C제품	UV/IR 선택가능	1,500장	250장	불가능	35만 원	방문
D제품	UV	1,500장	250장	가능	22만 원	방문

〈구매 지침〉

- 위폐감별 방식은 UV 방식이나 IR 방식이어야 한다.
- 방문 A/S가 가능하여야 하나 불가한 경우 수리 기일이 3일 이내인 업체를 선정한다.
- 원화와 크기 및 두께가 다른 외화 또한 계수가 가능하여야 한다.
- 계수 속도가 가능한 한 빠르고 투입구 용량은 큰 것이 좋다.

① A제품   ② B제품
③ C제품   ④ D제품

40 B사에는 시각 장애를 가진 C사원이 있다. C사원의 원활한 컴퓨터 사용을 위해 동료 사원들이 도움을 주고자 대화를 나누었다. 다음 중 바르게 설명한 사람은?

① A사원 : C사원은 Windows 제어판에서 접근성 센터의 기능에 도움을 받는 게 좋겠어.
② B사원 : 아니야. 동기화 센터의 기능을 활용해야지.
③ D사원 : 파일 탐색기 옵션을 활용하면 도움이 될 거야.
④ E사원 : 관리 도구의 기능이 좋을 것 같아.

41 다음 글의 서술 방식으로 가장 적절한 것은?

사람들은 어떤 결과에는 항상 그에 상응하는 원인이 존재한다고 생각한다. 원인과 결과의 필연성은 개별적인 사례들을 통해 일반화될 수 있다. 가령 A라는 사람이 스트레스로 병에 걸렸고, B도 스트레스로 병에 걸렸다면 이런 개별적인 사례들로부터 '스트레스가 병의 원인이다.'라는 일반적인 인과가 도출된다. 이때 개별적인 사례에 해당하는 인과를 '개별자 수준의 인과'라 하고, 일반적인 인과를 '집단 수준의 인과'라 한다. 사람들은 오랫동안 이러한 집단 수준의 인과가 필연성을 지닌다고 믿어 왔다.

그런데 집단 수준의 인과를 필연적인 것이 아니라 개연적인 것으로 파악해야 한다고 주장하는 사람들이 있다. 가령 '스트레스가 병의 원인이다.'라는 진술에서 스트레스는 병의 필연적인 원인이 아니라 단지 병을 발생시킬 확률을 높이는 요인일 뿐이라고 말한다. A와 B가 특정한 병에 걸렸다 하더라도 집단 수준에서는 그 병의 원인을 스트레스로 단언할 수 없다는 것이다. 그렇게 본다면 스트레스와 병은 필연적인 관계가 아니라 개연적인 관계에 놓인 것으로 설명된다. 이에 따르면 '스트레스가 병의 원인이다.'라는 집단 수준의 인과는, 'A가 스트레스를 받았지만 병에 걸리지 않은 경우'나 'A가 스트레스를 받았고 병에 걸리기도 했지만 병의 실제 원인은 다른 것인 경우' 등의 개별자 수준의 인과와 동시에 성립될 수 있다. 이렇게 되면 개별자 수준의 인과와 집단 수준의 인과는 별개로 존재하게 되는 것이다.

이처럼 개별자 수준과 집단 수준의 인과가 독립적이라고 주장하는 철학자들은, 두 수준의 인과가 서로 다른 방식으로 해명되어야 한다고 본다. 이들은 개별자 수준의 인과가 지닌 복잡성과 특이성은 집단 수준의 인과로 설명될 수 없다고 여기기 때문이다. 가령 A의 병은 유전적 요인, 환경적 요인, 개인의 생활 습관 등에서 비롯될 수도 있고 그 요인들이 우연적이며 복합적으로 작용하는 과정을 거치며 발생될 수도 있다.

이에 대해 개별자 수준과 집단 수준의 인과가 연관된다고 주장하는 사람들은, 병의 여러 요인들이 있다 하더라도 여전히 인과의 필연성이 성립된다고 본다. 개별적인 사례들에서 스트레스와 그 외의 모든 요인들을 함께 고려할 때 여전히 스트레스가 병의 필수적인 요인이라면 개별자 수준 인과의 필연성은 훼손되지 않으며, 이에 따라 집단 수준 인과의 필연성도 훼손되지 않는다는 것이다.

① 일반인의 상식을 논리적으로 비판하고 있다.
② 대비되는 두 관점을 예를 들어서 설명하고 있다.
③ 상반된 견해에 대하여 절충적 대안을 제시하고 있다.
④ 이론의 장단점을 비교하여 독자의 이해를 돕고 있다.

42 다음 글의 주제로 가장 적절한 것은?

반사회적 인격장애(Antisocial Personality Disorder), 일명 사이코패스(Psychopath)는 타인의 권리를 대수롭지 않게 여기고 침해하며, 반복적인 범법행위나 거짓말, 사기성, 공격성, 무책임함 등을 보이는 인격장애이다. 사이코패스는 1920년대 독일의 쿠르트 슈나이더(Kurt Schneider)가 처음 소개한 개념으로 이들은 타인의 권리를 무시하는 무책임한 행동을 반복적, 지속적으로 보이며 다른 사람의 감정에 관심이나 걱정이 없고, 죄책감을 느끼지 못한다. 따라서 정직, 성실, 신뢰와 거리가 멀다. 반사회적 사람들 중 일부는 달변가인 경우도 있다. 다른 사람을 꾀어내기도 하고 착취하기도 한다. 대개 다른 사람이 느끼는 감정에는 관심이 없지만, 타인의 고통에서 즐거움을 얻는 가학적인 사람들도 있다.

① 사이코패스의 원인   ② 사이코패스의 예방법
③ 사이코패스의 진단법   ④ 사이코패스의 정의와 특성

43 다음 빈칸에 들어갈 알맞은 수를 구하면?

$$\frac{1}{7} < (\quad) < \frac{4}{21}$$

① $\frac{1}{28}$ ② $\frac{1}{6}$

③ $\frac{1}{3}$ ④ $\frac{3}{7}$

44 다음은 시도별 자전거도로 현황에 대한 자료이다. 이에 대한 설명으로 가장 적절한 것은?

〈시도별 자전거도로 현황〉

(단위 : km)

구분	합계	자전거전용도로	자전거보행자 겸용도로	자전거전용차로	자전거우선도로
전국	21,176	2,843	16,331	825	1,177
서울특별시	869	104	597	55	113
부산광역시	425	49	374	1	1
대구광역시	885	111	758	12	4
인천광역시	742	197	539	6	–
광주광역시	638	109	484	18	27
대전광역시	754	73	636	45	–
울산광역시	503	32	408	21	42
세종특별자치시	207	50	129	6	22
경기도	4,675	409	4,027	194	45
강원도	1,498	105	1,233	62	98
충청북도	1,259	202	824	76	157
충청남도	928	204	661	13	50
전라북도	1,371	163	1,042	112	54
전라남도	1,262	208	899	29	126
경상북도	1,992	414	1,235	99	244
경상남도	1,844	406	1,186	76	176
제주특별자치도	1,324	7	1,299	0	18

① 제주특별자치도는 전국에서 다섯 번째로 자전거도로가 길다.

② 광주광역시를 볼 때, 전국 대비 자전거전용도로의 비율이 자전거보행자겸용도로의 비율보다 낮다.

③ 경상남도의 모든 자전거도로는 전국에서 9% 이상의 비율을 가진다.

④ 전국에서 자전거전용도로의 비율은 약 13.4%의 비율을 차지한다.

45 다음은 우리나라 첫 직장 근속기간에 대한 자료이다. 이에 대한 설명으로 적절하지 않은 것은?(단, 졸업·중퇴 후 취업 유경험자 전체는 비임금 근로자와 임금 근로자의 합이다)

〈15 ~ 29세 첫 직장 근속기간 현황〉

(단위 : 명)

구분		전체	첫 일자리를 그만둔 경우	첫 일자리가 현 직장인 경우
2020년	졸업·중퇴 후 취업 유경험자 전체	4,032	2,411	1,621
	임금 근로자	3,909	2,375	1,534
	평균 근속기간(개월)	18	14	24
2021년	졸업·중퇴 후 취업 유경험자 전체	4,101	2,516	1,585
	임금 근로자	4,012	2,489	1,523
	평균 근속기간(개월)	18	14	24
2022년	졸업·중퇴 후 취업 유경험자 전체	4,140	2,574	1,566
	임금 근로자	4,055	2,546	1,509
	평균 근속기간(개월)	18	14	25

① 첫 직장에서의 비임금 근로자 수는 전년 대비 2021 ~ 2022년까지 매년 감소하였다.

② 2020년부터 2022년까지 졸업·중퇴 후 취업 유경험자 수의 평균은 4,091명이다.

③ 2020년 첫 일자리를 그만둔 임금 근로자 수는 첫 일자리가 현 직장인 근로자 수의 약 1.5배이다.

④ 2021년 첫 일자리가 현 직장인 임금 근로자 수는 전체 임금 근로자 수의 35% 이하이다.

46 서로 다른 무게의 공 5개에 대한 〈조건〉이 다음과 같을 때, 무거운 순서대로 바르게 나열한 것은?

―――――〈조건〉―――――

- 파란공은 가장 무겁지도 않고, 세 번째로 무겁지도 않다.
- 빨간공은 가장 무겁지도 않고, 두 번째로 무겁지도 않다.
- 흰공은 세 번째로 무겁지도 않고, 네 번째로 무겁지도 않다.
- 검은공은 파란공과 빨간공보다는 가볍다.
- 노란공은 파란공보다 무겁고, 흰공보다는 가볍다.

① 흰공 – 빨간공 – 노란공 – 파란공 – 검은공

② 흰공 – 노란공 – 빨간공 – 검은공 – 파란공

③ 흰공 – 노란공 – 검은공 – 빨간공 – 파란공

④ 흰공 – 노란공 – 빨간공 – 파란공 – 검은공

47 컨벤션센터에서 예약업무를 담당하고 있는 K씨는 2주 전 B기업으로부터 오전 10시 ~ 낮 12시에 35명, 오후 1시 ~ 오후 4시에 10명이 이용할 수 있는 회의실 예약문의를 받았다. K씨는 회의실 예약 안내서를 B기업으로 보냈고 B기업은 자료를 바탕으로 회의실을 선택하여 621,000원을 결제했다. 하지만 이용일 4일 전 B기업이 오후 회의실 사용을 취소했을 때, 다음 〈조건〉에 따라 B기업에 주어야 할 환불금액은?(단, 회의에서는 노트북과 빔프로젝터를 이용하며, 부대장비 대여료도 환불규칙에 포함된다)

〈회의실 사용료(VAT 포함)〉

회의실	수용 인원(명)	면적(m²)	기본임대료(원)		추가임대료(원)	
			기본시간	임대료	추가시간	임대료
대회의실	90	184		240,000		120,000
별실	36	149		400,000		200,000
세미나 1	21	43	2시간	136,000	시간당	68,000
세미나 2						
세미나 3	10	19		74,000		37,000
세미나 4	16	36		110,000		55,000
세미나 5	8	15		62,000		31,000

〈부대장비 대여료(VAT 포함)〉

장비명	사용료(원)				
	1시간	2시간	3시간	4시간	5시간
노트북	10,000	10,000	20,000	20,000	30,000
빔프로젝터	30,000	30,000	50,000	50,000	70,000

──── 〈조건〉 ────

• 기본임대 시간은 2시간이며, 1시간 단위로 연장할 수 있다.
• 예약 시 최소 인원은 수용 인원의 과반수 이상이어야 한다.
• 예약 가능한 회의실 중 비용이 저렴한 쪽을 선택해야 한다.

〈환불규칙〉

• 결제완료 후 계약을 취소하시는 경우 다음과 같이 취소 수수료가 발생합니다.
 – 이용일 기준 7일 이전 : 취소 수수료 없음
 – 이용일 기준 6 ~ 3일 이전 : 취소 수수료 10%
 – 이용일 기준 2 ~ 1일 이전 : 취소 수수료 50%
 – 이용일 당일 : 환불 없음
• 회의실에는 음식물을 반입하실 수 없습니다.
• 이용일 7일 전까지(7일 이내 예약 시에는 금일 중) 결제하셔야 합니다.
• 결제변경은 해당 회의실 이용시간 전까지 가능합니다.

① 162,900원
② 183,600원
③ 211,500원
④ 246,600원

48 다음 중 함수식에 대한 결과로 적절하지 않은 것은?

① =ODD(12) → 13

② =EVEN(17) → 18

③ =MOD(40, −6) → −2

④ =POWER(6, 3) → 18

49 다음 차트에 대한 설명으로 적절하지 않은 것은?

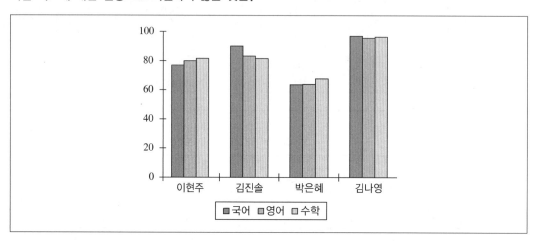

① 세로 축의 주 단위가 20으로 설정되어 있다.

② 데이터 계열은 4개로 구성되어 있다.

③ 범례의 위치는 아래쪽에 있다.

④ 주 단위의 가로 눈금선이 표시되어 있다.

50 다음 중 파일 삭제 시 파일이 [휴지통]에 임시 보관되어 복원이 가능한 경우는?

① 바탕 화면에 있는 파일을 [휴지통]으로 드래그 앤 드롭하여 삭제한 경우

② USB 메모리에 저장되어 있는 파일을 [Delete]로 삭제한 경우

③ 네트워크 드라이브의 파일을 바로 가기 메뉴의 [삭제]를 클릭하여 삭제한 경우

④ [휴지통]의 크기를 0%로 설정한 후 [내 문서] 폴더 안의 파일을 삭제한 경우

3권

제3회
부산교통공사 운영직

NCS 직업기초능력평가

www.sdedu.co.kr

〈문항 및 시험시간〉

평가영역	문항 수	시험시간	모바일 OMR 답안채점/성적분석 서비스
의사소통＋수리＋문제해결＋자원관리＋정보	50문항	50분	

제3회 모의고사

01 다음 글을 근거로 판단할 때, 〈보기〉에서 적절한 것을 모두 고르면?

> 조선시대 복식은 신분과 직업에 따라 다르게 규정되었다. 상민들은 흰색 두루마기만 입을 수 있었던 데 비해 중인들은 청색 도포를 입고 다녔다. 조선시대 백관들의 공복(公服) 규정에 따르면, 중인의 경우 정3품은 홍포(紅袍)에 복두(幞頭)를 쓰고, 협지금(茘枝金)띠를 두르고 흑피화(黑皮靴)를 신었다. 4품 이하는 청포(靑袍)에 흑각(黑角)띠를 둘렀고, 7품 이하는 녹포(綠袍)에 흑의화(黑衣靴)를 신었다.
> 여자들의 복장은 남편의 벼슬이나 본가의 신분에 따라 달랐다. 조선 후기로 오면서 서울의 높은 양반집 여자들은 외출할 때 남자들과 내외하기 위해 장옷을 썼는데, 중인 이하의 여자들은 장옷 대신 치마를 썼다. 또 양반집 여자들은 치마를 왼쪽으로 여며 입었는데, 상민이 그렇게 입으면 망신을 당하고 쫓겨났다고 한다. 조선시대 공복에는 아청(鴉靑), 초록, 목홍(木紅) 등의 색을 사용했다. 『경국대전』에 따르면 1470년대에는 경공장에서 청색 물을 들이는 장인이 30여 명에 달할 만큼 청색 염색이 활발했다. 남색 역시 많이 사용되었다. 『임원십육지』에 따르면 6 ~ 7월에 쪽잎을 따서 만든 즙으로 남색 물을 들였다. 쪽잎으로 만든 남색 염료는 햇빛에 강해 색이 잘 변하지 않는 성질이 있어서 세계적으로 많이 사용되었다. 이 염료는 조선 초기까지는 사용이 드물었으나, 조선 중기에 염료의 으뜸으로 등장했다가 합성염료의 출현으로 다시 왕좌에서 물러나게 되었다.

〈보기〉
> ㄱ. 조선 후기에 중인 여자들은 외출할 때 장옷을 썼다.
> ㄴ. 1470년대에 청색 염색이 활발했음을 보여주는 기록이 『경국대전』에 남아 있다.
> ㄷ. 조선시대 정3품에 해당하는 중인들은 규정에 따라 청포에 흑각띠를 두르고 흑피화를 신었다.
> ㄹ. 조선에서는 합성염료의 출현 이후에도 초봄에 쪽잎을 따서 만든 남색 염료가 합성염료보다 더 많이 사용되었다.

① ㄱ

② ㄴ

③ ㄱ, ㄴ

④ ㄷ, ㄹ

02 다음 글의 밑줄 친 ㉠의 사례로 보기 어려운 것은?

> 디지털 이미지는 사용자가 가장 손쉽게 정보를 전달할 수 있는 멀티미디어 객체이다. 일반적으로 디지털 이미지는 화소에 의해 정보가 표현되는데, M×N개의 화소로 이루어져 있다. 여기서 M과 N은 가로와 세로의 화소 수를 의미하며, M 곱하기 N을 한 값을 해상도라 한다.
>
> 무선 네트워크와 모바일 기기의 사용이 보편화되면서 다양한 스마트 기기의 보급이 진행되고 있다. 스마트 기기는 그 사용 목적이나 제조 방식, 가격 등의 요인에 의해 각각의 화면 표시 장치들이 서로 다른 해상도와 화면 비율을 가진다. 이에 대응하여 동일한 이미지를 다양한 화면 표시 장치 환경에 맞출 필요성이 발생했다. 하나의 멀티미디어의 객체를 텔레비전용, 영화용, 모바일 기기용 등 표준적인 화면 표시 장치에 맞추어 각기 독립적인 이미지 소스로 따로 제공하는 것이 아니라, 하나의 이미지 소스를 다양한 화면 표시 장치에 맞도록 적절히 변환하는 기술을 요구하고 있다.
>
> 이러한 변환 기술을 '이미지 리타겟팅'이라고 한다. 이는 A×B 이미지를 C×D 화면에 맞추기 위해 해상도와 화면 비율을 조절하거나 이미지의 일부를 잘라 내는 방법 등으로 이미지를 수정하는 것이다. 이러한 수정에서 입력 이미지에 있는 콘텐츠 중 주요 콘텐츠는 그대로 유지되어야 한다. 즉, 리타겟팅 처리 후에도 원래 이미지의 중요한 부분을 그대로 유지하면서 동시에 왜곡을 최소화하는 형태로 주어진 화면에 맞게 이미지를 변형하여야 한다. 이러한 조건을 만족하기 위해 ㉠ 다양한 접근이 일어나고 있는데, 이미지의 주요한 콘텐츠 및 구조를 분석하는 방법과 분석된 주요 사항을 바탕으로 어떤 식으로 이미지 해상도를 조절하느냐가 주요 연구 방향이다.

① 광고 사진에서 화면 전반에 걸쳐 흩어져 있는 콘텐츠를 무작위로 추출하여 화면을 재구성하는 방법

② 풍경 사진에서 전체 풍경에 대한 구도를 추출하고 구도가 그대로 유지될 수 있도록 해상도를 조절하는 방법

③ 인물 사진에서 얼굴 추출 기법을 사용하여 인물의 주요 부분을 왜곡하지 않고 필요 없는 부분을 잘라 내는 방법

④ 정물 사진에서 대상물의 영역은 그대로 두고 배경 영역에 대해서는 왜곡을 최소로 하며 이미지를 축소하는 방법

03 다음 빈칸에 들어갈 알맞은 수를 구하면?

$$\frac{16}{5} \times \frac{15}{28} + \square = \frac{33}{14}$$

① $\dfrac{4}{7}$

② $\dfrac{9}{14}$

③ $\dfrac{5}{7}$

④ $\dfrac{11}{14}$

04 다음은 B국의 복지종합지원센터, 노인복지관, 자원봉사자, 등록노인 현황에 대한 자료이다. 〈보기〉 중 적절한 것을 모두 고르면?

〈복지종합지원센터, 노인복지관, 자원봉사자, 등록노인 현황〉

(단위 : 개소, 명)

구분 지역	복지종합지원센터	노인복지관	자원봉사자	등록노인
A	20	1,336	8,252	397,656
B	2	126	878	45,113
C	1	121	970	51,476
D	2	208	1,388	69,395
E	1	164	1,188	59,050
F	1	122	1,032	56,334
G	2	227	1,501	73,825
H	3	362	2,185	106,745
I	1	60	529	27,256
전국	69	4,377	30,171	1,486,980

〈보기〉

ㄱ. 전국의 노인복지관, 자원봉사자 중 A지역의 노인복지관, 자원봉사자의 비중은 각각 25% 이상이다.

ㄴ. A~I지역 중 복지종합지원센터 1개소당 노인복지관 수가 100개소 이하인 지역은 A, B, D, I이다.

ㄷ. A~I지역 중 복지종합지원센터 1개소당 자원봉사자 수가 가장 많은 지역과 복지종합지원센터 1개소당 등록노인 수가 가장 많은 지역은 동일하다.

ㄹ. 노인복지관 1개소당 자원봉사자 수는 H지역이 C지역보다 많다.

① ㄱ, ㄴ
② ㄱ, ㄷ
③ ㄱ, ㄹ
④ ㄴ, ㄷ

05 다음은 초콜릿 수·출입 추이와 2022년 5개국 수·출입 추이에 대한 자료이다. 이에 대한 설명으로 적절하지 않은 것은?

〈초콜릿 수·출입 추이〉

(단위 : 천 달러, 톤)

구분	수출금액	수입금액	수출중량	수입중량
2019년	24,351	212,579	2,853	30,669
2020년	22,684	211,438	2,702	31,067
2021년	22,576	220,479	3,223	32,973
2022년	18,244	218,401	2,513	32,649

〈2022년 5개국 초콜릿 수·출입 추이〉

(단위 : 천 달러, 톤)

구분	수출금액	수입금액	수출중량	수입중량
미국	518	39,090	89.9	6,008.9
중국	6,049	14,857	907.2	3,624.4
말레이시아	275	25,442	15.3	3,530.4
싱가포르	61	12,852	12.9	3,173.7
독일	1	18,772	0.4	2,497.4

※ (무역수지)=(수출금액)−(수입금액)

① 2019∼2022년 동안 수출금액은 매년 감소했고, 수출중량 추이는 감소와 증가를 반복했다.
② 2022년 5개국 수입금액 총합은 전체 수입금액의 45% 이상 차지한다.
③ 무역수지는 2020년부터 2022년까지 매년 전년 대비 감소했다.
④ 2022년 5개 국가에서 수입중량이 클수록 수입금액도 높아진다.

06 B공장에서 제조하는 화장품 용기의 일련번호는 다음과 같이 구성된다. 이 일련번호는 '형태 – 용량 – 용기 높이 – 재질 – 용도' 순서로 표시할 때, 제품 정보 중 일련번호로 가능하지 않은 것은?

〈일련번호 구성요소〉

형태	기본형		단지형		튜브형	
	CR		SX		TB	
용량	100mL 이하		150mL 이하		150mL 초과	
	K		Q		Z	
용기높이	4cm 미만	8cm 미만	15cm 미만		15cm 이상	
	040	080	150		151	
재질	유리		플라스틱 A		플라스틱 B	
	G1		P1		P2	
용도	스킨	토너	에멀전		크림	
	S77	T78	E85		C26	

〈제품 정보〉

ㄱ. A화장품 토너 기본형 용기로 높이는 14cm이며, 유리로 만들어졌다.

ㄴ. 용량이 100mL인 플라스틱 튜브형 크림은 용기 높이가 약 17cm이다.

ㄷ. 특별 프로모션으로 나온 K회사 화장품 에멀전은 150mL의 유리 용기에 담겨있다.

ㄹ. B코스메틱의 스킨은 200mL로 플라스틱 B 기본형 용기에 들어있다.

① TBK151P2C26 ② CRZ150P1S77

③ CRQ080G1E85 ④ CRZ150G1T78

※ 다음은 호텔별 연회장 대여 현황에 대한 자료이다. 이어지는 질문에 답하시오. [7~8]

〈호텔별 연회장 대여 현황〉

건물	연회장	대여료	수용 가능 인원	회사로부터 거리	비고
A호텔	연꽃실	140만 원	200명	6km	2시간 이상 대여 시 추가비용 40만 원
B호텔	백합실	150만 원	300명	2.5km	1시간 초과 대여 불가능
C호텔	매화실	150만 원	200명	4km	이동수단 제공
	튤립실	180만 원	300명	4km	이동수단 제공
D호텔	장미실	150만 원	250명	4km	–

07 총무팀에 근무하고 있는 이대리는 김부장에게 다음과 같은 지시를 받았다. 이대리가 연회장 예약을 위해 지불해야 하는 예약금은 얼마인가?

> 다음 주에 있을 회사창립 20주년 기념행사를 위해 준비해야 할 것들을 알려 줄게요. 먼저 다음 주 금요일 오후 6시부터 8시까지 사용 가능한 연회장 리스트를 뽑아서 행사에 적합한 연회장을 예약해 주세요. 연회장 대여를 위한 예산은 160만 원이고, 회사에서의 거리가 가까워야 임직원들이 이동하기에 좋을 것 같아요. 행사 참석 인원은 240명이고, 이동수단을 제공해 준다면 우선적으로 고려하도록 하세요. 예약금은 대여료의 10%라고 하니 예약 완료하고 지불하도록 하세요.

① 14만 원　　　　　　　　② 15만 원
③ 16만 원　　　　　　　　④ 17만 원

08 회사창립 20주년 기념행사의 연회장 대여 예산이 200만 원으로 증액된다면, 이대리는 어떤 연회장을 예약하겠는가?

① A호텔 연꽃실　　　　　　② B호텔 백합실
③ C호텔 튤립실　　　　　　④ D호텔 장미실

09 B회사 총무부에 근무하고 있는 Z사원은 업무에 필요한 프린터를 구매할 예정이다. 프린터 성능별 가중치를 고려하여 점수가 가장 높은 프린터를 구매한다고 할 때, Z사원이 구매할 프린터는?

〈제품별 프린터 성능〉

구분	출력 가능 용지 장수	출력 속도	인쇄 해상도
A프린터	5,500장	10ppm	500dpi
B프린터	7,300장	7ppm	900dpi
C프린터	4,700장	15ppm	600dpi
D프린터	10,000장	11ppm	400dpi

〈프린터 성능 점수표〉

출력 가능 용지 장수	출력 속도	인쇄 해상도	점수
4,000장 미만	10ppm 미만	500dpi 미만	60점
4,000장 이상 5,000장 미만	10ppm 이상 13ppm 미만	500dpi 이상 700dpi 미만	70점
5,000장 이상 6,000장 미만	13ppm 이상 15ppm 미만	700dpi 이상 900dpi 미만	80점
6,000장 이상 7,000장 미만	15ppm 이상 18ppm 미만	900dpi 이상 1,200dpi 미만	90점
7,000장 이상	18ppm 이상	1,200dpi 이상	100점

〈프린터 성능 가중치〉

출력 가능 용지 장수	출력 속도	인쇄 해상도
50%	30%	20%

① A프린터   ② B프린터
③ C프린터   ④ D프린터

10 지우네 가족은 명절을 맞아 주말에 할머니 댁을 가기로 하였다. 교통편별 비용 및 세부사항을 참고하여 다음 〈조건〉에 맞는 교통편을 고를 때, 교통편과 그에 따라 지불해야 할 총 교통비는 얼마인가?

〈교통편별 비용 및 세부사항〉

구분	왕복 금액	걸리는 시간	집과의 거리	비고
비행기	119,000원	45분	1.2km	3인 이상 총 금액 3% 할인
E열차	134,000원	2시간 11분	0.6km	4인 가족 총 금액 5% 할인
P버스	116,000원	2시간 25분	1.0km	–
K버스	120,000원	3시간 02분	1.3km	1,000원씩 할인 프로모션

※ 걸리는 시간은 편도기준이며, 집과의 거리는 집에서 교통편까지 거리이다.

〈조건〉
- 지우네 가족은 성인 4명이다.
- 집에서 교통편 타는 곳까지 1.2km 이내이다.
- 계획한 총 교통비는 50만 원 이하이다.
- 왕복 시간은 5시간 이하이다.
- 가장 저렴한 교통편을 이용한다.

	교통편	총 교통비
①	비행기	461,720원
②	E열차	461,620원
③	P버스	461,720원
④	K버스	464,000원

11 B공사의 K사원은 문서 편집 중 다음과 같은 문단을 〈보기〉와 같이 수정하려고 한다. K사원이 문단 수정을 위해 문단 모양 설정창에서 수정해야 하는 기능으로 가장 적절한 것은?

- 인권이란 대한민국 헌법, 법률에서 보장하거나 대한민국이 가입, 비준한 국제인권조약과 국제관습법이 인정하는 인간으로서의 존엄과 가치 및 자유와 권리를 말합니다.
- 구제 대상 인권침해행위의 범위
  – 행정에 의한 인권 침해 : 공사의 정책 집행, 제도시행, 서비스 제공 등 임직원의 직무상 행위에서 발생한 인권 침해
  – 차별행위에 의한 인권 침해 : 법률 및 공사 인권 관련 지침에서 규정한 차별금지 행위를 위반한 차별 행위

⇩

〈보기〉

- 인권이란 대한민국 헌법, 법률에서 보장하거나 대한민국이 가입, 비준한 국제인권조약과 국제관습법이 인정하는 인간으로서의 존엄과 가치 및 자유와 권리를 말합니다.
- 구제 대상 인권침해행위의 범위
  – 행정에 의한 인권 침해 : 공사의 정책 집행, 제도시행, 서비스 제공 등 임직원의 직무상 행위에서 발생한 인권 침해
  – 차별행위에 의한 인권 침해 : 법률 및 공사 인권 관련 지침에서 규정한 차별금지 행위를 위반한 차별 행위

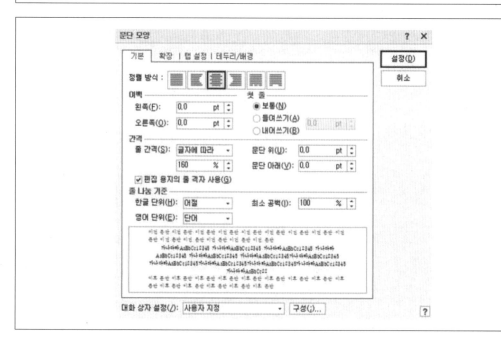

① 들여쓰기 ② 내어쓰기
③ 줄 간격 ④ 여백

12 다음 대화에서 K사원이 안내할 엑셀 함수로 가장 적절한 것은?

> P과장 : K씨, 제품 일련번호가 짝수인 것과 홀수인 것을 구분하고 싶은데, 일일이 찾아 분류하자니 데이터가 너무 많아 번거로울 것 같아. 엑셀로 분류할 수 있는 방법이 없을까?
>
> K사원 : 네, 과장님. _____ 함수를 사용하면 편하게 분류할 수 있습니다. 이 함수는 지정한 숫자를 특정 숫자로 나눈 나머지를 알려 줍니다. 만약 제품 일련번호를 2로 나누면 나머지가 0 또는 1이 나오는데, 여기서 나머지가 0이 나오는 것은 짝수이고 나머지가 1이 나오는 것은 홀수이기 때문에 분류가 빠르고 쉽게 됩니다. 분류하실 때는 필터기능을 함께 사용하면 더욱 간단해집니다.
>
> P과장 : 그렇게 하면 간단히 처리할 수 있겠어. 정말 큰 도움이 되었네.

① SUMIF   ② MOD

③ INT   ④ NOW

13 다음 중 왼쪽 워크시트 [A1:C8] 영역에 오른쪽과 같이 규칙의 조건부 서식을 적용하는 경우 지정된 서식이 적용되는 셀의 개수는?(단, 조건부 서식 규칙에서 규칙 유형 선택을 '고유 또는 중복 값만 서식 지정'으로 설정한다)

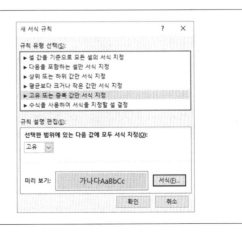

① 2개   ② 7개

③ 10개   ④ 12개

14 다음 (가)를 (나)와 같이 고쳐 썼다고 할 때, 반영된 내용으로 적절하지 않은 것은?

(가) 자신이 보려던 영화의 결말을 누군가 말해버려서 속상했던 적이 있을 것이다. 이렇게 영화, 방송, 소설 등의 줄거리나 내용을 예비 관객이나 시청자, 독자들에게 미리 밝히는 행위나 그런 행위를 하는 사람들을 스포일러라고 한다. SNS 사용이 급증하고 있는 최근에는 스포일러로 인한 피해가 확산되면서 누리꾼들 사이에 이에 대한 부정적 인식이 심화되고 있다.

사람들은 다음에 벌어질 상황이나 결말을 알지 못할 때 긴장감과 흥미를 느끼므로 만약 그들이 의도치 않게 스포일러를 접하게 되면 흥미는 반감될 수밖에 없다. 또한, 최근에는 오디션이나 경연 대회를 다루는 프로그램들이 많은데, 누가 우승자가 될지 이목이 집중되는 이러한 프로그램들이 스포일러를 당하면 시청률은 큰 폭으로 떨어지게 된다. 누리꾼들은 자신의 행위가 스포일러가 될 수도 있다고 인식하지 못한 채 영화 관련 정보를 제공하려는 의도로 글을 올리는 경우가 많지만, 원래 의도와는 달리 이러한 글이 많은 사람들에게 피해를 줄 수도 있다.

한편, 영화와 전혀 관련이 없는 내용인 것처럼 제목을 꾸며 놓고 클릭을 유도해서 중요한 내용을 공개해 사람들을 의도적으로 골탕 먹이는 경우도 있다.

이러한 스포일러 문제를 해결하기 위해서는 우선 자신의 행위가 스포일러가 될 수도 있다는 것을 명확히 인식해야 한다. 아울러 자신의 행위가 스포일러는 아닌지 한 번 더 의심하고 자기 점검을 할 필요가 있다. 또한, 의도적인 스포일러를 방지하기 위해서는 지속적인 캠페인 활동 등을 통해 누리꾼들의 윤리 의식을 고취시켜야 한다.

스포일러의 피해가 사회적 문제로 대두되는 요즘, 우리들은 문화 콘텐츠의 향유자로서 스포일러의 폐해에 관심을 갖고 스포일러 방지를 위해 노력해야 한다.

(나) 자신이 보려던 영화의 결말을 누군가 말해버려서 속상했던 적이 있을 것이다. 이렇게 영화, 방송, 소설 등의 줄거리나 내용을 예비 관객이나 시청자, 독자들에게 미리 밝히는 행위나 그런 행위를 하는 사람들을 스포일러라고 한다. SNS 사용이 급증하고 있는 최근에는 스포일러로 인한 피해가 확산되면서 이에 대한 누리꾼들의 부정적 인식이 심화되고 있다. 얼마 전 영화 예매 사이트 K의 스포일러에 관한 설문조사 결과 '영화 관람에 영향을 미치므로 절대 금지해야 한다.'라는 응답이 73%를 차지했다.

사람들은 다음에 벌어질 상황이나 결말을 알지 못할 때 긴장감과 흥미를 느낀다. 따라서 의도치 않게 스포일러를 접하게 되면 흥미는 반감될 수밖에 없다. 또한, 최근에는 오디션이나 경연 대회를 다루는 프로그램들이 많다. 누가 우승자가 될지 이목이 집중되는 이러한 프로그램들이 스포일러를 당하면 시청률은 큰 폭으로 떨어지게 된다.

물론 스포일러가 홍보 역할을 하여 오히려 시청률 증가에 기여한다는 의견도 있다. 그러나 그런 경우는 빙산의 일각에 불과하고 시청자뿐만 아니라 제작자에게도 피해를 입히는 경우가 대부분이다.

누리꾼들은 스포일러라는 인식 없이 단순히 영화 관련 정보를 제공하려는 의도로 글을 올리는 경우가 많다. 하지만 원래 의도와는 달리 이러한 글이 많은 사람들에게 피해를 줄 수도 있다. 혹은 영화와 전혀 관련이 없는 내용인 것처럼 제목을 꾸며 놓고 클릭을 유도해서 중요한 내용을 공개해 사람들을 의도적으로 골탕 먹이는 경우도 있다. 그렇다면 이러한 스포일러 문제는 어떻게 해결할 수 있을까? 우선 자신의 행위가 스포일러가 될 수도 있다는 것을 명확히 인식해야 한다. 아울러 자신의 행위가 스포일러는 아닌지 한 번 더 의심하고 자기 점검을 할 필요가 있다. 그리고 의도적인 스포일러를 방지하기 위해서는 지속적인 캠페인 활동 등을 통해 누리꾼들의 윤리 의식을 고취시켜야 한다.

스포일러의 피해가 사회적 문제로 대두되는 요즘, 우리들은 문화 콘텐츠의 향유자로서 스포일러의 폐해에 관심을 갖고 스포일러 방지를 위해 노력해야 한다.

① 반론 – 재반론의 형식으로 주장의 근거를 보충하였다.
② 질문 – 대답 형식을 통해 독자의 관심을 유도한다.
③ 신뢰성 있는 자료를 보충하여 근거의 타당성을 높였다.
④ 문맥상 잘못된 접속어를 바꾸었다.

※ 다음 글을 읽고 이어지는 질문에 답하시오. [15~16]

나이가 들면서 크고 작은 신체 장애가 오는 것은 동서고금의 진리이고 어쩔 수 없는 사실이다. 노화로 인한 신체 장애는 사십대 중반의 갱년기를 넘기면 누구에게나 나타날 수 있는 현상이다.

원시가 된다든가, 치아가 약해진다든가, 높은 계단을 빨리 오를 수 없다든가, 귀가 잘 안 들려서 자신도 모르게 큰 소리로 이야기한다든가, 기억력이 감퇴하는 것 등이 그 현상이다. 노인들에게 '당신들도 젊은이들처럼 할 수 있다.' 라고 헛된 자존심을 부추길 것이 아니라, _____ ㉠ _____ 우리가 장애인들에게 특별한 배려를 하는 것은 그들의 인권을 위해서이다. 그것은 건강한 사람과 동등하게 그들을 인간으로 대하는 태도이다. 늙음이라는 신체적 장애를 느끼는 노인들에 대한 배려도 그들의 인권을 보호하는 차원에서 이루어져야 할 것이다.

집안의 어르신을 잘 모시는 것을 효도의 관점에서만 볼 것이 아니라, 인권의 관점에서 볼 줄도 알아야 한다. 노부모에 대한 효도가 좀 더 보편적 차원의 성격을 갖지 못한다면, 앞으로의 세대들에게 설득력을 얻기 어려울 것이다. 나는 장애인을 위한 자원 봉사에는 열심인 한 젊은이가 자립 능력이 없는 병약한 노부모 모시기를 거부하며, 효도의 ㉡시대착오적 측면을 적극 비판하는 경우를 보았다. 이렇게 인권의 사각 지대는 가정 안에도 있을 수 있다. 보편적 관점에서 보면, 노부모를 잘 모시는 것은 효도의 차원을 넘어선 인권 존중이라고 할 수 있다. 인권 존중은 가까운 곳에서부터 시작되어야 하고, 인권은 그것이 누구의 인권이든 언제 어디서든 존중되어야 한다.

15 다음 중 ㉠에 들어갈 내용으로 가장 적절한 것은?

① 모든 노인들을 가족처럼 공경해야 한다.
② 노인 스스로 그 문제를 해결할 수 있도록 한다.
③ 노인들의 장애로 인한 부담을 사회가 나누어 가져야 한다.
④ 노인성 질환 치료를 위해 노력해야 한다.

16 다음 중 ㉡의 사례로 적절하지 않은 것은?

① 정민주 씨는 투표할 때마다 반드시 입후보자들의 출신 고교를 확인한다.
② 차사랑 씨는 직장에서 승진하였기에 자가용 자동차를 고급차로 바꾸었다.
③ 이규제 씨는 학생들의 효율적인 생활지도를 위해 두발 규제를 제안했다.
④ 한지방 씨는 생활비를 아끼기 위해 직장에 도시락을 싸가기로 했다.

17 다음 글의 내용을 그래프로 바르게 표현한 것은?

2022년을 기준으로 신규 투자액은 평균 43.48백만 원으로 나타났으며, 유지보수 비용으로는 평균 32.29백만 원을 사용한 것으로 나타났다. 반면, 2023년 예상 투자액의 경우 신규 투자는 10.93백만 원 감소한 x원으로 예상하였으며, 유지보수 비용의 경우 0.11백만 원 증가한 y원으로 예상하고 있다.

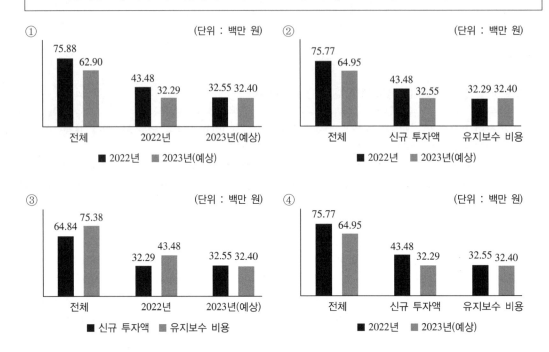

18 다음은 국가별 크루즈 외래객 점유율에 대한 자료이다. 〈보기〉에서 적절한 것을 모두 고르면?

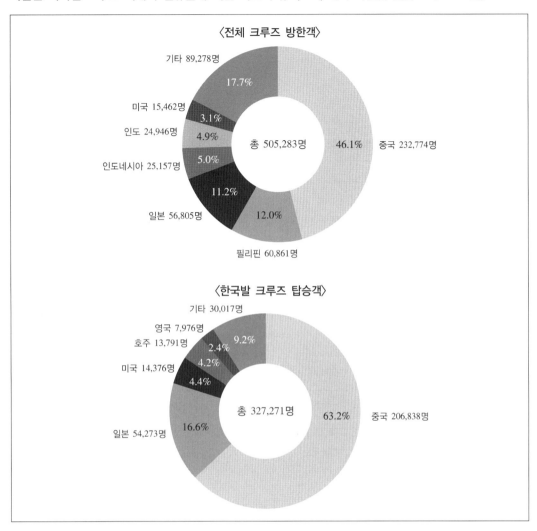

〈전체 크루즈 방한객〉

기타 89,278명 17.7%
미국 15,462명 3.1%
인도 24,946명 4.9%
인도네시아 25,157명 5.0%
일본 56,805명 11.2%
필리핀 60,861명 12.0%
총 505,283명
중국 232,774명 46.1%

〈한국발 크루즈 탑승객〉

기타 30,017명 9.2%
영국 7,976명 2.4%
호주 13,791명 4.2%
미국 14,376명 4.4%
일본 54,273명 16.6%
총 327,271명
중국 206,838명 63.2%

〈보기〉

ㄱ. 전체 크루즈 방한객 수와 한국발 크루즈 탑승객 수의 국가별 순위는 동일하다.
ㄴ. 미국의 크루즈 방한객 수 대비 미국의 한국발 크루즈 탑승객 수의 비율은 85% 이상이다.
ㄷ. 필리핀의 크루즈 방한객 수는 필리핀의 한국발 크루즈 탑승객 수의 최소 8배 이상이다.
ㄹ. 영국의 한국발 크루즈 탑승객의 수는 일본의 한국발 크루즈 탑승객의 수의 20% 미만이다.

① ㄱ, ㄴ
② ㄱ, ㄷ
③ ㄴ, ㄷ
④ ㄴ, ㄹ

19 다음 자료와 〈조건〉을 토대로 바르게 추론한 것을 〈보기〉에서 모두 고르면?

(가) ~ (마)팀이 현재 수행하고 있는 과제의 수는 다음과 같다.
- (가)팀 : 0
- (나)팀 : 1
- (다)팀 : 2
- (라)팀 : 2
- (마)팀 : 3

이 과제에 추가하여 8개의 새로운 과제 a ~ h를 다음 〈조건〉에 따라 (가) ~ (마)팀에 배정한다.

〈조건〉
- 어느 팀이든 새로운 과제를 적어도 하나는 맡아야 한다.
- 기존에 수행하던 과제를 포함해서 한 팀이 맡을 수 있는 과제는 최대 4개이다.
- 기존에 수행하던 과제를 포함해서 4개 과제를 맡는 팀은 둘이다.
- a, b는 한 팀이 맡아야 한다.
- c, d, e는 한 팀이 맡아야 한다.

〈보기〉
ㄱ. a를 (나)팀이 맡을 수 없다.
ㄴ. f를 (가)팀이 맡을 수 있다.
ㄷ. 기존에 수행하던 과제를 포함해서 2개 과제를 맡는 팀이 반드시 있다.

① ㄱ 　　　　　　　　　　② ㄴ
③ ㄱ, ㄷ 　　　　　　　　④ ㄴ, ㄷ

※ B회사는 생산된 제품의 품번을 다음과 같은 규칙으로 정한다. 이어지는 질문에 답하시오. **[20~22]**

〈규칙〉

- 알파벳 a ~ z를 숫자 1, 2, 3, …으로 변환한 후 다음 단계에 따라 품번을 구한다.
  - 1단계 : 제품에 설정된 임의의 영단어를 숫자로 변환한 값의 합을 구한다.
  - 2단계 : 임의의 단어 속 모음의 합의 제곱 값을 모음의 개수로 나눈다. 이 값이 정수가 아닐 경우, 소수점 첫째 자리에서 버림한 값을 취한다.
  - 3단계 : 1단계의 값과 2단계의 값을 더한다.

20 제품에 설정된 임의의 영단어가 'abroad'일 경우, 이 제품의 품번을 바르게 구한 것은?

① 110 ② 137

③ 311 ④ 330

21 제품에 설정된 임의의 영단어가 'positivity'일 경우, 이 제품의 품번을 바르게 구한 것은?

① 605 ② 819

③ 1764 ④ 1928

22 제품에 설정된 임의의 영단어가 'endeavor'일 경우, 이 제품의 품번을 바르게 구한 것은?

① 110 ② 169

③ 253 ④ 676

23 A와 B는 각각 해외에서 직구로 물품을 구매하였다. 해외 관세율이 다음과 같을 때, A와 B 중 어떤 사람이 더 관세를 많이 냈으며 그 금액은 얼마인가?

〈해외 관세율〉

(단위 : %)

품목	관세	부가세
책	5	5
유모차, 보행기	5	10
노트북	8	10
스킨, 로션 등 화장품	6.5	10
골프용품, 스포츠용 헬멧	8	10
향수	7	10
커튼	13	10
카메라	8	10
신발	13	10
TV	8	10
휴대폰	8	10

※ 향수, 화장품의 경우 개별소비세 7%, 농어촌특별세 10%, 교육세 30%가 추가된다.
※ 100만 원 이상 전자제품(TV, 노트북, 카메라, 핸드폰 등)은 개별소비세 20%, 교육세 30%가 추가된다.

〈구매 품목〉

A : TV(110만 원), 화장품(5만 원), 휴대폰(60만 원), 스포츠용 헬멧(10만 원)
B : 책(10만 원), 카메라(80만 원), 노트북(110만 원), 신발(10만 원)

① A, 91.5만 원
② B, 90.5만 원
③ A, 94.5만 원
④ B, 92.5만 원

24 서울에 사는 A씨는 결혼기념일을 맞이하여 가족과 함께 KTX를 타고 부산으로 여행을 다녀왔다. A씨의 가족이 이번 여행에서 지불한 교통비는 총 얼마인가?

- A씨 부부에게는 만 6세인 아들, 만 3세인 딸이 있다.
- 갈 때는 딸을 무릎에 앉혀 갔고, 돌아올 때는 좌석을 구입했다.
- A씨의 가족은 일반석을 이용하였다.

〈KTX 좌석별 요금〉

구분	일반석	특실
가격	59,800원	87,500원

※ 만 4세 이상 13세 미만 어린이는 운임의 50%를 할인합니다.
※ 만 4세 미만의 유아는 보호자 1명당 2명까지 운임의 75%를 할인합니다.
　(단, 유아의 좌석을 지정하지 않을 시 보호자 1명당 유아 1명의 운임을 받지 않습니다)

① 301,050원　　　　　　　　② 307,000원
③ 313,850원　　　　　　　　④ 313,950원

25 A씨는 자신에게 가장 적합한 신용카드를 발급받고자 한다. 다음에 제시된 4가지의 카드 중 무엇을 선택하겠는가?

〈A씨의 생활〉

A씨는 아침에 일어나 간단하게 끼니를 챙기고 출근을 한다. 자가용을 타고 가는 길은 항상 막혀 짜증이 날 법도 하지만, A씨는 라디오 뉴스로 주요 이슈를 확인하느라 정신이 없다. 출퇴근 중에는 차에서 보내는 시간이 많아 주유비가 상당히 나온다. 그나마 기름값이 싸져서 부담은 덜하다. 보조석에는 공과금 용지가 펼쳐져 있다. 혼자 살기 때문에 많은 요금이 나오지 않아 납부하는 것을 신경쓰지 못하고 있다. 이제 곧 겨울이 올 것을 대비하여 오늘 오후에 차량 점검을 맡기려고 예약을 해두었다. 아직 사고는 난 적이 없지만 혹시나 하는 마음에 점검을 받으려고 한다.

〈신용카드 종류〉

A카드	B카드	C카드	D카드
• 놀이공원 할인 • 커피 할인 • Kids카페 할인	• 포인트 두 배 적립 • 6개월간 무이자 할인	• 공과금 할인 • 온라인 쇼핑몰 할인 • 병원 / 약국 할인	• 주유비 할인 • 차량 소모품 할인 • 상해보험 무료 가입

① A카드　　　　　　　　② B카드
③ C카드　　　　　　　　④ D카드

26 다음 대화에서 S사원이 답변할 내용으로 적절하지 않은 것은?

> P과장 : 자네, 마우스도 거의 만지지 않고 윈도를 사용하다니 신기하군. 방금 윈도 바탕화면에 있는 창들이 모두 사라졌는데 어떤 단축키를 눌렀나?
>
> S사원 : 네, 과장님. [윈도]와 [D]를 함께 누르면 바탕화면에 펼쳐진 모든 창들이 최소화됩니다. 이렇게 주요한 단축키를 알아두면 업무에 많은 도움이 됩니다.
>
> P과장 : 그렇군. 나도 자네에게 몇 가지를 배워서 활용해 봐야겠어.
>
> S사원 : 우선 윈도에서 자주 사용하는 단축키를 알려드리겠습니다.
>
> 　　　첫 번째로 _____

① [윈도]+[E]를 누르면 윈도 탐색기를 열 수 있습니다.

② [윈도]+[Home]을 누르면 현재 보고 있는 창을 제외한 나머지 창들이 최소화됩니다.

③ 잠시 자리를 비울 때 [윈도]+[L]을 누르면 잠금화면으로 전환시킬 수 있습니다.

④ [Alt]+[W]를 누르면 현재 사용하고 있는 창을 닫을 수 있습니다.

27 다음은 B사의 일일판매내역이다. (가) 셀에 〈보기〉와 같은 함수를 입력했을 때 나타나는 값으로 가장 적절한 것은?

	A	B	C	D
1				(가)
2				
3	제품이름	단가	수량	할인적용
4	B소스	200	5	90%
5	B아이스크림	100	3	90%
6	B맥주	150	2	90%
7	B커피	300	1	90%
8	B캔디	200	2	90%
9	B조림	100	3	90%
10	B과자	50	6	90%

─────〈보기〉─────

=SUMPRODUCT(B4:B10,C4:C10,D4:D10)

① 2,610　　　　　　　　　　　　② 2,700

③ 2,710　　　　　　　　　　　　④ 2,900

28 다음 글의 ㉠ ~ ㉣을 바꾸어 쓸 때 적절하지 않은 것은?

산등성이가 검은 바위로 끊기고 산봉우리가 여기저기 솟아 있어서 이들 산은 때로 ㉠황량하고 접근할 수 없는 것처럼 험준해 보인다. 산봉우리들은 분홍빛의 투명한 자수정으로 빛나고, 그 그림자는 짙은 코발트빛을 띠며 내려앉고, 하늘은 푸른 금빛을 띤다. 서울 인근의 풍광은 이른 봄에도 아름답다. 이따금 녹색의 연무가 산자락을 ㉡휘감고, 산등성이는 연보랏빛 진달래로 물들고, 불그레한 자두와 화사한 벚꽃, 그리고 ㉢흐드러지게 핀 복숭아꽃이 예상치 못한 곳에서 나타난다.

서울처럼 인근에 아름다운 산책로와 마찻길이 있고 외곽지대로 조금만 나가더라도 한적한 숲이 펼쳐져 있는 도시는 동양에서는 거의 찾아볼 수 없다. 또 한 가지 덧붙여 말한다면, 서울만큼 안전한 도시는 없다는 것이다. 내가 직접 경험한 바이지만, 이곳에서는 여자들이 유럽에서처럼 누군가를 ㉣대동하지 않고도 성 밖의 어느 곳이든 아무런 성가신 일을 겪지 않고 나다닐 수 있다.

① ㉠ : 경사가 급하고 ② ㉡ : 둘러 감고
③ ㉢ : 탐스럽게 ④ ㉣ : 데리고 가지

29 다음 글이 비판의 대상으로 삼는 주장으로 가장 적절한 것은?

경제 문제는 대개 해결이 가능하다. 대부분의 경제 문제에는 몇 개의 해결책이 있다. 그러나 모든 해결책은 누군가가 상당한 손실을 반드시 감수해야 한다는 특징을 갖고 있다. 하지만 누구도 이 손실을 자발적으로 감수하고자 하지 않으며, 우리의 정치제도는 누구에게도 이 짐을 짊어지라고 강요할 수 없다. 우리의 정치적, 경제적 구조는 실질적으로 제로섬(Zero-sum)적인 요소를 지니는 경제 문제에 전혀 대처할 수 없다.

대개의 경제적 해결책은 대규모의 제로섬적인 요소를 갖기 때문에 큰 손실을 수반한다. 모든 제로섬 게임에는 승자가 있다면 반드시 패자가 있으며, 패자가 존재해야만 승자가 존재할 수 있다. 경제적 이득이 경제적 손실을 초과할 수도 있지만, 손실의 주체에게 손실의 의미란 상당한 크기의 경제적 이득을 부정할 수 있을 만큼 매우 중요하다. 어떤 해결책으로 인해 평균적으로 사회는 더 잘살게 될 수도 있지만, 이 평균이 훨씬 더 잘살게 된 수많은 사람들과 훨씬 더 못살게 된 수많은 사람들을 감춘다. 만약 당신이 더 못살게 된 사람 중 하나라면 내 수입이 줄어든 것보다 다른 누군가의 수입이 더 많이 늘었다고 해서 위안을 얻지는 않을 것이다. 결국 우리는 우리 자신의 수입을 보호하기 위해 경제적 변화가 일어나는 것을 막거나 사회가 우리에게 손해를 입히는 공공정책이 강제로 시행되는 것을 막기 위해 싸울 것이다.

① 빈부격차를 해소하는 것만큼 중요한 정책은 없다.
② 사회의 총생산량이 많아지게 하는 정책이 좋은 정책이다.
③ 경제문제에서 모두가 만족하는 해결책은 존재하지 않는다.
④ 경제적 변화에 대응하는 정치제도의 기능에는 한계가 존재한다.

30 다음 중 (가) ~ (라)에 대한 설명으로 적절하지 않은 것은?

> (가) 신문이나 잡지는 대부분 유료로 판매된다. 반면에 인터넷 뉴스 사이트는 신문이나 잡지의 기사와 같거나 비슷한 내용을 무료로 제공한다. 왜 이런 현상이 발생하는 것일까?
>
> (나) 이 현상 속에는 경제학적 배경이 숨어 있다. 대체로 상품의 가격은 그 상품을 생산하는 데 드는 비용의 언저리에서 결정된다. 생산 비용이 많이 들면 들수록 상품의 가격이 상승하는 것이다. 그런데 인터넷에 게재되는 기사를 생산하는 데 드는 비용은 0에 가깝다. 기자가 컴퓨터로 작성한 기사를 신문사 편집실로 보내 종이 신문에 게재하고, 그 기사를 그대로 재활용하여 인터넷 뉴스 사이트에 올리기 때문이다. 또한, 인터넷뉴스 사이트 방문자 수가 증가하면 사이트에 걸어 놓은 광고에 대한 수입도 증가하게 된다. 이러한 이유로 신문사들은 경쟁적으로 인터넷 뉴스 사이트를 개설하여 무료로 운영했다.
>
> (다) 그런데 무료인터넷 뉴스 사이트를 이용하는 사람들이 폭발적으로 늘어나면서 돈을 내고 신문이나 잡지를 구독하는 사람들이 점점 줄어들기 시작했다. 그 결과 언론사들의 수익률이 감소하여 재정이 악화되었다. 문제는 여기서 그치지 않는다. 언론사들의 재정적 악화는 깊이 있고 정확한 뉴스를 생산하는 그들의 능력을 저하하거나 사라지게 할 수도 있다. 결국 그로 인한 피해는 뉴스를 이용하는 소비자에게로 되돌아올 것이다.
>
> (라) 그래서 언론사들, 특히 신문사들의 재정 악화 개선을 위해 인터넷 뉴스를 유료화해야 한다는 의견이 있다. 하지만 그러한 주장을 현실화하는 것은 그리 간단하지 않다. 소비자들은 어떤 상품을 구매할 때 그 상품의 가격이 얼마 정도면 구매할 것이고, 얼마 이상이면 구매하지 않겠다는 마음의 선을 긋는다. 이 선의 최대치가 바로 최대지불의사(Willingness to Pay)이다. 소비자들의 머릿속에 한번 각인된 최대지불의사는 좀처럼 변하지 않는 특성이 있다. 인터넷 뉴스의 경우 오랫동안 소비자에게 무료로 제공되었고, 그러는 사이 인터넷 뉴스에 대한 소비자들의 최대지불의사도 0으로 굳어진 것이다. 그런데 이제 와서 무료로 이용하던 정보를 유료화한다면 소비자들은 여러 이유를 들어 불만을 토로할 것이다.
>
> 해외 신문 중 일부 경제 전문지는 이러한 문제를 성공적으로 해결했다. 그들은 매우 전문화되고 깊이 있는 기사를 작성하여 소비자에게 제공하는 대신 인터넷 뉴스 사이트를 유료화했다. 그럼에도 불구하고 많은 소비자가 기꺼이 돈을 내고 이들 사이트의 기사를 이용하고 있다. 전문화되고 맞춤화된 뉴스일수록 유료화 잠재력이 높은 것이다. 이처럼 제대로 된 뉴스를 만드는 공급자와 제값을 내고 제대로 된 뉴스를 소비하는 수요자가 만나는 순간 문제 해결의 실마리를 찾을 수 있을 것이다.

① (가) : 현상을 제시하고 있다.
② (나) : 현상의 발생 원인을 분석하고 있다.
③ (다) : 현상의 문제점을 지적하고 있다.
④ (라) : 현상의 긍정적 측면을 강조하고 있다.

※ 다음은 관측지점별 기상 평년값을 나타낸 자료이다. 이어지는 질문에 답하시오. **[31~32]**

〈관측지점별 기상 평년값〉

(단위 : ℃, mm)

구분	평균 기온	최고 기온	최저 기온	강수량
속초	12.2	16.2	8.5	1,402
철원	10.2	16.2	4.7	1,391
춘천	11.1	17.2	5.9	1,347
강릉	13.1	17.5	9.2	1,464
동해	12.6	16.8	8.6	1,278
충주	11.2	17.7	5.9	1,212
서산	11.9	17.3	7.2	1,285

31 관측지점 중 최고 기온이 17℃ 이상이며, 최저 기온이 7℃ 이상인 지점의 강수량의 합은 몇 mm인가?

① 3,027mm

② 2,955mm

③ 2,834mm

④ 2,749mm

32 다음 중 자료에 대한 설명으로 가장 적절한 것은?

① 동해의 최고 기온과 최저 기온의 평균은 12.7℃이다.

② 속초는 관측지점 중 평균 기온이 두 번째로 높고, 강수량도 두 번째로 많다.

③ 최고 기온과 최저 기온의 차이가 가장 큰 지점은 서산이다.

④ 평균 기온, 최고·최저 기온이 가장 높고, 강수량도 가장 많은 지점은 강릉이다.

33 짱구, 철수, 유리, 훈이, 맹구는 어떤 문제에 대한 해결 방안으로 A ~ E 중 각각 하나씩을 제안하였다. 다음 〈조건〉이 모두 참일 때, 제안자와 그 제안이 바르게 연결된 것은?(단, 모두 서로 다른 하나의 제안을 제시하였다)

─────〈조건〉─────
- 짱구와 훈이는 B를 제안하지 않았다.
- 철수와 짱구는 D를 제안하지 않았다.
- 유리는 C를 제안하였으며, 맹구는 D를 제안하지 않았다.
- 맹구는 B와 E를 제안하지 않았다.

① 짱구 A, 맹구 B   ② 짱구 A, 훈이 D

③ 철수 B, 짱구 E   ④ 철수 B, 훈이 E

34 다음 글을 읽고 표에서 선호를 가진 사람들이 투표할 경우 나타날 수 있는 결과로 가장 적절한 것은?

'투표거래'란 과반수를 달성하지 못하는 집단이 과반수를 달성하기 위하여 표(Vote)를 거래하는 것을 말한다. 예를 들어 갑, 을, 병 세 사람이 대안을 선택하는 경우를 생각해 보자. 하나의 대안을 대상으로 과반수 투표를 하는 경우 갑, 을, 병 세 사람은 모두 자신에게 돌아오는 순편익이 양(+)의 값을 갖는 대안에만 찬성한다. 그러나 투표거래를 하는 경우에는 자신이 원하는 대안이 채택되는 대가로 순편익이 양(+)의 값을 갖지 않는 대안을 지지할 수 있다. 즉, 갑은 자신이 선호하는 대안을 찬성해 준 을에게 그 대가로 자신은 선호하지 않으나 을이 선호하는 대안을 찬성해 주는 것이 투표거래이다.

대안 순편익	A대안	B대안	C대안	D대안	E대안
갑의 순편익	200	−40	−120	200	−40
을의 순편익	−50	150	−160	−110	150
병의 순편익	−55	−30	400	−105	−120
전체 순편익	95	80	120	−15	−10

① 투표거래를 하지 않는 과반수 투표의 경우에도 A대안, B대안, C대안은 채택될 수 있다.

② 갑과 을이 투표거래를 한다면 A대안과 C대안이 채택될 수 있다.

③ 갑, 을, 병이 투표거래를 한다면 A대안, B대안, C대안, D대안, E대안 모두 채택될 수 있다.

④ D대안과 E대안이 채택되기 위해서는 을과 병이 투표거래를 해야 한다.

35 A과장은 월요일에 사천연수원에서 진행될 세미나에 참석해야 한다. 세미나는 월요일 낮 12시부터 시작이며, 수요일 오후 6시까지 진행된다. 갈 때는 세미나에 늦지 않게만 도착하면 되지만, 올 때는 목요일 회의 준비를 위해 최대한 일찍 서울로 올라와야 한다. 교통비가 가능한 적은 비용으로 세미나 참석을 원할 때, 교통비는 얼마가 들겠는가?

〈KTX〉

구분	월요일		수요일		가격
서울 → 사천	08:00 ~ 11:00	09:00 ~ 12:00	08:00 ~ 11:00	09:00 ~ 12:00	65,200원
사천 → 서울	16:00 ~ 19:00	20:00 ~ 23:00	16:00 ~ 19:00	20:00 ~ 23:00	66,200원 (10% 할인 가능)

※ 사천역에서 사천연수원까지 택시비는 22,200원이며, 30분이 걸린다.

〈비행기〉

구분	월요일		수요일		가격
서울 → 사천	08:00 ~ 09:00	09:00 ~ 10:00	08:00 ~ 09:00	09:00 ~ 10:00	105,200원
사천 → 서울	19:00 ~ 20:00	20:00 ~ 21:00	19:00 ~ 20:00	20:00 ~ 21:00	93,200원 (10% 할인 가능)

※ 사천공항에서 사천연수원까지 택시비는 21,500원이며, 30분이 걸린다.

① 168,280원 ② 178,580원
③ 192,780원 ④ 215,380원

36 대구에서 광주까지 편도운송을 하는 B사는 다음과 같이 화물차량을 운용한다. 수송비 절감을 통해 경영에 필요한 예산을 확보하기 위하여 적재효율을 기존 1,000상자에서 1,200상자로 높여 운행횟수를 줄인다면, B사가 얻을 수 있는 월 수송비 절감액은?

〈B사의 화물차량 운용 정보〉
• 차량 운행대수 : 4대
• 1대당 1일 운행횟수 : 3회
• 1대당 1회 수송비 : 100,000원
• 월 운행일수 : 20일

① 3,500,000원 ② 4,000,000원
③ 4,500,000원 ④ 5,000,000원

37 다음 워크시트와 같이 평점이 3.0 미만인 행 전체에 셀 배경색을 지정하고자 한다. 이를 위해 조건부 서식 설정에서 사용할 수식으로 가장 적절한 것은?

	A	B	C	D
1	학번	학년	이름	평점
2	20959446	2	강혜민	3.38
3	21159458	1	김경식	2.60
4	21059466	2	김병찬	3.67
5	21159514	1	장현정	1.29
6	20959476	2	박동현	3.50
7	21159467	1	이승현	3.75
8	20859447	4	이병훈	2.93
9	20859461	3	강수빈	3.84

① =$D2<3

② =$D&2<3

③ =D2<3

④ =D$2<3

38 다음 중 데이터 입력에 대한 설명으로 적절하지 않은 것은?

① 셀 안에서 줄 바꿈을 하려면 [Alt]+[Enter]를 누른다.

② 한 행을 블록 설정한 상태에서 [Enter]를 누르면 블록 내의 셀이 오른쪽 방향으로 순차적으로 선택되어 행 단위로 데이터를 쉽게 입력할 수 있다.

③ 여러 셀에 숫자나 문자 데이터를 한 번에 입력하려면 여러 셀이 선택된 상태에서 데이터를 입력한 후 바로 [Shift]+[Enter]를 누른다.

④ 열의 너비가 좁아 입력된 날짜 데이터 전체를 표시하지 못하는 경우 셀의 너비에 맞춰 '#'이 반복 표시된다.

39 다음 글의 제목으로 가장 적절한 것은?

> 만공탑에서 다시 돌계단을 오르면 정혜사 능인선원이 나온다. 정혜사 앞뜰에 서서 담장을 앞에 두고 올라온 길을 내려다보면 홍성 일대의 평원이 일망무제로 펼쳐진다. 산마루와 가까워 바람이 항시 세차게 불어오는데, 살면서 쌓인 피곤과 근심이 모두 씻겨지는 후련한 기분을 느낄 수 있을 것이다. 자신도 모르게 물 한 모금을 마시며 이 호탕하고 맑은 기분을 오래 간직하고 싶어질 것이다. 정혜사 약수는 바위틈에서 비집고 올라오는 샘물이 공을 반으로 자른 모양의 석조에 넘쳐흐르는데, 이 약수를 덮고 있는 보호각에는 '불유각(佛乳閣)'이라는 현판이 걸려 있다. '부처님의 젖이라!' 글씨는 분명 스님의 솜씨이다. 말을 만들어낸 솜씨도 예사롭지 않다. 누가 저런 멋을 가졌던가. 누구에게 묻지 않아도 알 것 같았고 설혹 틀린다 해도 상관할 것이 아니었다 (훗날 다시 가서 확인해 보았더니 예상대로 만공의 글씨였다). 나는 그것을 사진으로 찍어 그만한 크기로 인화해서 보며 즐겼다. 그런데 우리집에는 그것을 걸 자리가 마땅치 않았다. 임시방편이지만 나는 목욕탕 문짝에 압정으로 눌러 놓았다.

① 돌계단을 오르면서

② 정혜사 능인선원

③ 정혜사의 불유각

④ 약수 보호각

40 다음 글의 서술상 특징으로 가장 적절한 것은?

> 어느 의미에서는 고정불변(固定不變)의 신비로운 전통이라는 것이 존재(存在)한다기보다 오히려 우리 자신이 전통을 찾아내고 창조한다고도 할 수가 있다. 따라서 과거에는 훌륭한 문화적 전통의 소산으로 생각되던 것이, 후대에는 버림을 받게 되는 예도 허다하다. 반면, 과거에는 돌보아지지 않던 것이 후대에 높이 평가되는 일도 한두 가지가 아니다. 연암의 문학은 바로 그러한 예인 것이다.
> 비단 연암의 문학만이 아니다. 우리가 현재 민족 문화의 전통과 명맥을 이어준 것이라고 생각하는 것의 대부분이 그러한 것이다. 신라의 향가, 고려의 가요, 조선 시대의 사설시조, 백자, 풍속화 같은 것이 그러한 것이다.

① 익살스러운 문체를 통해 풍자의 효과를 살리고 있다.
② 대상의 직접적인 평가를 피하며 상상력을 자극하고 있다.
③ 비유를 통해 대상의 다양한 속성을 드러내고 있다.
④ 설명하고자 하는 바를 예를 들어 설명하고 있다.

41 식료품 소매업을 하고 있는 A ~ C슈퍼가 콜라를 주문하려고 한다. 이때 각각 어느 도매점에서 주문을 하는 것이 유리한가?

〈도매점별 가격〉

구분	회원가입비용(원)	콜라(원/병)
회원제 도매점	50,000	1,100
일반 도매점	–	1,500

〈주문량〉

구분	A슈퍼	B슈퍼	C슈퍼
주문량(병)	100	120	150

	A슈퍼	B슈퍼	C슈퍼
①	회원제 도매점	일반 도매점	회원제 도매점
②	일반 도매점	일반 도매점	회원제 도매점
③	일반 도매점	일반 도매점	일반 도매점
④	회원제 도매점	회원제 도매점	회원제 도매점

42 다음은 헌혈인구 및 개인헌혈 비율에 대한 자료이다. 〈보기〉에서 적절한 것을 모두 고르면?(단, 변화율은 절댓값으로 비교한다)

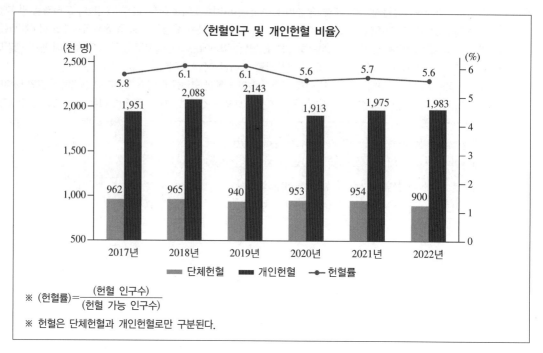

〈헌혈인구 및 개인헌혈 비율〉

※ (헌혈률)= $\dfrac{\text{(헌혈 인구수)}}{\text{(헌혈 가능 인구수)}}$

※ 헌혈은 단체헌혈과 개인헌혈로만 구분된다.

〈보기〉

ㄱ. 전체헌혈 중 단체헌혈이 차지하는 비율은 조사기간 중 매년 20%를 초과한다.

ㄴ. 2018년부터 2021년 중 전년 대비 단체헌혈의 증감률의 절댓값이 가장 큰 해는 2019년이다.

ㄷ. 2019년 대비 2020년 개인헌혈의 감소율은 25% 이상이다.

ㄹ. 2020년부터 2022년까지 개인헌혈과 헌혈률은 전년 대비 증감 추이가 동일하다.

① ㄱ, ㄴ　　　　　　　　② ㄱ, ㄹ

③ ㄴ, ㄷ　　　　　　　　④ ㄷ, ㄹ

43 B지점은 봄을 맞아 지점단합행사로 소풍을 가고자 한다. A사원, B사원, C주임, D주임, E대리 5명은 서로 다른 색의 접시에 각기 다른 한 가지의 과일을 준비하였다. 다음 〈조건〉에 따라 판단할 때, B사원이 준비한 접시의 색깔과 C주임이 준비한 과일은?

〈조건〉

- 부서원들이 준비한 과일들은 A사원, B사원, C주임, D주임, E대리 순으로 일렬로 놓여있다.
- 접시의 색은 빨강, 노랑, 초록, 검정, 회색이다.
- 과일은 참외, 수박, 사과, 배, 바나나가 있다.
- 수박과 참외는 이웃하지 않는다.
- 노란색 접시에 배가 담겨 있고, 회색 접시에 참외가 담겨 있다.
- B사원은 바나나를 준비하였다.
- 양쪽 끝 접시는 빨간색과 초록색이며, 이 두 접시에 담긴 과일의 이름은 두 글자이다.
- 바나나와 사과는 이웃한다.

	B사원이 준비한 접시의 색깔	C주임이 준비한 과일
①	검정	사과
②	빨강	사과
③	검정	참외
④	초록	참외

44 다음 B사원의 답변에서 빈칸 (A), (B)에 들어갈 단축키로 가장 적절한 것은?

A대리 : B씨, 혹시 파워포인트에서 도형 높이와 너비를 미세하게 조절하고 싶은데 어떻게 해야 하는지 알아요? 이거 도형 크기 조절하기가 쉽지 않네.
B사원 : 네, 대리님. _(A)_ 버튼과 _(B)_ 버튼을 같이 누르신 후, 화살표 버튼을 누르시면서 크기를 조절하시면 됩니다.

① (A) : [Ctrl], (B) : [Shift] ② (A) : [Ctrl], (B) : [Alt]
③ (A) : [Ctrl], (B) : [Tab] ④ (A) : [Alt], (B) : [Tab]

45 다음 대화 내용을 읽고 A팀장과 B사원이 함께 시장조사를 하러 갈 수 있는 가장 적절한 시간은 언제인가? (단, 근무시간은 09:00 ~ 18:00, 점심시간은 12:00 ~ 13:00이다)

A팀장 : B씨, 저번에 우리가 함께 진행했던 제품이 오늘 출시된다고 하네요. 시장에서 어떤 반응이 있는지 조사하러 가야 할 것 같아요.

B사원 : 네, 팀장님. 그런데 오늘 갈 수 있을지 의문입니다. 우선 오후 4시에 사내 정기 강연이 예정되어 있고 초청강사가 와서 시간관리 강의를 한다고 합니다. 아마 두 시간 정도 걸릴 것 같은데, 저는 강연준비로 30분 정도 일찍 가야 할 것 같습니다. 그리고 부서장님께서 요청하셨던 기획안도 오늘 퇴근 전까지 제출해야 하는데, 팀장님 검토시간까지 고려하면 두 시간 정도 소요될 것 같습니다.

A팀장 : 오늘도 역시 할 일이 참 많네요. 지금이 11시니까 열심히 업무를 하면 한 시간 정도는 시장에 다녀올 수 있겠네요. 먼저 기획안부터 마무리 짓도록 합시다.

B사원 : 네, 알겠습니다. 팀장님, 오늘 점심은 된장찌개 괜찮으시죠? 바쁘니까 예약해두겠습니다.

① 11:00 ~ 12:00
② 13:00 ~ 14:00
③ 14:00 ~ 15:00
④ 15:00 ~ 16:00

46 다음 워크시트를 참조하여 작성한 수식 「= VLOOKUP(SMALL(A2:A10,3),A2:E10,4,0)」의 결과로 가장 적절한 것은?

	A	B	C	D	E
1	번호	억양	발표	시간	자료준비
2	1	80	84	91	90
3	2	89	92	86	74
4	3	72	88	82	100
5	4	81	74	89	93
6	5	84	95	90	88
7	6	83	87	72	85
8	7	76	86	83	87
9	8	87	85	97	94
10	9	98	78	96	81

① 82
② 83
③ 86
④ 87

47 다음 대화 내용과 B여행사 해외여행 상품을 근거로 판단할 때, 세훈이 선택할 여행지는?

인희 : 다음 달 셋째 주에 연휴던데, 그때 여행갈 계획 있어?

세훈 : 응, 이번에는 꼭 가야지. 월요일, 수요일, 금요일이 공휴일이잖아. 그래서 우리 회사에서는 화요일과 목요일에만 연차를 쓰면 앞뒤 주말 포함해서 최대 9일 연휴가 되더라고. 그런데 난 연차가 하루밖에 남지 않아서 그렇게 길게는 안 돼. 그래도 이번엔 꼭 해외여행을 갈 거야.

인희 : 어디로 갈 생각이야?

세훈 : 나는 어디로 가든 상관없는데 여행지에 도착할 때까지 비행기를 오래 타면 너무 힘들더라고. 그래서 편도로 총 비행시간이 8시간 이내면서 직항 노선이 있는 곳으로 가려고.

인희 : 여행은 며칠 정도로 할 거야?

세훈 : 남은 연차를 잘 활용해서 주어진 기간 내에서 최대한 길게 다녀오려고 해. B여행사 해외여행 상품 중 하나를 정해서 다녀올 거야.

〈B여행사 해외여행 상품〉

여행지	여행기간(한국시각 기준)	총 비행시간(편도)	비행기 환승 여부
두바이	4박 5일	8시간	직항
모스크바	6박 8일	8시간	직항
방콕	4박 5일	7시간	1회 환승
홍콩	3박 4일	5시간	직항

① 두바이
② 모스크바
③ 방콕
④ 홍콩

48 다음은 어느 학급 전체 학생 55명의 체육점수 분포이다. 〈보기〉 중 적절한 것을 모두 고르면?

〈체육점수 분포〉

점수(점)	1	2	3	4	5	6	7	8	9	10
학생 수(명)	1	0	5	10	23	10	5	0	1	0

※ 점수는 1점 단위로 1 ~ 10점까지 주어진다.

―――――〈보기〉―――――

ㄱ. 전체 학생을 체육점수가 낮은 학생부터 나열하면 중앙에 위치한 학생의 점수는 5점이다.

ㄴ. 4 ~ 6점을 받은 학생 수는 전체 학생 수의 86% 이상이다.

ㄷ. 학급의 체육점수 산술평균은 전체 학생이 받은 체육점수 중 최고점과 최저점을 제외하고 구한 산술평균과 다르다.

ㄹ. 학급에서 가장 많은 학생이 받은 체육점수는 5점이다.

① ㄱ
② ㄴ
③ ㄱ, ㄹ
④ ㄴ, ㄷ

49 B회사는 충남지사 제2별관을 신축하고자 한다. 부지 선정기준에 따라 후보지 A ~ D부지를 평가한 점수와 제2별관의 입지 선정 방식이 다음과 같을 때, 입지로 선정될 부지는?

〈후보지 평가결과〉

(단위 : 점)

선정기준 부지	건설	교통	환경	거리
A	7	5	5	7
B	3	8	4	2
C	6	6	6	5
D	6	9	4	5

〈입지 선정 방식〉

- 각 후보지들 중 입지점수가 가장 높은 후보지를 신축 별관 입지로 선정한다.
- 각 후보지의 입지점수는 선정기준별 평가 점수에 다음 가중치를 적용하여 산출한다.

구분	건설	교통	환경	거리
가중치	0.3	0.4	0.2	0.1

- 입지점수가 가장 높은 후보지가 두 곳 이상인 경우, 건설 점수가 가장 높은 후보지를 입지로 선정한다.

① A부지
② B부지
③ C부지
④ D부지

50 다음의 [C2:C3] 셀처럼 수식을 작성한 셀에 결괏값 대신 수식 자체가 표시되도록 하는 방법으로 가장 적절한 것은?

	A	B	C
1	국어	국사	총점
2	93	94	=SUM(A2:B2)
3	92	88	=SUM(A3:B3)

① [수식] 탭 – [수식 분석] 그룹 – [수식 표시] 클릭
② [보기] 탭 – [표시 / 숨기기] 그룹 – [수식 입력줄] 클릭
③ [셀 서식] – [표시 형식] 탭 – [수식] 선택
④ [셀 서식] – [표시 형식] 탭 – [계산식] 선택

4권

제4회
부산교통공사 운영직

NCS 직업기초능력평가

www.sdedu.co.kr

〈문항 및 시험시간〉

평가영역	문항 수	시험시간	모바일 OMR 답안채점/성적분석 서비스
의사소통＋수리＋문제해결＋자원관리＋정보	50문항	50분	

제4회 모의고사

01 다음 글의 논지로 가장 적절한 것은?

> 최근에 사이버공동체를 중심으로 한 시민의 자발적 정치 참여 현상이 많은 관심을 끌고 있다. 이러한 현상과 관련하여 A의 연구가 새삼 주목받고 있다. A의 연구에 따르면 공동체의 구성원이 됨으로써 얻게 되는 '사회적 자본'이 시민사회의 성숙과 민주주의의 발전을 가져오는 원동력이다. A의 이론에서는 공동체에 대한 자발적 참여를 통해 사회 구성원 간의 상호 의무감과 신뢰, 구성원들이 공유하는 규칙과 관행, 사회적 유대 관계와 같은 사회적 자본이 늘어나면, 사회 구성원 간의 협조적인 행위가 가능하게 된다고 보았다. 더 나아가 A는 자원봉사자와 같이 공동체 참여도가 높은 사람이 투표할 가능성이 높고 정부 정책에 대한 의견 개진도 활발해지는 등 정치 참여도가 높아진다고 주장하였다.
>
> 몇몇 학자들은 A의 이론을 적용하여 면대면 접촉에 따른 인간관계의 산물인 사회적 자본이 사이버공동체에서도 충분히 형성될 수 있다고 보았다. 그리고 사이버공동체에서 사회적 자본의 증가는 곧 정치 참여도 활성화시킬 것으로 기대했다. 하지만 이러한 기대와는 달리 정치 참여가 활성화되지 않았다. 요즘 젊은이들을 보면 각종 사이버공동체에 자발적으로 참여하는 수준은 높지만, 투표나 다른 정치 활동에는 무관심하거나 심지어 정치를 혐오하기도 한다. 이런 측면에서 A의 주장은 사이버공동체가 활성화된 오늘날에는 잘 맞지 않는다.
>
> 이러한 이유 때문에 오늘날 사이버공동체를 중심으로 한 정치 참여를 더 잘 이해하기 위해서 '정치적 자본' 개념의 도입이 필요하다. 정치적 자본은 사회적 자본의 구성 요소와는 달리 정치 정보의 습득과 이용, 정치적 토론과 대화, 정치적 효능감 등으로 구성된다. 정치적 자본은 사회적 자본과 마찬가지로 공동체 참여를 통해서 획득되지만, 정치 과정에의 관여를 촉진한다는 점에서 사회적 자본과는 구분될 필요가 있다. 사회적 자본만으로 정치 참여를 기대하기 어렵고, 사회적 자본과 정치 참여 사이를 정치적 자본이 매개할 때 비로소 정치 참여가 활성화된다.

① 사이버공동체를 통해 축적된 사회적 자본에 정치적 자본이 더해질 때 정치 참여가 활성화된다.

② 사회적 자본은 정치적 자본을 포함하기 때문에 그 자체로 정치 참여의 활성화를 가져온다.

③ 사회적 자본이 많은 사회는 정치 참여가 활발하기 때문에 민주주의가 실현된다.

④ 사이버공동체의 특수성으로 인해 시민들의 정치 참여가 어렵게 되었다.

02 다음 글의 빈칸에 들어갈 내용으로 가장 적절한 것은?

> 야생의 자연이라는 이상을 고집하는 자연 애호가들은 인류가 자연과 내밀하면서도 창조적인 관계를 맺었던 반(反) 야생의 자연, 즉 정원을 간과한다. 정원은 울타리를 통해 농경지보다 야생의 자연과 분명한 경계를 긋는다. 집약적인 토지 이용이라는 전통은 정원에서 시작되었다. 정원은 대규모의 농경지 경작이 행해지지 않은 원시적인 문화에서도 발견된다. 만여 종의 경작용 식물들은 모두 대량 생산에 들어가기 전에 정원에서 자라는 단계를 거쳐 온 것으로 보인다.
>
> 농업경제의 역사에서 정원이 갖는 의미는 시대와 지역에 따라 매우 달랐다. 좁은 공간에서 집약적인 농사를 짓는 지역에서는 농부가 곧 정원사였다. 반면 예전의 독일 농부들은 정원이 곡물 경작에 사용될 퇴비를 앗아가므로 정원을 악으로 여기기도 했다. 하지만 여성들의 입장은 지역적인 편차가 없었다. 아메리카의 푸에블로 인디언부터 근대 독일의 농부 집안까지 정원은 농업 혁신에 주도적인 역할을 해온 여성들에게는 자신들의 제국이자 자존심이었다. 그곳에는 여성들이 경험을 통해 쌓은 지식 전통이 살아 있었다. 환경사에서 여성이 갖는 특별한 역할의 물질적 근간은 대부분 정원에서 발견된다. 지난 세기들의 경우 이는 특히 여성 제후들과 관련되어 있으며 자료가 풍부하다. 작센의 여성 제후인 안나는 식물에 관한 지식을 늘 공유했던 긴밀하고도 광범위한 사회적 네트워크를 가지고 있었는데, 그중에는 식물 경제학에 관심이 깊은 고귀한 신분의 여성들도 많았으며 수도원 소속의 여성들도 있었다.
>
> 여성들이 정원에서 쌓은 경험의 특징은 무엇일까? 정원에서는 땅을 면밀히 살피고 손으로 흙을 부스러뜨리는 습관이 생겨났을 것이다. 정원에서 즐겨 이용되는 삽도 다양한 토질의 층을 자세히 연구하도록 부추겼을 것이 분명하다. 넓은 경작지보다는 정원에서 땅을 다룰 때 더 아끼고 보호했을 것이다. 정원이라는 매우 제한된 공간에는 옛날에도 충분한 퇴비를 줄 수 있었다. 경작지보다도 다양한 종류의 퇴비로 실험할 수 있었고 새로운 작물을 키우며 경험을 수집할 수 있었다. 정원에서는 좁은 공간에서 다양한 식물이 자라기 때문에 모든 종류의 식물들이 서로 잘 지내지는 않는다는 사실에도 주의를 기울였다. 이는 식물 생태학의 근간을 이루는 통찰이었다.
>
> 결론적으로 정원은 _____

① 자연을 즐기고 자연과 교감할 수 있는 야생의 공간으로서 집안에 들여놓은 자연의 축소판이었다.

② 여성들이 자연을 통제하고자 하는 이룰 수 없는 욕구를 충족하기 위하여 인공적으로 구축한 공간이었다.

③ 경작용 식물들이 서로 잘 지낼 수 있도록 농경지를 구획하는 울타리를 헐어버림으로써 구축한 인위적 공간이었다.

④ 여성들이 주도가 되어 토양과 식물을 이해하고 농경지 경작에 유용한 지식과 경험을 배양할 수 있는 좋은 장소였다.

03 다음은 B기업의 팀(A ~ F)별 전출·입으로 인한 직원 이동에 대한 자료이다. 〈보기〉 중 적절한 것을 모두 고르면?

〈B기업의 팀별 전출·입 직원 수〉

(단위 : 명)

전출부서	전입부서	식품 사업부				외식 사업부				전출 합계
		A팀	B팀	C팀	소계	D팀	E팀	F팀	소계	
식품 사업부	A팀	-	4	2	6	0	4	3	7	13
	B팀	8	-	0	8	2	1	1	4	12
	C팀	0	3	-	3	3	0	4	7	10
	소계	8	7	2	17	5	5	8	18	35
외식 사업부	D팀	0	2	4	6	-	0	3	3	9
	E팀	6	1	7	14	2	-	4	6	20
	F팀	2	3	0	5	1	5	-	6	11
	소계	8	6	11	25	3	5	7	15	40
전입 합계		16	13	13	42	8	10	15	33	75

※ B기업은 식품 사업부와 외식 사업부로만 구성된다.
※ 표읽기 예시 : A팀에서 전출하여 B팀으로 전입한 직원 수는 4명

〈보기〉

ㄱ. 전출한 직원보다 전입한 직원이 많은 팀들의 전입 직원 수의 합은 기업 내 전체 전출·입 직원 수의 70%를 초과한다.
ㄴ. 직원이 가장 많이 전출한 팀에서 전출한 직원의 40%는 직원이 가장 많이 전입한 팀에 배치되었다.
ㄷ. 식품 사업부에서 외식 사업부로 전출한 직원 수는 외식 사업부에서 식품 사업부로 전출한 직원 수보다 많다.
ㄹ. 동일한 사업부 내에서 전출·입한 직원 수는 기업 내 전체 전출·입 직원 수의 50% 미만이다.

① ㄱ, ㄴ
② ㄱ, ㄷ
③ ㄱ, ㄹ
④ ㄴ, ㄷ

04 다음 중 계산한 값이 다른 하나는 무엇인가?

① $8-5\div2+2.5$
② $14-5\times2$
③ $10\div4+3\div2$
④ $6\times2-10+2$

05 A고객이 B기업의 A/S 서비스를 이용했다. 제품 A/S 안내문과 서비스 이용내역이 다음과 같을 때, A고객이 지불한 A/S 서비스 비용은 얼마인가?

〈제품 A/S 안내문〉

1. 제품의 품질보증기간은 구입일로부터 1년입니다. 품질보증기간 중 A/S 서비스를 받는 경우 무료 A/S를 제공합니다. 품질보증기간 경과 후 A/S 서비스 비용은 소비자가 부담해야 합니다.
2. A/S 서비스 제공 시 수리비가 발생합니다(수리비 2만 원).
3. 부품 교체 시에는 수리비 외에도 부품비가 추가 발생합니다.
4. A/S센터는 주중 오전 9시부터 오후 6시까지 운영하며, 토요일에는 오전 9시부터 오후 1시까지 운영합니다. 일요일 및 공휴일에는 A/S 서비스를 제공하지 않습니다.
5. 출장 A/S 서비스를 이용하는 경우 출장비가 별도로 발생합니다. A/S센터 운영시간 내 출장 시 출장비 2만 원, 운영시간 외 출장 시 출장비 3만 원을 별도로 부과합니다.

〈A/S 서비스 이용내역〉

• 고객명 : A
• 제품명 : P기기
• 제품 구입일자 : 2021년 8월 3일 화요일
• A/S 서비스 제공 일시 : 2022년 8월 6일 토요일 오후 3시
• 서비스 내용 : P기기 전면부 파손으로 부품 일부 교체(부품비 5만 원), 출장 서비스 이용

---

① 무료
② 5만 원
③ 10만 원
④ 15만 원

06 다음 중 SWOT 분석에 대한 설명으로 가장 적절한 것은?

> SWOT 분석에서 강점(S)은 경쟁기업과 비교하여 소비자로부터 강점으로 인식되는 것이 무엇인지, 약점(W)은 경쟁기업과 비교하여 소비자로부터 약점으로 인식되는 것이 무엇인지, 기회(O)는 외부환경에서 유리한 기회 요인은 무엇인지, 위협(T)은 외부환경에서 불리한 위협 요인은 무엇인지를 찾아내는 것이다. SWOT 분석의 가장 큰 장점은 기업의 내부 및 외부환경의 변화를 동시에 파악할 수 있다는 것이다.

① 제품의 우수한 품질은 기회 요인으로 볼 수 있다.

② 초고령화 사회는 실버산업에 있어 기회 요인으로 볼 수 있다.

③ 기업의 비효율적인 업무 프로세스는 위협 요인으로 볼 수 있다.

④ 살균제 달걀 논란은 빵집에게 있어 약점 요인으로 볼 수 있다.

07 B공사는 공사에서 추진하는 행사에 대한 후원을 받기 위해 행사 시작 전 임원진, 직원, 주주와 협력업체 사람들을 강당에 초대하였다. 다음 〈조건〉을 참고할 때, 후원 행사에 참석한 협력업체 사람들은 모두 몇 명인가?

─〈조건〉─
- 강당에 모인 인원은 총 270명이다.
- 전체 인원 중 50%는 차장급 이하 직원들이다.
- 차장급 이하 직원들을 제외한 인원의 20%는 임원진이다.
- 차장급 이하 직원과 임원진을 제외한 나머지 좌석에는 주주들과 협력업체 사람들이 1 : 1 비율로 앉아 있다.

① 51명   ② 52명
③ 53명   ④ 54명

08 국제영화제 행사에 참석한 H는 A ~ F영화를 다음 〈조건〉에 맞춰 8월 1일부터 8월 6일까지 하루에 한 편씩 보려고 한다. 이때 항상 옳은 것은?

─────〈조건〉─────
- F영화는 3일과 4일 중 하루만 상영된다.
- D영화는 C영화가 상영된 날 이틀 후에 상영된다.
- B영화는 C, D영화보다 먼저 상영된다.
- 첫째 날 B영화를 본다면, 5일에 반드시 A영화를 본다.

① A영화는 C영화보다 먼저 상영될 수 없다.
② C영화는 E영화보다 먼저 상영된다.
③ D영화는 5일 상영작이나 폐막작으로 상영될 수 없다.
④ B영화는 1일 또는 2일에 상영된다.

09 B사는 6층 건물의 모든 층을 사용하고 있으며, 건물에는 기획부, 인사 교육부, 서비스개선부, 연구·개발부, 해외사업부, 디자인부가 각 층별로 위치하고 있다. 다음 〈조건〉을 참고할 때 항상 옳은 것은?(단, 6개의 부서는 서로 다른 층에 위치하며, 3층 이하에 위치한 부서의 직원은 출근 시 반드시 계단을 이용해야 한다)

─────〈조건〉─────
- 기획부의 문대리는 해외사업부의 이주임보다 높은 층에 근무한다.
- 인사 교육부는 서비스개선부와 해외사업부 사이에 위치한다.
- 디자인부의 김대리는 오늘 아침 엘리베이터에서 서비스개선부의 조대리를 만났다.
- 6개의 부서 중 건물의 옥상과 가장 가까이에 위치한 부서는 연구·개발부이다.
- 연구·개발부의 오사원이 인사 교육부 박차장에게 휴가 신청서를 제출하기 위해서는 4개의 층을 내려와야 한다.
- 건물 1층에는 회사에서 운영하는 커피숍이 함께 있다.

① 출근 시 엘리베이터를 탄 디자인부의 김대리는 5층에서 내린다.
② 디자인부의 김대리가 서비스개선부의 조대리보다 먼저 엘리베이터에서 내린다.
③ 인사 교육부와 커피숍은 같은 층에 위치한다.
④ 기획부의 문대리는 출근 시 반드시 계단을 이용해야 한다.

10 B공사 인사팀에는 팀장 1명, 과장 2명과 A대리가 있다. 팀장과 과장 2명은 4월 안에 휴가를 다녀와야 하고, 팀장이나 과장이 한 명이라도 없는 경우, A대리는 자리를 비울 수 없다. 다음 〈조건〉을 고려할 때 A대리의 연수 마지막 날짜는 언제인가?(단, 같은 날 동시에 휴가를 신청할 수 없다)

〈조건〉
- 4월 1일은 월요일이며, B공사는 주5일제이다.
- 마지막 주 금요일에는 중요한 세미나가 있어 그 주에는 모든 팀원이 자리를 비울 수 없다.
- 팀장은 첫째 주 화요일부터 3일 동안 휴가를 신청했다.
- B과장은 둘째 주 수요일부터 5일 동안 휴가를 신청했다.
- C과장은 셋째 주에 2일간의 휴가를 마치고 금요일부터 출근할 것이다.
- A대리는 주말에도 진행되는 연수에 5일 연속 참여해야 한다.

---

① 8일   ② 9일
③ 23일   ④ 24일

11 대학교 입학을 위해 지방에서 올라온 대학생 S씨는 자취방을 구하려고 한다. 대학교 근처 자취방의 월세와 대학교까지 거리는 다음과 같다. 한 달을 기준으로 S씨가 지출하게 될 자취방 월세와 자취방에서 대학교까지 왕복 시 거리비용을 합산할 때, S씨가 선택할 수 있는 가장 저렴한 비용의 자취방은?

구분	월세	대학교까지 거리
A자취방	330,000원	1.8km
B자취방	310,000원	2.3km
C자취방	350,000원	1.3km
D자취방	320,000원	1.6km

※ [대학교 통학일(한 달 기준)]=15일
※ (거리비용)=1km당 2,000원

① A자취방   ② B자취방
③ C자취방   ④ D자취방

12 B공사에서 비품구매를 담당하고 있는 S사원은 비품관리 매뉴얼과 비품현황을 고려해 비품을 구매하려고 한다. 가장 먼저 구매해야 하는 비품은 무엇인가?

〈비품관리 매뉴얼〉

1. 비품을 재사용할 수 있는 경우에는 구매하지 않고 재사용하도록 한다.
2. 구매요청 부서가 많은 비품부터 순서대로 구매한다.
3. 비품은 빈번하게 사용하는 정도에 따라 등급을 매겨 구매가 필요한 경우 A, B, C 순서대로 구매한다.
4. 필요한 비품 개수가 많은 비품부터 순서대로 구매한다.

※ 매뉴얼에 언급된 순서대로 적용한다.

〈비품별 요청사항〉

구분	필요 개수 (개)	등급	재사용 가능 여부	구매요청 부서	구분	필요 개수 (개)	등급	재사용 가능 여부	구매요청 부서
연필	5	B	×	인사팀 총무팀 연구팀	커피	10	A	×	인사팀 총무팀 생산팀
볼펜	10	A	×	생산팀	녹차	6	C	×	홍보팀
지우개	15	B	×	연구팀	A4	12	A	×	홍보팀 총무팀 인사팀
메모지	4	A	×	홍보팀 총무팀	문서용 집게	4	B	○	인사팀 총무팀 생산팀 연구팀
수첩	3	C	×	홍보팀	클립	1	C	○	연구팀
종이컵	20	A	×	총무팀	테이프	0	B	×	총무팀

① A4
② 커피
③ 문서용 집게
④ 연필

13 B회사는 8월 중에 신입사원 면접을 계획하고 있다. 면접에는 마케팅팀과 인사팀 차장, 인사팀 부장과 과장, 총무팀 주임이 한 명씩 참여한다. B회사에서는 7 ~ 8월에 계획된 여름 휴가를 팀별로 나누어 간다고 할 때, 면접이 가능한 날짜는?

휴가 규정	팀별 휴가 시작일
• 차장급 이상 : 4박 5일 • 대리 ~ 과장 : 3박 4일 • 사원 ~ 주임 : 2박 3일	• 마케팅팀 : 7월 30일 • 인사팀 : 8월 6일 • 총무팀 : 8월 1일

① 8월 1일　　　　　　　　　② 8월 3일
③ 8월 5일　　　　　　　　　④ 8월 7일

14 다음 코드를 참고하여 〈보기〉 중 변수로 적절한 것을 모두 고르면?

```
int a = 10;
int *p = &a;
*p = 20;
```

〈보기〉
(가) a　　　　　　　　　(나) 10
(다) p　　　　　　　　　(라) *p
(마) &a

① (가), (나), (마)　　　　　② (가), (다), (라)
③ (나), (다), (라)　　　　　④ (다), (라), (마)

15 다음 중 Windows에서 [표준 사용자 계정]의 사용자가 할 수 있는 작업으로 적절하지 않은 것은?

① 사용자 자신의 암호를 변경할 수 있다.
② 마우스 포인터의 모양을 변경할 수 있다.
③ 관리자가 설정해 놓은 프린터를 프린터 목록에서 제거할 수 있다.
④ 사용자의 사진으로 자신만의 바탕 화면을 설정할 수 있다.

16 다음의 워크시트를 참고할 때, 수식 「＝INDEX(A3:E9,MATCH(SMALL(B3:B9,2),B3:B9,0),5)」의 결괏값은?

	A	B	C	D	E
1					(단위 : 개, 원)
2	상품명	판매수량	단가	판매금액	원산지
3	참외	5	2,000	10,000	대구
4	바나나	12	1,000	12,000	서울
5	감	10	1,500	15,000	부산
6	포도	7	3,000	21,000	대전
7	사과	20	800	16,000	광주
8	오렌지	9	1,200	10,800	전주
9	수박	8	10,000	80,000	춘천

① 21,000

③ 15,000

② 대전

④ 광주

17 B사 인사팀에 근무하는 L주임은 다음과 같이 상반기 공채 지원자들의 PT면접 점수를 입력한 후 면접 결과를 정리하고자 한다. 이를 위해 [F3] 셀에 〈보기〉와 같은 함수를 입력하고, 채우기 핸들을 이용하여 [F6] 셀까지 드래그했을 때, [F3] ~ [F6] 셀에 나타나는 결괏값으로 적절한 것은?

	A	B	C	D	E	F
1						(단위 : 점)
2	이름	발표내용	발표시간	억양	자료준비	결과
3	조재영	85	92	75	80	
4	박슬기	93	83	82	90	
5	김현진	92	95	86	91	
6	최승호	95	93	92	90	

─────〈보기〉─────
＝IF(AVERAGE(B3:E3)＞＝90, "합격", "불합격")

	[F3]	[F4]	[F5]	[F6]
①	불합격	불합격	합격	합격
②	합격	합격	불합격	불합격
③	합격	불합격	합격	불합격
④	불합격	합격	불합격	합격

임산부에게는 대중교통을 이용하는 것보다 승용차를 이용하는 것이 편리하고 안전한데요. 과연 임산부가 운전을 직접 하는 것은 안전할까요? 각별한 주의를 한다면 임산부의 운전은 출산 예정일 한두 달 전까지는 큰 문제가 없다고 합니다. 신체적으로 불편하고, 심적으로도 부담감이 큰 임산부를 위한 운전 시 주의사항을 알려드립니다.

'뱃속에 아기가 안전벨트의 압박 때문에 불편해하지는 않을까?'라는 생각을 하고 안전벨트를 착용하지 않는 것은 굉장히 위험한 생각입니다. 임신 중에도 의외로 편안하고 안정적으로 안전벨트를 착용할 수 있습니다. 어깨로 내려오는 벨트는 어깨를 지나 불룩해진 배를 피해 왼쪽으로 위치하게 매고, 아랫배를 가로지르는 벨트는 나온 배의 가장 아래쪽 부분인 허벅지 위쪽으로 착용하면 됩니다. 임산부의 몸속에 있는 뼈와 근육, 조직, 양수 등이 태아에게 쿠션 역할을 하기 때문에 차량 승차 시 태아를 보호하는 가장 좋은 방법은 산모를 보호하는 것입니다. 즉, 임산부가 안전벨트를 매 자신을 보호해야 한다는 것입니다.

임신 32주가 넘으면 부른 배로 인해 핸들의 조작이 어려워지며, 무거워진 몸으로 인해 운전석에 앉는 것조차 힘들 수 있습니다. 따라서 가급적 임신 8개월 이상이 된 산모는 운전을 삼가는 것이 안전합니다.

익숙하지 않은 길을 갈 때는 긴장감이 높아져 스트레스를 많이 느끼게 되는데요. 이러한 임산부의 불안감은 태아에게 그대로 전해져 좋지 않은 영향을 주게 됩니다. 따라서 초행길 운전을 해야 한다면 동행자에게 운전을 맡기는 것이 스트레스와 긴장감을 덜 수 있습니다. 간혹 뒤에서 경적을 울리며 재촉하는 차량에게도 임산부임을 표시한다면 배려를 기대할 수 있습니다.

임신 중에는 임신호르몬의 영향으로 인해 쉽게 피로감을 느끼고, 반사 신경도 둔해져 갑작스러운 상황에 대한 대처 능력도 크게 떨어집니다. 따라서 입덧이 심하거나 수면이 부족한 상태와 같이 컨디션이 좋지 않다고 판단되는 날에 운전을 하는 것은 위험합니다. 운전을 할 경우에는 최대 2시간을 넘기지 않는 것이 좋습니다. 차량 내부는 환기가 잘 되지 않아 어지럼증이 생길 수도 있으며, 오랜 시간 같은 자세를 유지하다보면 배가 당기거나 허리 통증이 발생할 수도 있습니다. 따라서 최대 운전시간은 2시간을 넘기지 말고, 운전 후에는 반드시 충분한 휴식을 취해 주는 것이 좋습니다.

이상으로 임산부의 운전 시 주의해야 할 사항들을 알아보았는데요. 임산부와 동행하는 운전자라면 조수석보다는 뒷좌석에게 넓게 앉기, 넓은 공간에 주차하기와 같은 행동으로 산모를 배려해 주시면 좋을 것 같습니다.

18 임산부 운전에 대한 유의사항을 간단하게 요약하여 글의 서두에 부각시키고자 할 때, C씨가 요약한 내용으로 적절하지 않은 것은?

① 안전벨트는 반드시 착용   ② 최대 40주까지 운전 가능
③ 긴장감과 스트레스 최소화   ④ 최대 2시간 운전, 충분한 휴식

19 윗글을 이해한 내용으로 적절하지 않은 것은?

① 임신 중에 안전벨트를 매면 불편할 줄 알았는데, 배를 피해서 매면 괜찮을 것 같아.
② 초행길을 운전하게 될 때는 남편에게 운전을 부탁하는 것이 좋겠어.
③ 임산부 차량 스티커를 받아 차 뒤에 붙여놓으면 배려를 받을 수 있겠다.
④ 외부 공기가 나쁠 경우 어지럼증이 생길 수도 있으니, 창문을 닫고 운전하는 것이 좋겠어.

20 다음 글의 요지로 가장 적절한 것은?

대부분의 동물에게 후각은 생존에 필수적인 본능으로 진화되었다. 수컷 나비는 몇 km 떨어진 곳에 있는 암컷 나비의 냄새를 맡을 수 있고, 돼지는 15cm 깊이의 땅 속에 숨어있는 송로버섯의 냄새를 맡을 수 있다. 그중 에서도 가장 예민한 후각을 가진 동물은 개나 다람쥐처럼 냄새분자가 가라앉은 땅에 코를 바짝 댄 채 기어 다니는 짐승이다. 때문에 지구상의 거의 모든 포유류의 공통점은 '후각'의 발달이라고 할 수 있다.

여기서 주목할 만한 점은 만물의 영장이라 하는 인간이 후각 기능만큼은 대부분의 포유류보다 한참 뒤떨어진 수준이라는 사실이다. 개는 2억 2,000만 개의 후각세포를 갖고 있고, 토끼는 1억 개를 갖고 있는 반면, 인간 은 500만 개의 후각세포를 갖고 있을 뿐이며, 그마저도 실제로 기능하는 것은 평균 375개 정도라고 알려져 있다.

이처럼 인간의 진화과정에서 유독 후각이 퇴화한 이유는 무엇일까? 새는 지면에서 멀리 떨어진 곳에 활동 영역이 있기 때문에 맡을 수 있는 냄새가 제한적이다. 자연스레 그들은 후각기관을 퇴화시키는 대신 시각기 관을 발달시켰다. 인간 역시 직립보행 이후에는 냄새를 맡고 구별하는 능력보다는 시야의 확보가 생존에 더 중요해졌고, 점차 시각정보에 의존하기 시작하면서 후각은 자연스레 퇴화한 것이다.

따라서 인간의 후각정보를 관장하는 후각 중추는 이처럼 대폭 축소된 후각 기능을 반영이라도 하듯 아주 작 다. 뇌 전체의 0.1% 정도에 지나지 않는 후각 중추는 감정을 관장하는 변연계의 일부이고, 언어 중추가 있는 대뇌지역과는 직접적인 연결이 없다. 따라서 후각은 시각이나 청각을 통해 감지한 요소에 비해 언어로 분석 해서 묘사하기가 어려우며, 감정이 논리적 사고와 같이 정밀하고 체계적이지 못한 것처럼, 후각도 체계적이 지 않다. 인간이 후각을 언어로 표현하는 것은 시각을 언어로 표현하는 것보다 세밀하지 못하며, 동일한 냄새 에 대한 인지도 현저히 떨어진다는 사실은 이미 다양한 연구를 통해 증명되었다.

그러나 후각과 뇌변연계의 연결고리는 여전히 제법 강력하다. 냄새는 감정과 욕망을 넌지시 암시하고 불러일 으킨다. 또한 냄새는 일단 우리의 뇌 속에 각인되면 상당히 오랫동안 지속되고, 이와 관련된 기억들을 상기시 킨다. 언어로 된 기억은 기록의 힘을 빌리지 않고는 오래 남겨 두기 어렵지만, 냄새로 이루어진 기억은 작은 단서만 있으면 언제든 다시 꺼낼 수 있다. 뿐만 아니라 후각은 청각이나 시각과 달리, 차단할 수 없는 유일한 감각이기도 하다. 하루에 2만 번씩 숨을 쉴 때마다 후각은 계속해서 작동하고 있고, 지금도 우리에게 영향을 끼치고 있다.

① 후각은 다른 모든 감각을 지배하는 상위 기능을 담당한다.
② 인간은 선천적인 뇌구조로 인해 후각이 발달하지 못했다.
③ 모든 동물은 정밀한 감각을 두 가지 이상 갖기 어렵다.
④ 인간은 진화하면서 필요에 따라 후각을 부수적인 기능으로 남겨 두었다.

21 다음은 우리나라의 연도별 적설량에 대한 자료이다. 이를 그래프로 바르게 표현한 것은?

〈우리나라 연도별 적설량〉

(단위 : cm)

구분	2019년	2020년	2021년	2022년
서울	25.3	12.9	10.3	28.6
수원	12.2	21.4	12.5	26.8
강릉	280.2	25.9	94.7	55.3

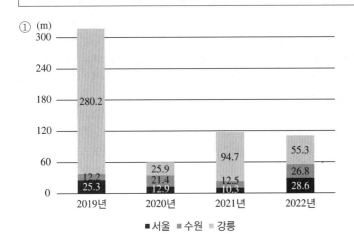

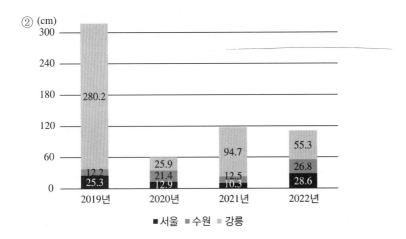

③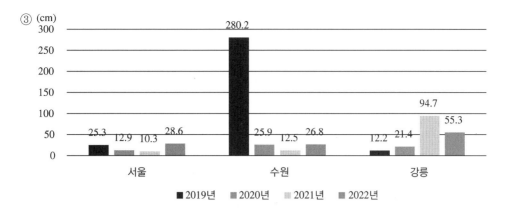

④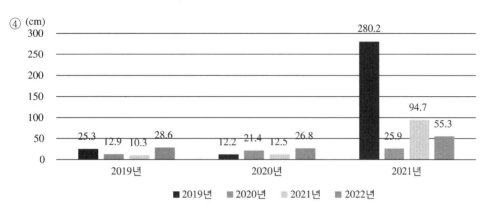

22 다음은 상업용 무인기의 국내 시장 판매량 및 수출입량과 매출액에 대한 자료이다. 〈보기〉 중 적절한 것을 모두 고르면?

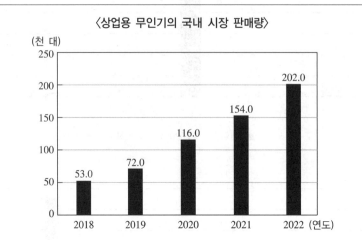

〈상업용 무인기의 국내 시장 판매량〉

(천 대)

- 2018: 53.0
- 2019: 72.0
- 2020: 116.0
- 2021: 154.0
- 2022: 202.0

〈상업용 무인기 수출입량〉

(단위 : 천 대)

구분	2018년	2019년	2020년	2021년	2022년
수출량	1.2	2.5	18.0	67.0	240.0
수입량	1.1	2.0	3.5	4.2	5.0

※ 수출량은 국내 시장 판매량에 포함되지 않는다.
※ 수입량은 당해 연도 국내 시장에서 모두 판매된다.

〈B사의 상업용 무인기 매출액〉

(단위 : 백만 달러)

구분	2018년	2019년	2020년	2021년	2022년
매출액	4.3	43.0	304.4	1,203.1	4,348.4

〈보기〉

ㄱ. 2022년 상업용 무인기의 국내 시장 판매량 대비 수입량의 비율은 3.0% 이하이다.
ㄴ. 2019 ~ 2022년 동안 상업용 무인기 국내 시장 판매량의 전년 대비 증가율이 가장 큰 해는 2020년이다.
ㄷ. 2019 ~ 2022년 동안 상업용 무인기 수입량의 전년 대비 증가율이 가장 작은 해에는 상업용 무인기 수출량의 전년 대비 증가율이 가장 크다.
ㄹ. 2020년 상업용 무인기 수출량의 전년 대비 증가율과 2020년 B사의 상업용 무인기 매출액의 전년 대비 증가율의 차이는 30% 이하이다.

① ㄱ, ㄴ
② ㄷ, ㄹ
③ ㄱ, ㄴ, ㄷ
④ ㄱ, ㄴ, ㄹ

23 B사는 신제품의 품번을 다음과 같은 규칙에 따라 정한다고 한다. 이때 제품에 설정된 임의의 영단어가 'intellectual'이라면, 이 제품의 품번으로 가장 적절한 것은?

〈규칙〉

1단계 : 알파벳 a ~ z를 숫자 1, 2, 3, …으로 변환하여 계산한다.
2단계 : 제품에 설정된 임의의 영단어를 숫자로 변환한 값의 합을 구한다.
3단계 : 임의의 영단어 속 자음의 합에서 모음의 합을 뺀 값의 절댓값을 구한다.
4단계 : 2단계와 3단계의 값을 더한 다음 4로 나누어 2단계의 값에 더한다.
5단계 : 4단계의 값이 정수가 아닐 경우, 소수점 첫째 자리에서 버림한다.

① 120 　　　　　　　　　　　② 140
③ 160 　　　　　　　　　　　④ 180

24 다음 정렬 방법을 근거로 판단할 때, 정렬 대상에서 두 번째로 위치를 교환해야 하는 두 수로 적절한 것은?

〈정렬 방법〉

다음은 정렬되지 않은 여러 개의 서로 다른 수를 작은 것에서 큰 것 순서로 정렬하는 방법이다.
(1) 가로로 나열된 수 중 가장 오른쪽의 수를 피벗(Pivot)이라 하며, 나열된 수에서 제외시킨다.
　　예 나열된 수가 5, 3, 7, 1, 2, 6, 4라고 할 때, 4가 피벗이고 남은 수는 5, 3, 7, 1, 2, 6이다.
(2) 피벗보다 큰 수 중 가장 왼쪽의 수를 찾는다.
　　예 5, 3, 7, 1, 2, 6에서는 5이다.
(3) 피벗보다 작은 수 중 가장 오른쪽의 수를 찾는다.
　　예 5, 3, 7, 1, 2, 6에서는 2이다.
(4) (2)와 (3)에서 찾은 두 수의 위치를 교환한다.
　　예 5와 2를 교환하여(첫 번째 위치 교환) 2, 3, 7, 1, 5, 6이 된다.
(5) 피벗보다 작은 모든 수가 피벗보다 큰 모든 수보다 왼쪽에 위치할 때까지 (2) ~ (4)의 과정을 반복한다.
　　예 2, 3, 7, 1, 5, 6에서 7은 피벗 4보다 큰 수 중 가장 왼쪽의 수이며, 1은 피벗 4보다 작은 수 중 가장 오른쪽의 수이다. 이 두 수를 교환하면(두 번째 위치 교환) 2, 3, 1, 7, 5, 6이 되어, 피벗 4보다 작은 모든 수는 피벗 4보다 큰 모든 수보다 왼쪽에 있다.

〈정렬 대상〉

15, 22, 13, 27, 12, 10, 25, 20

① 15와 10 　　　　　　　　　② 20과 13
③ 22와 10 　　　　　　　　　④ 27과 12

※ B공사의 M지사에서는 코로나 확산 방지를 위해 교대출근을 하기로 하였다. 다음 자료를 참고하여 이어지는 질문에 답하시오. **[25~26]**

〈교대출근 편성표 조건〉

• 각 팀당 최소 1명은 출근을 하여야 한다. 단, 회계팀은 최소 2명 출근하여야 한다.
• 주 2회 출근을 원칙으로 하되 부득이할 경우 주 3회 이상 출근은 가능하나 최소한의 일수만 출근하도록 한다. 단, 해외여행이나 대구, 인천을 다녀온 사람은 별다른 증상이 없을 시 다녀온 날(한국 도착일)부터 한 달 이후에 출근하도록 하며, 출근가능일이 속한 주의 출근가능일이 2회 이하일 경우 모두 출근하고 3회 이상일 경우에는 위 규정과 동일하게 적용한다.
  예 2월 8일 다녀온 사람은 3월 9일부터 출근 가능
• 코로나 확산 방지를 위해 수요일은 휴일로 정한다.

〈B공사 직원 명단 및 기타사항〉

• 회계팀
 − 김하나 : 7월 21일 ~ 7월 25일 여름 휴가로 일본여행을 다녀옴
 − 이솔비 : 7월 24일 인천 출장을 다녀옴
 − 정지수 : 계약직 대체인력으로 매주 목요일은 출근하지 않음
 − 최수지 : 7월 22일 이솔비와 출장을 동행함, 매주 금요일 본사교육으로 근무 불가
 − 김예나 : 8월 24일 강원 출장 예정
 − 강여울 : 팀장으로 매주 월요일과 금요일은 회의 및 출장으로 근무 불가
• 경영팀
 − 최바울 : 김하나 남편으로 같이 여름 휴가를 다녀옴
 − 이하율 : 계약직 대체인력으로 매주 화요일은 출근하지 않음
 − 김선율 : 팀장으로 매주 월요일과 금요일은 회의 및 출장으로 근무 불가
 − 정하람 : 지인 결혼식으로 7월 22일 대구를 다녀옴
• 인사팀
 − 강지은 : 특이사항 없음
 − 김하영 : 팀장으로 매주 월요일과 금요일은 회의 및 출장으로 근무 불가

25 다음 중 8월 23일 화요일 출근할 수 있는 직원을 바르게 나열한 것은?

① 김하나, 정지수 　　　　② 이솔비, 김예나
③ 강여울, 이하율 　　　　④ 김선율, 김하영

26 교대출근 편성표 조건 중 일부를 다음과 같이 변경하기로 하였다면 매주 금요일에 반드시 출근해야 하는 직원이 아닌 사람은?

〈교대출근 편성표 조건 중 일부 변경 내용〉

코로나 확산 방지를 위해 수요일 업무는 중단하나, 금요일에 있는 본사교육 및 회의·출장을 수요일로 일괄 변경한다. 이와 관련된 당사자는 수요일에 출근하여 본사교육 및 회의·출장 업무를 하도록 하고, 금요일에 출근하여 본사교육 및 회의·출장 관련 내용을 해당 팀 직원에게 전달하도록 한다.

① 최수지   ② 강여울
③ 김선율   ④ 정하람

27 B공사는 적합한 인재를 채용하기 위하여 NCS 기반 능력중심 공개채용을 시행하였다. 1차 서류전형, 2차 직업기초능력평가, 3차 직무수행능력평가, 4차 면접전형을 모두 마친 면접자들의 평가점수를 최종 합격자 선발기준에 따라 판단하여 다섯 명의 지원자 A ~ E 중 상위자 2명을 최종 합격자로 선정하고자 한다. 다음 중 최종 합격자로 바르게 짝지어진 것은?

〈최종 합격자 선발기준〉

평가요소	의사소통	문제해결	조직이해	대인관계	합계
평가비중	40%	30%	20%	10%	100%

〈면접평가 결과〉

구분	A	B	C	D	E
의사소통능력	A^+	A^+	A^+	B^+	C
문제해결능력	B^+	B+5	A^+	B+5	A+5
조직이해능력	A+5	A	C^+	A^+	A
대인관계능력	C	A^+	B^+	C^+	B^++5

※ 등급별 변환 점수 : A^+=100, A=90, B^+=80, B=70, C^+=60, C=50
※ 면접관의 권한으로 등급별 점수에 +5점을 가점할 수 있다.

① A, B   ② B, C
③ C, D   ④ D, E

28 다음 중 엑셀의 차트와 스파크라인의 공통점으로 적절하지 않은 것은?

① 작성 시 반드시 원본 데이터가 있어야 한다.

② 데이터의 추이를 시각적으로 표현한 것이다.

③ 데이터 레이블을 입력할 수 있다.

④ 원본 데이터를 변경하면 내용도 자동으로 함께 변경된다.

29 다음 중 스프레드 시트의 [창] – [틀 고정]에 대한 설명으로 적절하지 않은 것은?

① 셀 포인터의 이동에 상관없이 항상 제목 행이나 제목 열을 표시하고자 할 때 설정한다.

② 제목 행으로 설정된 행은 셀 포인터를 화면의 아래쪽으로 이동시켜도 항상 화면에 표시된다.

③ 제목 열로 설정된 열은 셀 포인터를 화면의 오른쪽으로 이동시켜도 항상 화면에 표시된다.

④ 틀 고정을 취소할 때는 반드시 셀 포인터를 틀 고정된 우측 하단에 위치시키고 [창] – [틀 고정 취소]를 클릭해야 한다.

30 B기업은 출근 시스템 단말기에 직원들이 카드로 출근 체크를 하면 엑셀 워크시트에 실제 출근시간(B4:B10) 데이터가 자동으로 전송되어 입력된다. 총무부에서 근무하는 귀하는 데이터에 따라 직원들의 근태상황을 체크하려고 할 때, [C8] 셀에 입력할 함수는?(단, 9시까지는 출근으로 인정한다)

〈출근시간 워크시트〉

	A	B	C	D
1			날짜	2023.01.11
2		〈직원별 출근 현황〉		
3	이름	체크시간	근태상황	비고
4	이청용	7:55		
5	이하이	8:15		
6	구자철	8:38		
7	박지민	8:59		
8	손흥민	9:00		
9	박지성	9:01		
10	홍정호	9:07		

① =IF(B8>=TIME(9,1,0),"지각","출근")

② =IF(B8>=TIME(9,1,0),"출근","지각")

③ =IF(HOUR(B8)>=9,"지각","출근")

④ =IF(HOUR(B8)>9,"출근","지각")

31 다음 글의 (가) ~ (다)에 들어갈 내용을 〈보기〉에서 골라 바르게 나열한 것은?

언젠가부터 우리 바다 속에 해파리나 불가사리와 같이 특정한 종들만이 크게 번창하고 있다는 우려의 말이 들린다. 한마디로 다양성이 크게 줄었다는 이야기이다. 척박한 환경에서는 몇몇 특별한 종들만이 득세한다는 점에서 자연 생태계와 우리 사회는 닮은 것 같다. 어떤 특정 집단이나 개인들에게 앞으로 어려워질 경제 상황은 새로운 기회가 될지도 모른다.
_____(가)_____ 자원과 에너지 측면에서 보더라도 이들 몇몇 집단들만 존재하는 세계에서는 이들이 쓰다 남은 물자와 이용하지 못한 에너지는 고스란히 버려질 수밖에 없고 따라서 효율성이 극히 낮기 때문이다.
다양성 확보는 사회 집단의 생존과도 무관하지 않다. 조류 독감이 발생할 때마다 해당 양계장은 물론 그 주변 양계장의 닭까지 모조리 폐사시켜야 하는 참혹한 현실을 본다. 단 한 마리의 닭이 조류 독감에 걸려도 그렇게 많은 닭들을 죽여야 하는 이유는 인공적인 교배로 인해 이들 모두가 똑같은 유전자를 가졌기 때문이다.
_____(나)_____
이처럼 다양성의 확보는 자원의 효율적 사용과 사회 안정에 중요하지만 많은 비용이 들기도 한다. 예를 들어 출산 휴가를 주고, 노약자를 배려하고, 장애인에게 보조 공학 기기와 접근성을 제공하는 것을 비롯해 다문화 가정, 외국인 노동자를 위한 행정 제도 개선 등은 결코 공짜가 아니다. _____(다)_____

〈보기〉

㉠ 따라서 다양한 유전 형질을 확보하는 길만이 재앙의 확산을 막고 피해를 줄이는 길이다.
㉡ 하지만 이는 사회 전체로 볼 때 그다지 바람직한 현상이 아니다.
㉢ 그럼에도 불구하고 다양성 확보가 중요한 이유는 우리가 미처 깨닫고 있지 못하는 넓은 이해와 사랑에 대한 기회를 사회 구성원 모두에게 제공하기 때문이다.

	(가)	(나)	(다)
①	㉠	㉡	㉢
②	㉠	㉢	㉡
③	㉡	㉢	㉠
④	㉡	㉠	㉢

32 다음 글의 밑줄 친 ㉠ ~ ㉢의 수정 방안으로 적절하지 않은 것은?

동양의 산수화에는 자연의 다양한 모습을 대하는 화가의 개성 혹은 태도가 ㉠ 드러나 있는데, 이를 표현하는 기법 중의 하나가 준법이다. 준법(皴法)이란 점과 선의 특성을 활용하여 산, 바위, 토파(土坡) 등의 입체감, 양감, 질감, 명암 등을 나타내는 기법으로, 산수화 중 특히 수묵화에서 발달하였다.

수묵화는 선의 예술이다. 수묵화에서는 먹(墨)만을 사용하기 때문에 대상의 다양한 모습이나 질감을 ㉡ 표현하는데 한계가 있다. ㉢ 거친 선, 부드러운 선, 곧은 선, 꺾은 선 등 다양한 선을 활용하여 대상에 대한 느낌, 분위기를 표현한다. 이 과정에서 선들이 지닌 특성과 효과 등이 점차 유형화되어 발전된 것이 준법이다. 준법 가운데 보편적으로 쓰이는 것에는 피마준, 수직준, 절대준, 미점준 등이 있다. 일정한 방향과 간격으로 선을 여러 개 그어 산의 등선을 표현하여 부드럽고 차분한 느낌을 주는 것이 피마준이다. 반면 수직준은 선을 위에서 아래로 죽죽 내려 그어 강하고 힘찬 느낌을 주어 뾰족한 바위산을 표현할 때 주로 사용한다. 절대준은 수평으로 선을 긋다가 수직으로 꺾어 내리는 것을 반복하여 마치 'ㄱ'자 모양이 겹쳐진 듯 표현한 것이다. 이는 주로 모나고 거친 느낌을 주는 지층이나 바위산을 표현할 때 쓰인다. 미점준은 쌀알 같은 타원형의 작은 점을 연속적으로 ㉣ 찍혀 주로 비 온 뒤의 습한 느낌이나 수풀을 표현할 때 사용한다.

준법은 화가가 자연에 대해 인식하고 표현하는 수단이다. 화가는 준법을 통해 단순히 대상의 외양뿐만 아니라 대상에 대한 자신의 느낌, 인식의 깊이까지 화폭에 그려내는 것이다.

① ㉠ : 문맥의 흐름을 고려하여 '들어나'로 고친다.
② ㉡ : 띄어쓰기가 올바르지 않으므로 '표현하는 데'로 고친다.
③ ㉢ : 문장을 자연스럽게 연결하기 위해 문장 앞에 '그래서'를 추가한다.
④ ㉣ : 목적어와 서술어의 호응 관계를 고려하여 '찍어'로 고친다.

33 다음 글의 빈칸에 들어갈 말로 가장 적절한 것은?

죄가 언론 보도의 주요 소재가 되고 있다. 그 이유는 언론이 범죄를 취재감으로 찾아내기가 쉽고 편의에 따라 기사화할 수 있을 뿐만 아니라, 범죄 보도를 통하여 시청자의 관심을 끌 수 있기 때문이다. 이러한 보도는 범죄에 대한 국민의 알 권리를 충족시키는 공적 기능을 수행하기 때문에 사회적으로 용인되는 경향이 있다. 그러나 지나친 범죄 보도는 범죄자나 범죄 피의자의 초상권을 침해하여 법적·윤리적 문제를 일으키기도 한다.

일반적으로 초상권은 얼굴 및 기타 사회 통념상 특정인임을 식별할 수 있는 신체적 특징을 타인이 함부로 촬영하여 공표할 수 없다는 인격권과 이를 광고 등에 영리적으로 이용할 수 없다는 재산권을 포괄한다. 언론에 의한 초상권 침해의 유형으로는 본인의 동의를 구하지 않은 무단 촬영·보도, 승낙의 범위를 벗어난 촬영·보도, 몰래 카메라를 동원한 촬영·보도 등을 들 수 있다.

법원의 판결로 이어진 대표적인 사례로는 교내에서 불법으로 개인 지도를 하던 대학 교수를 현행범으로 체포하려는 현장을 방송 기자가 경찰과 동행하여 취재하던 중 초상권을 침해한 경우를 들 수 있다. 법원은 '원고의 동의를 구하지 않고, 연습실을 무단으로 출입하여 취재한 것은 원고의 사생활과 초상권을 침해하는 행위'라고 판시했다. 더불어 취재의 자유를 포함하는 언론의 자유는 다른 법익을 침해하지 않는 범위 내에서 인정되며, 비록 취재 당시 원고가 현행범으로 체포되는 상황이라 하더라도, 원고의 연습실과 같은 사적인 장소는 수사 관계자의 동의 없이는 출입이 금지되고, 이를 무시한 취재는 원칙적으로 불법이라고 판결했다.

이 사례는 법원이 언론의 자유와 초상권 침해의 갈등을 어떤 기준으로 판단하는지 보여주고 있다. 또한, 이 판결은 사적 공간에서의 취재 활동이 어디까지 허용되는가에 대한 법적 근거를 제시하고 있다. 언론 보도에 노출된 범죄 피의자는 경제적·직업적·가정적 불이익을 당할 뿐만 아니라, 인격이 심하게 훼손되거나 심지어는 생명을 버리기까지도 한다. 따라서 사회적 공기(公器)인 언론은 개인의 초상권을 존중하고 언론 윤리에 부합하는 범죄 보도가 될 수 있도록 신중을 기해야 한다. 범죄 보도가 초래하는 법적·윤리적 논란은 언론계 전체의 신뢰도에 치명적인 손상을 가져올 수도 있다. 이는 범죄가 언론에는 매혹적인 보도 소재이지만, 자칫 _____이 될 수도 있음을 의미한다.

① 시금석   ② 부메랑
③ 아킬레스건   ④ 악어의 눈물

※ 다음은 연도별 농업 및 축산업 생산액을 나타낸 자료이다. 이어지는 질문에 답하시오. [34~35]

〈연도별 농·축산업별 생산액〉

(단위 : 억 원)

구분	재배업				과실	축산
	식량작물		채소	기타		
	쌀	기타				
1982년	21,793	6,724	14,414	5,704	2,472	12,273
1992년	65,380	8,614	33,232	17,452	13,087	39,214
2002년	105,046	9,310	67,385	31,309	25,805	80,824
2012년	67,874	17,414	113,231	43,054	40,953	174,714
2022년	84,012	23,301	115,289	35,520	45,084	197,307

34 다음 중 쌀 생산액이 두 번째로 낮은 연도의 과실과 축산 생산액의 합은 얼마인가?

① 56,606억 원
② 55,258억 원
③ 53,217억 원
④ 52,301억 원

35 2022년 재배업 생산액 대비 채소 생산액 비율은 얼마인가?(단, 비율은 소수점 둘째 자리에서 반올림한다)

① 38.7%
② 44.7%
③ 48.7%
④ 52.7%

36 직원 수가 100명인 회사에서 치킨을 주문하려고 한다. 1마리를 2명이 나눠 먹는다고 할 때, 최소 비용으로 치킨을 먹을 수 있는 방법은?

구분	정가	할인	
		방문 포장 시	단체 주문 시(50마리 이상)
A치킨	15,000원/마리	35%	5%
B치킨	16,000원/마리	20%	3%

※ 방문 포장 시 유류비와 이동할 때의 번거로움 등을 계산하면 A치킨은 50,000원, B치킨은 15,000원의 비용이 든다.
※ 중복 할인이 가능하며, 중복 할인 시 할인율을 더한 값으로 계산한다.

① A치킨에서 방문 포장하고 단체 주문 옵션을 선택한다.
② B치킨에서 방문 포장하고 단체 주문 옵션을 선택한다.
③ A치킨에서 배달을 시킨다.
④ A치킨과 B치킨에서 반씩 방문 포장하고 단체 주문 옵션을 선택한다.

37 6명의 학생이 아침, 점심, 저녁을 먹는데, 메뉴는 김치찌개와 된장찌개뿐이다. 다음 〈조건〉이 모두 참일 때, 적절하지 않은 것은?

———— 〈조건〉 ————
• 아침과 저녁은 다른 메뉴를 먹는다.
• 점심과 저녁에 같은 메뉴를 먹은 사람은 4명이다.
• 아침에 된장찌개를 먹은 사람은 3명이다.
• 하루에 된장찌개를 한 번만 먹은 사람은 3명이다.

① 아침에 된장찌개를 먹은 사람은 모두 저녁에 김치찌개를 먹었다.
② 된장찌개는 총 9그릇이 필요하다.
③ 저녁에 된장찌개를 먹은 사람들은 모두 아침에 김치찌개를 먹었다.
④ 김치찌개는 총 10그릇이 필요하다.

38 다음은 직장문화에서 갑질 발생 가능성 정도를 점검하는 설문지이다. B부서의 직원 10명이 다음과 같이 체크를 했다면, 가중치를 적용한 점수의 평균은 몇 점인가?

〈B부서 설문지 결과표〉

(단위 : 명)

점검 내용	전혀 아니다 (1점)	아니다 (2점)	보통이다 (3점)	그렇다 (4점)	매우 그렇다 (5점)
1. 상명하복의 서열적인 구조로 권위주의 문화가 강하다.	–	3	7	–	–
2. 관리자(상급기관)가 직원(하급기관)들의 말을 경청하지 않고 자신의 의견만 주장하는 경우가 많다.	–	2	5	2	1
3. 관리자(상급기관)가 직원(하급기관)에게 지휘감독이라는 명목 하에 부당한 업무지시를 하는 사례가 자주 있다.	7	3	–	–	–
4. 업무처리 과정이나 결과가 투명하게 공개되지 않는다.	–	1	1	6	2
5. 기관의 부당한 행위에 대해 직원들이 눈치 보지 않고 이의제기를 할 수 없다.	6	3	1	–	–
6. 사회적으로 문제가 될 수 있는 부당한 행위가 기관의 이익 차원에서 합리화 및 정당화되는 경향이 있다. (예 협력업체에 비용전가 등)	8	2	–	–	–
7. 갑질 관련 내부신고 제도 등이 존재하더라도 신고하면 불이익을 당할 수 있다는 의식이 강하다.	–	–	–	8	2
8. 우리 기관은 민간업체에 대한 관리·감독, 인허가·규제 업무를 주로 수행한다.	–	–	5	2	3
9. 우리기관이 수행하는 업무는 타 기관에 비해 업무적 독점성이 강한 편이다.	–	2	6	1	1
10. 우리 기관에 소속된 공직유관단체(투자·출연기관 등)의 수는 타 기관에 비해 많다.	–	2	7	–	1

※ 갑질 가능성 정도는 점수와 비례한다.

〈질문 선택지별 가중치〉

전혀 아니다	아니다	보통이다	그렇다	매우 그렇다
0.2	0.4	0.6	0.8	1.0

① 25.7점
② 23.9점
③ 21.6점
④ 18.7점

39 B사 직원(과장 1명, 대리 2명, 사원 2명) 5명이 10월 중에 연차를 쓰려고 한다. 다음 〈조건〉을 참고할 때, 적절하지 않은 말을 한 직원을 모두 고르면?

〈조건〉

- 연차는 하루이다.
- 10월 1일은 월요일이며, 3일과 9일은 공휴일이다.
- 대리는 교육을 신청한 주에 연차를 신청할 수 없다.
- 같은 주에 3명 이상 교육 및 연차를 신청하면 안 된다.
- 워크숍은 5주 차 월 ~ 화이다.
- 연차는 연이어 쓸 수 없다.
- 대리급 교육은 매주 이틀 동안 목 ~ 금에 있으며, 교육은 한 번만 받으면 된다.
- 연차와 교육 신청 순서는 대화 내용에서 말한 차례대로 적용한다.

A과장 : 난 9일에 시골 내려가야 해서 10일에 쓰려고 하네. 나머지 사람들은 그날 제외하고 서로 조율해서 신청하면 좋겠네.
A대리 : 저는 10월에 교육받으러 18 ~ 19일에 갈 예정입니다. 그리고 그다음 주 수요일 날 연차 쓰겠습니다. 그럼 제가 교육받는 주에 다른 사람 2명이 신청 가능할 것 같은데요.
A사원 : 그럼 제가 15일에 쓰겠습니다.
B대리 : 저는 연이어서 16일에 신청할 수 없으니까 17일에 쓰고, 교육은 11 ~ 12일에 받겠습니다.
B사원 : 저만 정하면 끝나네요. 저는 2일로 하겠습니다.

① A과장, A대리
② A대리, B대리
③ B대리, A사원
④ A사원, B사원

40 다음 글을 읽고 이를 비판하기 위한 근거로 적절하지 않은 것은?

태어날 때부터 텔레비전을 좋아하거나 싫어하는 아이는 없다. 다만, 좋아하도록 습관이 들 뿐이다. 이 사실은 부모가 텔레비전을 시청하는 태도나 시청하는 시간을 잘 선도하면 바람직한 방향으로 습관이 형성될 수도 있다는 점을 시사해 준다. 텔레비전을 많이 보는 아이들보다 적게 보는 아이들이 행실도 바르고, 지능도 높으며, 학업 성적도 좋다는 사실을 밝혀 낸 연구 결과도 있다. 부모의 시청 시간과 아이들의 시청 행위 사이에도 깊은 관계가 있다. 일반적으로 텔레비전을 장시간 시청하는 가족일수록 가족 간의 대화나 가족끼리 하는 공동 행위가 적다. 결과적으로 텔레비전과 거리가 멀수록 좋은 가정이 된다는 말이다.

① 가족끼리 저녁 시간에 같은 텔레비전 프로그램을 보면서 대화하는 경우도 많다.
② 텔레비전 프로그램에는 교육적인 요소도 많이 있고 학습을 위한 전문방송도 있다.
③ 여가 시간에 텔레비전을 시청하는 것은 개인의 휴식에 도움이 된다.
④ 가족 내에서도 개인주의가 만연하는 시대에 드라마 시청 시간만이라도 가족들이 모이는 시간을 가질 수 있다.

41 다음 중 (가) ~ (라)의 주제로 적절하지 않은 것은?

> (가) 우리는 최근 '사회가 많이 깨끗해졌다.'라는 말을 많이 듣는다. 실제 우리의 일상생활은 정말 많이 깨끗해졌다. 과거에 비하면 일상생활에서 뇌물이 오가는 경우가 거의 없어진 것이다. 그런데 왜 부패인식지수가 나아지기는커녕 도리어 나빠지고 있을까? 일상생활과 부패인식지수가 전혀 다른 모습을 보이는 이유는 어디에 있을까?
>
> (나) 부패인식지수가 산출되는 과정에서 그 물음의 답을 찾을 수 있다. 부패인식지수는 국제투명성기구에서 매년 조사하여 발표하고 있는 세계적으로 가장 권위 있는 부패 지표로, 지수는 국제적인 조사 및 평가를 실시하고 있는 여러 기관의 조사 결과를 바탕으로 산출된다. 각 기관의 조사 항목과 조사 대상은 서로 다르지만, 주요 항목은 공무원의 직권 남용 억제 기능, 공무원의 공적 권력의 사적 이용, 공공서비스와 관련한 뇌물 등으로 공무원의 뇌물과 부패에 초점이 맞추어져 있다.
>
> (다) 부패인식지수를 이해하는 데 주목하여야 할 또 하나의 중요한 점은 부패인식지수 계산에 사용된 각 지수의 조사 대상이다. 조사에 따라 약간의 차이가 있기는 하지만, 조사는 주로 해당 국가나 해당 국가와 거래하고 있는 고위 기업인과 전문가들을 대상으로 이루어진다. 일반 시민이 아닌 기업 활동에서 공직자들과 깊숙한 관계를 맺고 있어 공직자들의 행태를 누구보다 잘 알고 있을 것으로 추정되는 사람들의 의견을 대상으로 하는 것이다. 결국 부패인식지수는 고위 기업경영인과 전문가들의 공직 사회의 뇌물과 부패에 대한 평가라 할 수 있다.
>
> (라) 그렇다면 부패인식지수를 개선하는 방법은 무엇일까? 그간 정부는 공무원행동강령, 청탁금지법, 부패방지기구 설치 등 많은 제도적인 노력을 기울여왔다. 이러한 정부의 노력에도 불구하고 정부 반부패정책은 대부분 효과가 없는 것으로 보인다. 정부 노력에 대한 일반 시민들의 시선도 차갑기만 하다. 결국 법과 제도적 장치는 우리 사회에 만연한 연줄 문화 앞에서 힘을 쓰지 못하고 있는 것으로 해석할 수 있다.

① (가) : 일상부패에 대한 인식과 부패인식지수의 상반되는 경향에 대한 의문
② (나) : 공공분야에 맞추어진 부패인식지수의 산출과정
③ (다) : 특정 계층으로 집중된 부패인식지수의 조사 대상
④ (라) : 부패인식지수의 효과적인 개선방안

42 다음 〈조건〉을 토대로 총무처의 직원 수를 구하면?

> ─────〈조건〉─────
> • 총무처의 직원은 기획부의 직원보다 많다.
> • 홍보실의 직원은 인사팀보다 많다.
> • 홍보실, 인사팀, 품질관리팀의 직원을 모두 합하면 기획부의 직원 수와 같다.
> • 총무처와 기획부 직원 수의 차이와 홍보실과 인사팀 직원 수의 차이는 각 5명이다.
> • 인사팀의 직원은 품질관리팀의 2배이다.
> • 인사팀의 직원은 12명이다.

① 34명
② 36명
③ 38명
④ 40명

43 다음은 병역자원 현황에 대한 자료이다. 총 지원자 수에 대한 2015년과 2016년의 평균과 2021년과 2022년의 평균의 차이를 구하면?

〈병역자원 현황〉

(단위 : 만 명)

구분	2015년	2016년	2017년	2018년	2019년	2020년	2021년	2022년
합계	826.9	806.9	783.9	819.2	830.8	826.2	796.3	813.0
징·소집대상	135.3	128.6	126.2	122.7	127.2	130.2	133.2	127.7
보충역 복무자 등	16.0	14.3	11.6	9.5	8.9	8.6	8.6	8.9
병력동원 대상	675.6	664	646.1	687	694.7	687.4	654.5	676.4

① 11.25만 명
② 11.75만 명
③ 12.25만 명
④ 12.75만 명

44 회계팀은 이번 주 토요일 워크숍을 가기로 하였다. 점심식사는 도시락을 주문해 가기로 하고 B사원이 도시락 주문을 담당하게 되었다. 총 7명의 팀원 중 대리는 개인사정으로 뒤늦게 참여해 점심을 먹고 온다고 하였고, 차장은 고향에 내려가 참여하지 못한다고 하였다. 식비가 총 30,000원이었다면, 주문한 도시락을 바르게 짝지은 것은?

〈MENU〉

A도시락	B도시락	C도시락	D도시락	E도시락
6,000원	6,800원	7,500원	7,000원	7,500원

※ 모든 가격은 세트 기준이며 단품은 위 가격에서 500원을 차감한다.

	인턴	사원	사원	과장	부장
①	A단품	A단품	A세트	B세트	D세트
②	A세트	A세트	B단품	B세트	C세트
③	A단품	A단품	A단품	A세트	E세트
④	A세트	D단품	B단품	C단품	C세트

45 다음은 여성 취업자 중 전문·관리직 종사자 구성비를 나타낸 자료이다. 이에 대한 설명으로 적절하지 않은 것은?

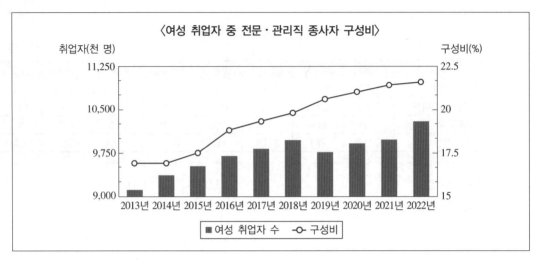

① 여성 취업자 중 전문·관리직 종사자의 구성비는 2014년 이후 꾸준히 증가했다.
② 여성 취업자 수는 전년 대비 2019년 잠시 감소했다가 2020년부터 다시 증가하기 시작했다.
③ 2021년의 여성 취업자 수 중 전문·관리직 종사자의 수는 약 1,800천 명 이상이다.
④ 2021년 여성 취업자 중 전문·관리직 종사자는 50% 이상이다.

46 찬열이의 가족(할아버지, 할머니, 아버지, 어머니, 누나)은 찬열이의 대상 수상을 기념해 중국집에서 외식을 하기로 했다. 가족들은 볶음밥, 울면, 우동, 잡채밥, 짜장면, 짬뽕을 각 한 그릇씩 주문하고, 1인당 한 가지 메뉴를 주문해야 한다. 이때, 찬열이가 주문한 음식과 찬열이의 왼쪽에 앉은 사람을 바르게 짝지은 것은? (단, 테이블은 원형이며, 음식을 나눠 먹으려면 자리가 이웃해야 한다)

──────⟨조건⟩──────
• 할머니는 찬열이 반대편에 앉고, 찬열이와 누나 사이에는 한 사람이 있다.
• 아버지는 할머니 왼쪽에 있다.
• 할아버지와 아버지만 밥류를 먹고, 아버지가 잡채밥을 먹으면 찬열이는 짜장면을 먹는다.
• 볶음밥의 반대편에는 잡채밥이 있고, 할머니 앞에는 국물이 없는 음식이 있다.
• 누나는 짬뽕을 먹고, 짬뽕 반대편에는 우동이 있다.
• 밥을 먹고 싶어하는 누나에게 할아버지가 밥을 나눠 준다.

	찬열이가 주문한 음식	찬열이의 왼쪽에 앉은 사람
①	짜장면	어머니
②	울면	어머니
③	짜장면	할아버지
④	울면	할아버지

47 인사팀의 8월 월간 일정표와 〈조건〉을 고려하여 인사팀의 1박 2일 워크숍 날짜를 결정하려고 한다. 다음 중 인사팀의 워크숍 날짜로 가장 적절한 것은?

〈8월 월간 일정표〉

월	화	수	목	금	토	일
	1	2 오전 10시 연간 채용계획 발표(A팀장)	3	4 오전 10시 주간업무보고 오후 7시 B대리 송별회	5	6
7	8 오후 5시 총무팀과 팀 연합회의	9	10	11 오전 10시 주간업무보고	12	13
14 오전 11시 승진대상자 목록 취합 및 보고(C차장)	15	16	17 A팀장 출장	18 오전 10시 주간업무보고	19	20
21 오후 1시 팀미팅(30분 소요 예정)	22	23 D사원 출장	24 외부인사 방문 일정	25 오전 10시 주간업무보고	26	27
28 E대리 휴가	29	30	31			

〈조건〉
- 워크숍은 평일로 한다.
- 워크숍에는 모든 팀원들이 빠짐없이 참석해야 한다.
- 워크숍 일정은 첫날 오후 3시 출발부터 다음날 오후 2시까지이다.
- 다른 팀과 함께 하는 업무가 있는 주에는 워크숍 일정을 잡지 않는다.
- 매월 말일에는 월간 업무 마무리를 위해 워크숍 일정을 잡지 않는다.

① 8월 9 ~ 10일
② 8월 18 ~ 19일
③ 8월 21 ~ 22일
④ 8월 28 ~ 29일

48 B공사의 K사원이 윈도 10의 바탕화면에서 마우스 오른쪽 버튼을 클릭하였더니 그림과 같은 설정 창이 나타났다. 다음 설정 창에서 볼 수 있는 기능이 아닌 것은?

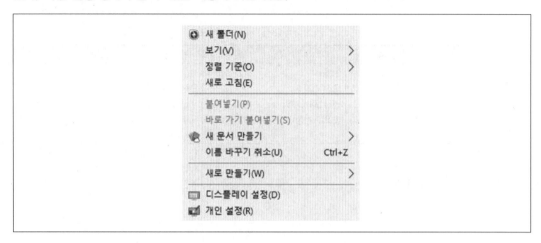

① 디스플레이 설정에 들어가서 야간 모드를 설정할 수 있다.
② 디스플레이 설정에 들어가서 잠금 화면을 설정할 수 있다.
③ 개인 설정에 들어가서 배경화면 색을 바꿀 수 있다.
④ 개인 설정에 들어가서 작업표시줄 기능을 바꿀 수 있다.

49 다음 빈칸에 들어갈 단어로 가장 적절한 것은?

_____는 센서 네트워크와 외부 네트워크(인터넷)를 연결하는 게이트웨이 역할을 하며, 센서 노드에게 임무를 부여하고, 센서 노드에서 감지된 모든 이벤트를 수집한다.

① 풀 노드(Full Node)   ② 싱크 노드(Sink Node)
③ 라이트 노드(Light Node)   ④ 마스터 노드(Master Node)

50 다음 중 디지털 컴퓨터와 아날로그 컴퓨터의 차이점으로 가장 적절한 것은?

① 디지털 컴퓨터는 전류, 전압, 온도 등 다양한 입력 값을 처리하며, 아날로그 컴퓨터는 숫자 데이터만을 처리한다.
② 디지털 컴퓨터는 증폭 회로로 구성되며, 아날로그 컴퓨터는 논리 회로로 구성된다.
③ 아날로그 컴퓨터는 미분이나 적분 연산을 주로 하며, 디지털 컴퓨터는 산술이나 논리 연산을 주로 한다.
④ 아날로그 컴퓨터는 범용으로 많이 사용되며, 디지털 컴퓨터는 특수 목적용으로 많이 사용된다.

제5회
부산교통공사 운영직

전공

〈문항 및 시험시간〉

평가영역	문항 수	시험시간	모바일 OMR 답안채점 / 성적분석 서비스
행정학 / 경영학 / 경제학 / 법학 / 회계학	각 50문항	50분	행정학　경영학 경제학　법학　회계학

제5회 모의고사

문항 수 : 각 50문항
응시시간 : 50분

| 01 | 행정학

01 다음 중 광역행정에 대한 설명으로 옳지 않은 것은?

① 광역행정의 방식 중 통합방식에는 합병, 일부사무조합, 도시공동체가 있다.
② 광역행정은 지방자치단체 간의 재정 및 행정서비스의 형평적 배분을 도모한다.
③ 광역행정은 규모의 경제를 실현할 수 있다.
④ 광역행정은 지방자치단체 간의 갈등해소와 조정의 기능을 수행한다.

02 다음 〈보기〉 중 현재 행정각부와 그 소속 행정기관으로 옳은 것을 모두 고르면?

─────〈보기〉─────
ㄱ. 산업통상자원부 - 관세청
ㄴ. 행정안전부 - 경찰청
ㄷ. 중소벤처기업부 - 특허청
ㄹ. 환경부 - 산림청
ㅁ. 기획재정부 - 조달청
ㅂ. 해양수산부 - 해양경찰청

① ㄱ, ㄴ, ㅁ
② ㄱ, ㄷ, ㄹ
③ ㄱ, ㄹ, ㅁ
④ ㄴ, ㅁ, ㅂ

03 다음 〈보기〉 중 킹던(John Kingdon)의 정책창 모형과 관련된 내용으로 옳은 것을 모두 고르면?

┌─────────────────〈보기〉─────────────────┐
│ ㄱ. 방법론적 개인주의   ㄴ. 쓰레기통 모형   │
│ ㄷ. 정치의 흐름   ㄹ. 점화장치   │
│ ㅁ. 표준운영절차   │
└───┘

① ㄱ, ㄴ, ㄷ   ② ㄱ, ㄴ, ㄹ
③ ㄱ, ㄹ, ㅁ   ④ ㄴ, ㄷ, ㄹ

04 다음 글의 빈칸 ㉠과 ㉡에 들어갈 말이 바르게 나열된 것은?

┌───┐
│ ____㉠____ 은(는) 지출이 직접 수입을 수반하는 경비로서 기획재정부장관이 지정하는 것을 의미하며 전통적 │
│ 예산원칙 중 ____㉡____ 의 예외에 해당한다.   │
└───┘

	㉠	㉡
①	수입금마련경비	통일성의 원칙
②	수입대체경비	통일성의 원칙
③	수입금마련지출	한정성의 원칙
④	수입대체경비	한정성의 원칙

05 다음 중 우리나라 행정조직에 대한 설명으로 옳지 않은 것은?

① 책임운영기관은 정부조직법에 의하여 설치되고 운영된다.

② 행정기관 소속 위원회의 설치·운영에 관한 법률 상 위원회 소속 위원 중 공무원이 아닌 위원의 임기는 대통령령으로 정하는 특별한 경우를 제외하고는 3년을 넘지 아니하도록 하여야 한다.

③ 특별지방행정기관으로는 서울지방국세청, 중부지방고용노동청이 있다.

④ 실, 국, 과는 부처 장관을 보조하는 기관으로 계선 기능을 담당하고, 참모 기능은 차관보, 심의관 또는 담당관 등의 조직에서 담당한다.

06 다음 〈보기〉 중 행정통제에 대한 설명으로 옳은 것을 모두 고르면?

〈보기〉
ㄱ. 행정통제는 통제시기의 적시성과 통제내용의 효율성이 고려되어야 한다.
ㄴ. 옴부즈만 제도는 공무원에 대한 국민의 책임 추궁의 창구 역할을 하며 입법·사법통제의 한계를 보완하는 제도이다.
ㄷ. 외부통제는 선거에 의한 통제와 이익집단에 의한 통제를 포함한다.
ㄹ. 입법통제는 합법성을 강조하므로 위법행정보다 부당행정이 많은 현대행정에서는 효율적인 통제가 어렵다.

① ㄱ, ㄴ
② ㄴ, ㄹ
③ ㄱ, ㄴ, ㄷ
④ ㄱ, ㄷ, ㄹ

07 다음 〈보기〉 중 국세이며 간접세인 것으로 옳은 것을 모두 고르면?

〈보기〉
ㄱ. 자동차세
ㄴ. 주세
ㄷ. 담배소비세
ㄹ. 부가가치세
ㅁ. 개별소비세
ㅂ. 종합부동산세

① ㄱ, ㄴ, ㄷ
② ㄱ, ㄹ, ㅂ
③ ㄴ, ㄷ, ㅁ
④ ㄴ, ㄹ, ㅁ

08 다음 글의 빈칸에 들어갈 말로 옳은 것은?

_____은 재정권을 독점한 정부에서 정치가나 관료들이 독점적 권력을 국민에게 남용하여 재정규모를 과도하게 팽창시키는 행위를 의미한다는 내용을 담고 있다.

① 로머와 로젠탈(Tomas Romer & Howard Rosenthal)의 회복수준 이론
② 파킨슨(Cyril N. Parkinson)의 법칙
③ 니스카넨(William Niskanen)의 예산극대화 가설
④ 리바이어던(Leviathan) 가설

09 다음 중 갈등의 조성전략에 대한 설명으로 옳지 않은 것은?

① 표면화된 공식적 및 비공식적 정보전달 통로를 의식적으로 변경시킨다.

② 갈등을 일으킨 당사자들에게 공동으로 추구해야 할 상위목표를 제시한다.

③ 상황에 따라 정보전달을 억제하거나 지나치게 과장한 정보를 전달한다.

④ 조직의 수직적·수평적 분화를 통해 조직구조를 변경한다.

10 다음 중 현행 국가공무원법 제1조, 지방공무원법 제1조, 그리고 지방자치법 제1조에서 공통적으로 규정하고 있는 우리나라의 기본적 행정가치로 옳은 것은?

① 합법성과 형평성
② 형평성과 공정성
③ 공정성과 민주성
④ 민주성과 능률성

11 다음 중 국가재정법 제16조에서 규정하고 있는 재정운영에 대한 내용으로 옳지 않은 것은?

① 재정건전성의 확보

② 국민부담의 최소화

③ 재정을 운영함에 있어 재정지출의 성과 제고

④ 재정의 지속가능성 확보

12 다음 중 〈보기〉에서 설명하는 이론으로 옳은 것은?

─────〈보기〉─────
경제학적인 분석도구를 관료 행태, 투표자 행태, 정당정치, 이익집단 등의 비시장적 분석에 적용함으로써 공공서비스의 효율적 공급을 위한 제도적 장치를 탐색한다.

① 과학적 관리론
② 공공선택론
③ 행태론
④ 발전행정론

13 다음 중 정부실패의 원인으로 옳지 않은 것은?

① 권력으로 인한 분배적 불공정성

② 정부조직의 내부성

③ 파생적 외부효과

④ 점증적 정책결정의 불확실성

14 다음 중 특수경력직 공무원에 대한 설명으로 옳지 않은 것은?

① 특수경력직 공무원은 경력직 공무원과는 달리 실적주의와 직업공무원제의 획일적 적용을 받지 않는다.

② 특수경력직 공무원도 경력직 공무원과 마찬가지로 국가공무원법에 규정된 보수와 복무규율을 적용받는다.

③ 교육·소방·경찰공무원 및 법관, 검사, 군인 등 특수 분야의 업무를 담당하는 공무원은 특수경력직 중 특정직 공무원에 해당한다.

④ 국회수석 전문위원은 특수경력직 중 별정직 공무원에 해당한다.

15 다음 중 규제피라미드에 대한 설명으로 옳은 것은?

① 새로운 위험만 규제하다 보면 사회의 전체 위험 수준은 증가하는 상황

② 규제가 또 다른 규제를 낳은 결과 피규제자의 비용 부담이 점점 늘어나게 되는 상황

③ 기업체에게 상품 정보에 대한 공개 의무를 강화할수록 소비자들의 실질적인 정보량은 줄어들게 되는 상황

④ 과도한 규제를 무리하게 설정하다 보면 실제로는 규제가 거의 이루어지지 않게 되는 상황

16 교통체증 완화를 위한 차량 10부제 운행은 윌슨(Wilson)이 제시한 규제정치이론의 네 가지 유형 중 어디에 해당하는가?

① 대중정치   ② 기업가정치

③ 이익집단정치   ④ 고객정치

17 다음 중 공공부문 성과연봉제 보수체계 설계 시 성과급 비중을 설정하는 데 적용할 수 있는 동기부여 이론은?

① 아담스(Adams)의 형평성이론
② 허츠버그(Herzberg)의 욕구충족 이원론
③ 앨더퍼(Alderfer)의 ERG(존재, 관계, 성장)이론
④ 매슬로(Maslow)의 욕구 5단계론

18 다음 중 공무원의 신분보장의 배제에 대한 설명으로 옳은 것은?

① 직위해제 : 해당 공무원에 대해 직위를 부여하지 않음으로써 공무원의 신분을 박탈하는 임용행위
② 직권면직 : 직제·정원의 변경으로 직위의 폐지나 초과정원이 발생한 경우에 임용권자가 직권으로 직무 수행의 의무를 면해 주되 공무원의 신분은 보유하게 하는 임용행위
③ 해임 : 공무원의 신분을 박탈하는 중징계 처분의 하나이며 퇴직급여액의 2분의 1이 삭감되는 임용행위
④ 정직 : 공무원의 신분은 보유하지만, 직무 수행을 일시적으로 정지시키며 보수를 전액 감하는 임용행위

19 다음 〈보기〉 중 현행 지방공기업법에 규정된 지방공기업 대상사업(당연적용사업)이 아닌 것을 모두 고르면?

―――――〈보기〉―――――
ㄱ. 수도사업(마을상수도사업은 제외)   ㄴ. 주민복지사업
ㄷ. 공업용수도사업   ㄹ. 공원묘지사업
ㅁ. 주택사업   ㅂ. 토지개발사업

① ㄱ, ㄷ
② ㄴ, ㄹ
③ ㄷ, ㅁ
④ ㄹ, ㅂ

20 다음 〈보기〉 중 현행 우리나라 공무원 연금제도에 대한 내용으로 옳은 것을 모두 고르면?

―――――〈보기〉―――――
ㄱ. 법령에 특별한 사유가 없는 한 2012년 신규 임용 후 10년 이상 근무한 일반행정직 공무원의 퇴직연금 수혜 개시 연령은 65세이다.
ㄴ. 원칙적으로 퇴직연금 산정은 평균기준소득월액을 기초로 한다.
ㄷ. 기여금은 납부기간이 36년을 초과해도 납부하여야 한다.
ㄹ. 퇴직급여 산정에 있어서 소득의 평균기간은 퇴직 전 5년으로 한다.

① ㄱ, ㄴ
② ㄱ, ㄷ
③ ㄴ, ㄷ
④ ㄴ, ㄹ

21 다음 〈보기〉 중 조직이론에 대한 설명으로 옳은 것을 모두 고르면?

〈보기〉

ㄱ. 베버(M. Weber)의 관료제론에 따르면, 규칙에 의한 규제는 조직에 계속성과 안정성을 제공한다.
ㄴ. 행정관리론에서는 효율적 조직관리를 위한 원리들을 강조한다.
ㄷ. 호손(Hawthorne)실험을 통하여 조직 내 비공식집단의 중요성이 부각되었다.
ㄹ. 조직군 생태이론(Population Ecology Theory)에서는 조직과 환경의 관계를 분석함에 있어 조직의 주도 적·능동적 선택과 행동을 강조한다.

---

① ㄱ, ㄴ

② ㄱ, ㄴ, ㄷ

③ ㄱ, ㄴ, ㄹ

④ ㄱ, ㄷ, ㄹ

22 다음 글의 빈칸에 해당하는 용어로 옳은 것은?

각 중앙관서의 장은 중기사업계획서를 매년 1월 31일까지 기획재정부 장관에게 제출하여야 하며, 기획재정 부 장관은 국무회의 심의를 거쳐 대통령 승인을 얻은 다음 연도의 _____을 매년 3월 31일까지 각 중앙관 서의 장에게 통보하여야 한다.

---

① 국가재정 운용계획
② 예산 및 기금운용계획 집행지침
③ 예산안편성지침
④ 총사업비 관리지침

23 다음 중 근무성적평정제도에서 다면평가제도의 장점으로 옳지 않은 것은?

① 직무수행 동기 유발
② 원활한 커뮤니케이션
③ 자기역량 강화
④ 미래 행동에 대한 잠재력 측정

24 다음 중 시험이 특정한 직위의 의무와 책임에 직결되는 요소들을 어느 정도 측정할 수 있느냐에 대한 타당성 의 개념은?

① 내용타당성

② 구성타당성

③ 개념타당성

④ 예측적 기준타당성

25 다음 중 동기부여 이론에 대한 설명으로 옳지 않은 것은?

① 앨더퍼(Alderfer)의 ERG이론 : 상위욕구가 만족되지 않거나 좌절될 때 하위 욕구를 더욱 충족시키고자 한다는 좌절 – 퇴행 접근법을 주장한다.

② 아담스(Adams)의 형평성이론 : 자신의 노력과 그 결과로 얻어지는 보상과의 관계를 다른 사람의 것과 비교해 상대적으로 느끼는 공평한 정도가 행동동기에 영향을 준다고 주장한다.

③ 맥클리랜드(McClelland)의 성취동기이론 : 동기는 학습보다는 개인의 본능적 특성이 중요하게 작용하며 사회문화와 상호작용하는 과정에서 취득되는 것으로 친교욕구, 성취욕구, 성장욕구가 있다고 보았다.

④ 브룸(Vroom)의 기대이론 : 동기부여의 정도는 사람들이 선호하는 결과를 가져올 때, 자신의 특정한 행동이 그 결과를 가져오는 수단이 된다고 믿는 정도에 따라 달라진다고 본다.

26 다음 중 〈보기〉의 빈칸에 대한 설명으로 옳은 것은?

〈보기〉

_____이란 상대적으로 많이 가진 계층 또는 집단으로부터 적게 가진 계층 또는 집단으로 재산·소득·권리 등의 일부를 이전시키는 정책을 말한다. 이를테면 누진세 제도의 실시, 생활보호 대상자에 대한 의료보호, 영세민에 대한 취로사업, 무주택자에 대한 아파트 우선적 분양, 저소득 근로자들에게 적용시키는 근로소득보전세제 등의 정책이 이에 속한다.

---

① 정책 과정에서 이해당사자들 상호 간 이익이 되는 방향으로 협력하는 로그롤링(Log Rolling) 현상이 나타난다.

② 계층 간 갈등이 심하고 저항이 발생할 수 있어 국민적 공감대를 형성할 때 정책의 변화를 가져오게 된다.

③ 체제 내부를 정비하는 정책으로 대외적 가치배분에는 큰 영향이 없으나 대내적으로는 게임의 법칙이 발생한다.

④ 대체로 국민 다수에게 돌아가지만 사회간접시설과 같이 특정지역에 보다 직접적인 편익이 돌아가는 경우도 많다.

27 다음 중 책임운영기관에 대한 설명으로 옳지 않은 것은?

① 기관의 자율성과 독립성을 보장하는 책임운영기관은 신공공관리론의 성과관리에 바탕을 둔 제도이다.

② 책임운영기관의 총 정원 한도는 대통령령으로 정하고 종류별·계급별 정원은 기본운영규정으로 정한다.

③ 소속책임운영기관은 중앙행정기관의 장 소속하에 소속책임운영기관운영심의회를 두고 행정안전부장관 소속하에 책임운영기관운영위원회를 둔다.

④ 중앙책임운영기관장은 국무총리와 성과계약을 체결하고, 소속책임운영기관장은 소속중앙행정기관의 장과 성과계약을 체결한다.

28 다음 〈보기〉의 빈칸 (A)에 대한 설명으로 옳지 않은 것은?

─────〈보기〉─────

일반적으로 규제의 주체는 당연히 정부이다. 그러나 예외적으로 규제의 주체가 정부가 아니라 피규제산업 또는 업계가 되는 경우가 있는데, 이를 ___(A)___ 라 한다.

① 규제기관이 행정력 부족으로 인하여 실질적으로 기업들의 규제순응여부를 추적·점검하기 어려운 경우에 (A)의 방법을 취할 수 있다.

② (A)는 피규제집단의 고도의 전문성을 기반으로 하기 때문에 소비자단체의 참여를 보장하는 직접규제이다.

③ 규제기관의 기술적 전문성이 피규제집단에 비해 현저히 낮을 경우 불가피하게 (A)에 의존하게 되는 경우도 존재한다.

④ 피규제집단은 여론 등이 자신들에게 불리하게 형성되어 자신들에 대한 규제의 요구가 거세질 경우 규제이 슈를 선점하기 위하여 자발적으로 (A)를 시도하기도 한다.

29 다음 중 예산의 원칙에 대한 설명으로 옳지 않은 것은?

① 공개성의 원칙에는 예외가 있다.
② 사전의결의 원칙에는 예외가 있다.
③ 통일성의 원칙은 회계장부가 하나여야 한다는 원칙이다.
④ 목적세는 예산 통일성 원칙의 예외이다.

30 다음 〈보기〉 중 정치와 행정에 대한 설명으로 옳은 것은 모두 몇 개인가?

─────〈보기〉─────

ㄱ. 전통적으로 민주주의 정치체제에서 정치는 가치개입적 행위이며, 행정은 가치중립적 행위이다.

ㄴ. 정치는 효율성을 확보하는 과정인 데 반해, 행정은 민주성을 확보하는 과정이다.

ㄷ. 정치행정일원론에서 행정의 정치적 기능이란 정책형성 기능을 의미한다.

ㄹ. 1960년대 발전행정론이 대두하면서 기존의 행정우위론과 대비되는 정치우위론의 입장에서 새 일원론이 제기되었다.

ㅁ. 사이먼(Simon) 등 행태주의 학자들은 행정의 정책결정 기능을 인정한다는 점에서 기존의 이원론과는 구분된다.

① 1개   ② 2개
③ 3개   ④ 4개

31 다음 중 헨리(N. Henry)의 정책결정모형 유형론에 대한 설명으로 옳은 것은?

① 점증주의적 패러다임은 지식·정보의 완전성과 미래예측의 확실성을 전제한다.

② 체제모형, 제도모형, 집단모형은 합리주의적 패러다임의 범주에 포함되는 정책결정모형의 예이다.

③ 신제도모형은 정책유형과 조직 내외의 상황적 조건을 결부시켜 정부개입의 성격을 규명하려 한다.

④ 기술평가·예측모형은 전략적 계획 패러다임의 범주에 포함된다.

32 다음 중 정책집행의 하향식 접근과 상향식 접근에 대한 설명으로 옳지 않은 것은?

① 상향식 접근은 정책문제를 둘러싸고 있는 행위자들의 동기, 전략, 행동, 상호작용 등에 주목하며 일선공무원들의 전문지식과 문제해결능력을 중시한다.

② 상향식 접근은 집행이 일어나는 현장에 초점을 맞추고 그 현장을 미시적이고 현실적이며, 상호작용적인 차원에서 관찰한다.

③ 하향식 접근은 하나의 정책에만 초점을 맞추므로 여러 정책이 동시에 집행되는 경우를 설명하기 곤란하다.

④ 하향식 접근의 대표적인 것은 전방향접근법(Forward Mapping)이며, 이는 집행에서 시작하여 상위계급이나 조직 또는 결정단계로 거슬러 올라가는 방식이다.

33 다음 중 미래예측기법에 대한 설명으로 옳지 않은 것은?

① 비용·편익분석은 정책의 능률성 내지 경제성에 초점을 맞춘 정책분석의 접근방법이다.

② 판단적 미래예측에서는 경험적 자료나 이론이 중심적인 역할을 한다.

③ 추세연장적 미래예측기법들 중 하나인 검은줄기법(Black Thread Technique)은 시계열적 변동의 굴곡을 직선으로 표시하는 기법이다.

④ 교차영향분석은 연관사건의 발생여부에 따라 대상사건이 발생할 가능성에 관한 주관적 판단을 구하고 그 관계를 분석하는 기법이다.

34 다음 중 미국 행정학의 특징을 시대적 순서대로 바르게 나열한 것은?

> ㄱ. 가치 중립적인 관리론보다는 민주적 가치 규범에 입각한 정책연구를 지향한다.
> ㄴ. 행정학은 이론과 법칙을 정립하는 데 목적을 두어야 하며 사실판단의 문제를 연구대상으로 삼아야 한다.
> ㄷ. 과업별로 가장 효율적인 표준시간과 동작을 정해서 수행할 필요가 있다.
> ㄹ. 정부는 공공재의 생산·공급자이며 국민을 만족시킬 수 있는 최선의 제도적 장치를 설계해야 한다.
> ㅁ. 조직 구성원의 생산성은 조직의 관리통제보다는 조직 구성원 간의 관계에 더 많은 영향을 받는다.

① ㄴ－ㄷ－ㄱ－ㄹ－ㅁ   ② ㄴ－ㄷ－ㅁ－ㄱ－ㄹ
③ ㄷ－ㅁ－ㄱ－ㄹ－ㄴ   ④ ㄷ－ㅁ－ㄴ－ㄱ－ㄹ

35 다음 중 부패의 접근방법에 대한 설명으로 옳지 않은 것은?

① 권력문화적 접근법은 공직자들의 잘못된 의식구조를 공무원 부패의 원인으로 본다.
② 사회문화적 접근법은 특정한 지배적 관습이나 경험적 습성 등이 부패와 밀접한 관련이 있다고 본다.
③ 제도적 접근법은 행정통제 장치의 미비를 대표적인 부패의 원인으로 본다.
④ 체제론적 접근법은 문화적 특성, 제도상 결함, 구조상 모순, 행태 등 다양한 요인들에 의해 복합적으로 부패가 나타난다고 본다.

36 다음 중 공공선택론에 대한 설명으로 옳지 않은 것은?

① 정부를 공공재의 생산자로 규정하며, 시민들을 공공재의 소비자로 규정한다.
② 자유시장의 논리를 공공부문에 도입함으로써 시장실패라는 한계를 안고 있다.
③ 시민 개개인의 선호와 선택을 존중하며 경쟁을 통해 서비스를 생산하고 공급함으로써 행정의 대응성이 높아진다.
④ 뷰캐넌(J. Buchanan)이 창시하고 오스트롬(V. Ostrom)이 발전시킨 이론으로 정치학적인 분석도구를 중시한다.

37 다음 중 지방공기업에 대한 설명으로 옳지 않은 것은?

① 자동차운송사업은 지방직영기업 대상에 해당된다.
② 지방공사의 자본금은 지방자치단체가 전액 출자한다.
③ 행정안전부장관은 지방공기업에 대한 평가를 실시하고 그 결과에 따라 필요한 조치를 하여야 한다.
④ 지방공사는 지방자치단체 외의 자(법인 등)로부터 출자를 할 수 있지만 그 금액은 지방공사 자본금의 3분의 1을 넘지 못한다.

38 다음 중 예산분류 방식의 특징에 대한 설명으로 옳은 것은?

① 기능별 분류는 시민을 위한 분류라고도 하며, 행정수반의 사업계획 수립에 도움이 되지 않는다.

② 조직별 분류는 부처 예산의 전모를 파악할 수 있어 지출의 목적이나 예산의 성과 파악이 용이하다.

③ 품목별 분류는 사업의 지출 성과와 결과에 대한 측정이 곤란하다.

④ 경제 성질별 분류는 국민소득, 자본형성 등에 관한 정부활동의 효과를 파악하는 데 한계가 있다.

39 다음 중 신공공관리(NPM; New Public Management)와 뉴거버넌스의 특징에 대한 설명으로 옳지 않은 것은?

① NPM이 정부 내부 관리의 문제를 다루는 반면 뉴거버넌스는 시장 및 시민사회와의 관계에서 정부의 역할과 기능을 다룬다.

② 뉴거버넌스는 NPM에 비해 자원이나 프로그램 관리의 효율성보다 국가차원에서의 민주적 대응성과 책임성을 강조한다.

③ NPM과 뉴거버넌스는 모두 방향잡기(Steering) 역할을 중시하며 NPM에서는 기업을 방향잡기의 중심에, 뉴거버넌스에서는 정부를 방향잡기의 중심에 놓는다.

④ 뉴거버넌스는 정부영역과 민간영역을 상호 배타적이고 경쟁적인 관계로 보지 않는다.

40 다음 중 규제에 대한 설명으로 옳지 않은 것은?

① 관리규제란 정부가 특정한 사회문제 해결에 대한 목표 달성 수준을 정하고 피규제자에게 이를 달성할 것을 요구하는 것이다.

② 규제의 역설은 기업의 상품정보공개가 의무화될수록 소비자의 실질적 정보량은 줄어든다고 본다.

③ 포획이론은 정부가 규제의 편익자에게 포획됨으로써 일반시민이 아닌 특정집단의 사익을 옹호하는 것을 지적한다.

④ 지대추구이론은 정부규제가 지대를 만들어내고 이해관계자집단으로 하여금 그 지대를 추구하도록 한다는 점을 설명한다.

41 다음 중 조직 구성원의 동기유발 이론에 대한 설명으로 옳지 않은 것은?

① 매슬로(A. Maslow)의 이론은 인간의 동기가 생리적 욕구, 안전의 욕구, 소속의 욕구, 존경의 욕구, 자아실현의 욕구라는 순서에 따라 순차적으로 유발된다고 본다.

② 앨더퍼(C. Alderfer)의 이론은 두 가지 이상의 욕구가 동시에 작용되기도 한다는 복합연결형의 욕구 단계를 설명한다.

③ 브룸(V. Vroom)의 이론은 동기부여의 방안을 구체적으로 제시하지 못하는 한계가 있다.

④ 허츠버그(F. Herzberg)의 이론은 실제의 동기유발과 만족 자체에 중점을 두고 있기 때문에 하위 욕구를 추구하는 계층에 적용하기가 용이하다.

42 다음 중 조직 진단의 대상과 범위에 있어서 종합적 조직 진단에 포함되지 않는 것은?

① 관리부문 진단
② 서비스와 프로세스 진단
③ 조직문화와 행태 진단
④ 재정 진단

43 다음 중 조직의 상황적 요인과 구조적 특성의 관계에 대한 설명으로 옳은 것은?

① 조직의 규모가 커질수록 복잡성이 감소할 것이다.
② 환경의 불확실성이 높아질수록 조직의 공식화 수준은 높아질 것이다.
③ 조직의 규모가 커질수록 조직의 공식화 수준은 낮아질 것이다.
④ 조직의 규모가 커질수록 조직의 분권화가 촉진될 것이다.

44 다음 중 정책결정모형 가운데 드로(Y. Dror)의 최적모형에 대한 설명으로 옳지 않은 것은?

① 합리적 정책결정모형이론이 과도하게 계량적 분석에 의존해 현실 적합성이 떨어지는 한계를 보완하기 위해 제시되었다.
② 정책결정자의 직관적 판단도 중요한 요소로 간주한다.
③ 경제적 합리성의 추구를 기본 원리로 삼는다.
④ 느슨하게 연결되어 있는 조직의 결정을 다룬다.

45 다음 중 조직이론에 대한 설명으로 옳지 않은 것은?

① 상황이론은 유일한 최선의 대안이 존재한다는 것을 부정한다.
② 전략적 선택이론은 조직구조의 변화가 외부환경 변수보다는 조직 내 정책결정자의 상황 판단과 전략에 의해 결정된다고 본다.
③ 거래비용이론의 조직가설에 따르면, 정보의 비대칭성과 기회주의에 의한 거래비용의 증가때문에 계층제가 필요하다.
④ 조직군생태론은 횡단적 조직분석을 통하여 조직의 동형화(Isomorphism)를 주로 연구한다.

46 다음 〈보기〉 중 분배정책과 재분배정책에 대한 설명으로 옳은 것을 모두 고르면?

> ─〈보기〉─
>
> ㄱ. 분배정책에서는 로그롤링(Log Rolling)이나 포크배럴(Pork Barrel)과 같은 정치적 현상이 나타나기도 한다.
> ㄴ. 분배정책은 사회계급적인 접근을 기반으로 이루어지기 때문에 규제정책보다 갈등이 더 가시적이다.
> ㄷ. 재분배정책에는 누진소득세, 임대주택 건설사업 등이 포함된다.
> ㄹ. 재분배정책에서는 자원배분에 있어서 이해당사자들 간의 연합이 분배정책에 비하여 안정적으로 이루어진다.

① ㄱ, ㄴ   ② ㄱ, ㄷ
③ ㄴ, ㄷ   ④ ㄴ, ㄹ

47 다음 중 직위분류제와 관련된 개념에 대한 설명으로 옳지 않은 것은?

① 직위 : 한 사람의 근무를 요하는 직무와 책임
② 직급 : 직위에 포함된 직무의 성질 및 난도, 책임의 정도가 유사해 채용과 보수 등에서 동일하게 다룰 수 있는 직위의 집단
③ 직렬 : 직무의 종류는 유사하나 난도와 책임수준이 다른 직급 계열
④ 직군 : 직무의 종류는 다르지만 직무 수행의 책임도와 자격 요건이 상당히 유사해 동일한 보수를 지급할 수 있는 직위의 횡적 군

48 다음 〈보기〉 중 옳은 것을 모두 고르면?

> ─〈보기〉─
>
> ㄱ. 인간관계론에서 조직 참여자의 생산성은 육체적 능력보다 사회적 규범에 의해 좌우된다.
> ㄴ. 과학적 관리론은 과학적 분석을 통해 업무수행에 적용할 유일·최선의 방법을 발견할 수 있다고 전제한다.
> ㄷ. 체제론은 비계서적 관점을 중시한다.
> ㄹ. 발전행정론은 정치, 사회, 경제의 균형성장에 크게 기여하였다.

① ㄱ, ㄴ   ② ㄱ, ㄹ
③ ㄴ, ㄷ   ④ ㄴ, ㄹ

49 다음 중 베버(Weber)가 제시한 이념형 관료제에 대한 설명으로 옳지 않은 것은?

① 관료의 충원 및 승진은 전문적인 자격과 능력을 기준으로 이루어진다.

② 조직 내의 모든 결정행위나 작동은 공식적으로 확립된 법규체제에 따른다.

③ 하급자는 상급자의 지시나 명령에 복종하는 계층제의 원리에 따라 조직이 운영된다.

④ 민원인의 만족 극대화를 위해 업무처리 시 관료와 민원인과의 긴밀한 감정교류가 중시된다.

50 다음 중 신자유주의 정부이념 및 관리수단에 대한 설명으로 옳지 않은 것은?

① 시장실패의 해결사 역할을 해오던 정부가 오히려 문제의 유발자가 되었다는 인식을 바탕으로 다시 시장을 통한 문제 해결을 강조하며 '작은 정부(Small Government)'를 추구한다.

② 케인즈(Keynes) 경제학에 기반을 둔 수요 중시 거시 경제정책을 강조하므로 공급측면의 경제정책에 대하여는 반대 입장을 견지한다.

③ 민간기업의 성공적 경영기법을 행정에 접목시켜 효율적인 행정관리를 추구할 뿐 아니라 개방형 임용, 성과급 등을 통하여 행정에 경쟁원리 도입을 추진한다.

④ 정부의 민간부문에 대한 간섭과 규제는 최소화 또는 합리적으로 축소·조정되어야 한다는 입장에서 규제완화, 민영화 등을 강조한다.

01 다음은 마이클 포터(Michael Porter)의 산업구조 분석모델(Five Forces Model)이다. (A)에 들어갈 용어로 옳은 것은?

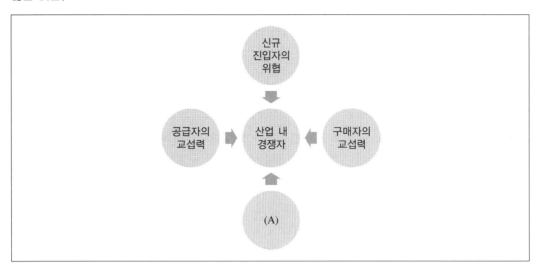

① 정부의 규제 완화　　　　　　　　② 고객의 충성도
③ 공급업체의 규모　　　　　　　　　④ 대체재의 위협

02 다음 중 ESG 경영에 대한 설명으로 옳지 않은 것은?

① ESG는 기업의 비재무적 요소인 '환경(Environment), 사회(Social), 지배구조(Governance)'의 약자이다.
② ESG는 재무제표에는 드러나지 않지만 중장기적으로 기업 가치에 영향을 미치는 지속가능성 평가 지표이다.
③ ESG는 기업의 행동이 미치는 영향 등을 구체화하고 그 노력을 측정 가능하도록 지표화하여 투자를 이끌어 낸다.
④ ESG 경영의 핵심은 효율을 최우선으로 착한 기업을 키워나가는 것을 목적으로 한다.

03 다음 중 목표설정이론 및 목표관리(MBO)에 대한 설명으로 옳지 않은 것은?

① 목표는 구체적이고 도전적으로 설정하는 것이 바람직하다.
② 목표는 지시적 목표, 자기설정 목표, 참여적 목표로 구분된다.
③ 목표를 설정하는 과정에는 부하직원이 함께 참여한다.
④ 조직의 구성원들이 모두 협의하여 목표를 설정하게 된다.

04 다음 중 기계적 조직과 유기적 조직에 대한 설명으로 옳지 않은 것은?

① 기계적 조직은 공식화 정도가 낮고, 유기적 조직은 공식화 정도가 높다.

② 기계적 조직은 경영관리 위계가 수직적이고, 유기적 조직은 경영관리 위계가 수평적이다.

③ 기계적 조직은 직무 전문화가 높고, 유기적 조직은 직무 전문화가 낮다.

④ 기계적 조직은 의사결정권한이 집중화되어 있고, 유기적 조직은 의사결정권한이 분권화되어 있다.

05 다음 중 홉스테드(G. Hofstede)의 국가 간 문화차이연구에서 문화차원(Cultural Dimensions)에 해당하지 않는 것은?

① 권력의 거리(Power Distance)

② 불확실성 회피성(Uncertainty Avoidance)

③ 남성성 – 여성성(Masculinity – Femininity)

④ 민주주의 – 독재주의(Democracy – Autocracy)

06 다음 중 평가센터법에 대한 설명으로 옳지 않은 것은?

① 한 번에 1명의 피평가자를 다수의 평가자들이 평가한다.

② 피평가자들에게 주어지는 조건들은 가급적 동등하며, 보통 피평가자들의 행동을 주로 평가한다.

③ 평가의 기준이 사전에 정해져 있어 평가자의 주관적 판단을 감소시킨다.

④ 실용성을 최대화하기 위해 평가자와 피평가자가 모두 사전에 철저한 훈련을 받는다.

07 다음 〈보기〉 중 가격책정 방법에 대한 설명으로 옳은 것을 모두 고르면?

─────〈보기〉─────
㉠ 준거가격이란 구매자가 어떤 상품에 대해 지불할 용의가 있는 최고가격을 의미한다.
㉡ 명성가격이란 가격 – 품질 연상관계를 이용한 가격책정 방법이다.
㉢ 단수가격이란 판매가격을 단수로 표시하여 가격이 저렴한 인상을 소비자에게 심어주어 판매를 증대시키는 방법이다.
㉣ 최저수용가격이란 심리적으로 적당하다고 생각하는 가격 수준을 의미한다.

① ㉠, ㉡   ② ㉠, ㉢

③ ㉡, ㉢   ④ ㉡, ㉣

08 다음 수요예측기법 중 성격이 다른 하나를 고르면?

① 델파이 기법
② 역사적 유추법
③ 시계열 분석 방법
④ 시장조사법

09 다음 중 소비자의 구매의사결정과정을 순서대로 바르게 나열한 것은?

① 정보탐색 – 문제인식 – 구매 – 대안평가 – 구매 후 행동
② 문제인식 – 정보탐색 – 대안평가 – 구매 – 구매 후 행동
③ 문제인식 – 대안평가 – 구매 – 정보탐색 – 구매 후 행동
④ 정보탐색 – 문제인식 – 대안평가 – 구매 – 구매 후 행동

10 다음 중 수직적 통합의 이유로 옳은 것은?

① 대기업이 시장점유율을 높여 가격선도자 역할을 하기 위해
② 중소기업이 생산규모를 확대하고, 판매망을 강화하기 위해
③ 원료부터 제품까지의 기술적 일관성을 위해
④ 대규모 구조조정을 통한 경영혁신을 위해

11 다음 중 자재소요계획(MRP)에 대한 설명으로 옳은 것은?

① MRP는 풀 생산방식(Pull System)에 속하며 시장 수요가 생산을 촉발시키는 시스템이다.
② MRP는 독립수요를 갖는 부품들의 생산수량과 생산시기를 결정하는 방법이다.
③ 자재명세서의 각 부품별 계획 주문 발주시기를 근거로 MRP를 수립한다.
④ 생산 일정계획의 완제품 생산일정(MPS), 자재명세서(BOM), 재고기록철(IR) 정보를 근거로 MRP를 수립한다.

12 다음 중 작업 우선순위 결정 규칙에 대한 설명으로 옳지 않은 것은?

① 최소작업시간(SPT) : 작업시간이 짧은 순서대로 처리한다.
② 최소여유시간(STR) : 납기일까지 남은 시간이 적은 순서대로 처리한다.
③ 최소납기일(EDD) : 납기일이 빠른 순서대로 처리한다.
④ 선입선출(FCFS) : 먼저 도착한 순서대로 처리한다.

13 다음을 활용하여 경제적 주문량(EOQ)을 고려한 연간 총재고비용을 구하면?[단, 기준은 (총재고비용)＝(주문비)＋(재고유지비)이다]

- 연간 부품 수요량 : 1,000개
- 1회 주문비 : 200원
- 단위당 재고 유지비 : 40원

① 1,000원
③ 3,000원
② 2,000원
④ 4,000원

14 다음 중 재무제표에 대한 설명으로 옳지 않은 것은?

① 재무제표는 재무상태표, 포괄손익계산서, 자본변동표, 현금흐름표, 그리고 주석으로 구성된다.
② 재무제표는 적어도 1년에 한 번은 작성한다.
③ 현금흐름에 대한 정보를 제외하고는 발생기준의 가정하에 작성한다.
④ 기업이 경영활동을 청산 또는 중단할 의도가 있더라도, 재무제표는 계속기업의 가정하에 작성한다.

15 B회사는 K회사와 다음과 같은 기계장치를 상호 교환하였다. 교환과정에서 B회사는 K회사에게 현금을 지급하고, 기계장치 취득원가 470,000원, 처분손실 10,000원을 인식하였다. 교환과정에서 B회사가 지급한 현금은?(단, 교환거래에 상업적 실질이 있고 각 기계장치의 공정가치는 신뢰성 있게 측정된다)

(단위 : 원)

구분	B회사	K회사
취득원가	800,000	600,000
감가상각누계액	340,000	100,000
공정가치	450,000	480,000

① 10,000원
③ 30,000원
② 20,000원
④ 40,000원

16 B회사는 2022년 초 지방자치단체로부터 무이자조건의 자금 100,000원을 차입(2024년 말 전액 일시상환)하여 기계장치(취득원가 100,000원, 내용연수 4년, 잔존가치 0원, 정액법 상각)를 취득하는 데 전부 사용하였다. 2023년 말 기계장치 장부금액은 얼마인가?(단, B회사가 2023년 초 금전대차 거래에서 부담할 시장이자율은 연 8%이고, 정부보조금을 자산의 취득원가에서 차감하는 원가 차감법을 사용한다)

기간	단일금액 1원의 현재가치(할인율=8%)
4	0.7350

① 48,500원   ② 54,380원

③ 55,125원   ④ 75,000원

17 다음 자료를 이용하여 계산한 회사의 주식가치는 얼마인가?

- 사내유보율 : 30%
- 자기자본이익률(ROE) : 10%
- 자기자본비용 : 20%
- 당기의 주당순이익 : 3,000원

① 12,723원   ② 13,250원

③ 14,500원   ④ 15,670원

18 다음 중 재무레버리지에 대한 설명으로 옳은 것은?

① 재무레버리지란 자산을 획득하기 위해 조달한 자금 중 재무고정비를 수반하는 자기자본이 차지하는 비율이다.

② 재무고정비로 인한 영업이익의 변동률에 따른 주당순자산(BPS)의 변동폭은 확대되어 나타난다.

③ 재무고정비에는 부채뿐만 아니라 보통주배당도 포함된다.

④ 재무레버리지도(DFL; Degree of Financial Leverage)는 영업이익의 변동에 따른 주당이익(EPS)에 미치는 영향을 분석한 것이다.

19 5가지 성격 특성 요소(Big Five Personality Traits) 중 다음 〈보기〉에 해당하는 것을 고르면?

---〈보기〉---

과제 및 목적 지향성을 촉진하는 속성과 관련된 것으로, 심사숙고, 규준이나 규칙의 준수, 계획 세우기, 조직화, 과제의 준비 등과 같은 특질을 포함한다.

① 개방성(Openness to Experience)

② 성실성(Conscientiousness)

③ 외향성(Extraversion)

④ 수용성(Agreeableness)

20 다음 중 ISO에서 제정한 환경경영시스템에 대한 국제표준규격으로 옳은 것은?

① ISO 5000   ② ISO 9000

③ ISO 14000   ④ ISO 18000

21 다음 중 과학적 경영 전략에 대한 설명으로 옳지 않은 것은?

① 테일러의 과학적 관리법은 시간연구와 동작연구를 통해 노동자의 심리상태와 보상심리를 적용한 효과적인 과학적 경영 전략을 제시하였다.

② 포드 시스템은 노동자의 이동경로를 최소화하며 물품을 생산하거나, 고정된 생산라인에서 노동자가 계속해서 생산하는 방식을 통하여 불필요한 절차와 행동 요소들을 없애 생산성을 향상하였다.

③ 호손실험은 생산성에 비공식적 조직이 영향을 미친다는 사실을 밝혀낸 연구이다.

④ 목표설정이론은 인간이 합리적으로 행동한다는 기본적인 가정에 기초하여, 개인이 의식적으로 얻으려고 설정한 목표가 동기와 행동에 영향을 미친다는 이론이다.

22 다음 중 터크만(Tuckman)의 집단 발달의 5단계 모형에서 집단구성원들 간에 집단의 목표와 수단에 대해 합의가 이루어지고 응집력이 높아지며 구성원들의 역할과 권한 관계가 정해지는 단계는?

① 형성기(Forming)   ② 격동기(Storming)

③ 규범기(Norming)   ④ 성과달성기(Performing)

23 다음 중 행동기준고과법(BARS)에 대한 설명으로 옳지 않은 것은?

① 전통적인 인사평가 방법에 비해 평가의 공정성이 증가하는 장점이 있다.

② 평정척도법과 중요사건기록법을 혼용하여 평가직무에 직접 적용되는 행동패턴을 척도화하여 평가하는 방법이다.

③ 다양하고 구체적인 직무에 적용이 가능하다는 장점이 있다.

④ 점수를 통해 등급화하기보다는 개별행위를 빈도를 나눠서 측정하기 때문에 풍부한 정보를 얻을 수 있지만 종업원의 행동변화를 유도하기 어렵다는 단점이 있다.

24 다음 중 인적자원관리(HRM)에 대한 설명으로 옳지 않은 것은?

① 직무분석이란 적재적소에 인적자원을 배치하기 위하여 직무 관련 정보를 수집하는 절차이다.

② 직무분석의 방법으로 면접법, 관찰법, 중요사건법 등이 있다.

③ 직무분석의 결과로 직무기술서와 직무명세서가 만들어진다.

④ 직무평가 방법으로는 서열법, 요소비교법, 질문지법 등이 있다.

25 다음 중 인간의 감각이 느끼지 못할 정도의 자극을 주어 잠재의식에 호소하는 광고로 옳은 것은?

① 애드버커시 광고
② 서브리미널 광고
③ 리스폰스 광고
④ 키치 광고

26 다음 〈보기〉에 나타난 프랑스 맥도날드사의 마케팅 기법으로 옳은 것은?

―――――――――〈보기〉―――――――――

2002년 프랑스 맥도날드에서는 "어린이들은 일주일에 한 번만 오세요!"라는 어린이들의 방문을 줄이기 위한 광고 카피를 선보였다. 맥도날드는 시민들에게 '맥도날드는 소비자의 건강을 생각하는 회사'라는 긍정적인 이미지를 심어주기 위해 이러한 광고를 내보낸 것으로 밝혔다. 결과는 어땠을까. 놀랍게도 성공적이었다. 광고 카피와는 반대로 소비자들의 맥도날드 방문횟수가 더욱 늘어났고, 광고가 반영된 그해 유럽지사 중 가장 높은 실적을 이루는 놀라운 결과를 얻었다.

① PPL 마케팅(PPL Marketing)

② 노이즈 마케팅(Noise Marketing)

③ 퍼포먼스 마케팅(Performance Marketing)

④ 디마케팅(Demarketing)

27 다음 중 시장세분화에 대한 설명으로 옳은 것은?

① 인구통계적 세분화는 나이, 성별, 가족규모, 소득, 직업, 종교, 교육수준 등을 바탕으로 시장을 나누는 것이다.

② 사회심리적 세분화는 추구하는 편익, 사용량, 상표애호도, 사용여부 등을 바탕으로 시장을 나누는 것이다.

③ 시장표적화는 시장경쟁이 치열해졌거나 소비자의 욕구가 급격히 변할 때 저가격으로 설정하는 것이다.

④ 시장포지셔닝은 세분화된 시장의 좋은 점을 분석한 후 진입할 세분시장을 선택하는 것이다.

28 다음 중 공급사슬관리(SCM)의 목적으로 옳은 것은?

① 제품 생산에 필요한 자재의 소요량과 소요시기를 결정한다.

② 기업 내 모든 자원의 흐름을 정확히 파악하여 자원을 효율적으로 배치한다.

③ 자재를 필요한 시각에 필요한 수량만큼 조달하여 낭비 요소를 근본적으로 제거한다.

④ 자재의 흐름을 효과적으로 관리하여 불필요한 시간과 비용을 절감한다.

29 다음 중 품질비용에 대한 설명으로 옳지 않은 것은?

① 품질비용은 100% 완전하지 못한 제품 생산으로 인한 비용이다.

② 평가비용은 검사, 측정, 시험 등에 대한 비용이다.

③ 통제비용은 생산흐름으로부터 불량을 제거하기 위한 활동에 대한 비용이다.

④ 외부실패비용은 폐기, 재작업, 등급저하에 대한 비용이다.

30 다음 중 자금, 인력, 시설 등 모든 제조자원을 통합하여 계획 및 통제하는 관리시스템은?

① MRP   ② MRP Ⅱ
③ JIT   ④ FMS

31 B회사는 고객에게 상품을 판매하고 약속어음(액면금액 5,000,000원, 만기 6개월, 표시이자율 연 6%)을 받았다. B회사는 동 어음을 3개월간 보유한 후 은행에 할인하면서 은행으로부터 4,995,500원을 받았다. 동 어음에 대한 은행의 연간 할인율은?(단, 이자는 월할계산한다)

① 8%   ② 10%
③ 12%   ④ 14%

32 다음은 B회사의 2023년 세무조정사항 등 법인세 계산 자료이다. B회사의 2023년도 법인세비용은?

- 접대비 한도초과액은 24,000원이다.
- 감가상각비 한도초과액은 10,000원이다.
- 2023년 초 전기이월 이연법인세자산은 7,500원이고, 이연법인세부채는 없다.
- 2023년도 법인세비용차감전순이익은 150,000원이고, 이후에도 매년 이 수준으로 실현될 가능성이 높다.
- 과세소득에 적용될 세율은 25%이고, 향후에도 변동이 없다.

① 37,500원 ② 40,500원
③ 43,500원 ④ 45,500원

33 B기업의 현재 주가는 30,000원이며, 차기 주당배당액이 2,000원으로 예상되고, B기업의 이익과 배당은 매년 4%씩 성장할 것으로 예상될 때, 보통주의 자본비용은?

① 10% ② 14%
③ 17% ④ 20%

34 다음 중 노동조합의 가입방법에 대한 설명으로 옳지 않은 것은?

① 클로즈드 숍(Closed Shop) 제도는 기업에 속해 있는 근로자 전체가 노동조합에 가입해야 할 의무가 있는 제도이다.
② 클로즈드 숍(Closed Shop) 제도에서는 기업과 노동조합의 단체협약을 통하여 근로자의 채용·해고 등을 노동조합의 통제하에 둔다.
③ 유니언 숍(Union Shop) 제도에서 신규 채용된 근로자는 일정기간이 지나면 반드시 노동조합에 가입해야 한다.
④ 에이전시 숍(Agency Shop) 제도에서는 근로자들의 조합가입과 조합비 납부가 강제된다.

35 다음 중 직무확대에 대한 설명으로 옳지 않은 것은?

① 한 직무에서 수행되는 과업의 수를 증가시키는 것을 말한다.
② 종업원으로 하여금 중심과업에 다른 관련 직무를 더하여 수행하게 함으로써 개인의 직무를 넓게 확대한다.
③ 기업이 직원들의 능력을 개발하고 여러 가지 업무를 할 수 있도록 하여 인적자원의 운용 효율을 증가시킨다.
④ 근로자가 스스로 직무를 계획하고 실행하여 일의 자부심과 책임감을 가지게끔 한다.

36 다음 중 SWOT 분석 방법에서 관점이 다른 하나를 고르면?

① 시장에서의 기술 우위

② 기업상표의 명성 증가

③ 해외시장의 성장

④ 기업이 보유한 자원 증가

37 다음 중 수요예측기법의 시계열 분석법(Time Series Analysis)에 대한 설명으로 옳지 않은 것은?

① 과거 수요를 분석하여 시간에 따른 수요의 패턴을 파악하고 이의 연장선상에서 미래 수요를 예측하는 방법이다.

② 과거의 수요 흐름으로부터 미래의 수요를 투영하는 방법으로 과거의 수요 패턴이 미래에도 지속된다는 시장의 안정성이 기본적인 가정이다.

③ 목측법, 이동평균법, 지수평활법, 최소자승법, 박스 – 젠킨스(Box – Jenkins)법, 계절지수법, 시계열 회귀분석법 등이 있다.

④ 시계열 자료수집이 용이하고 변화하는 경향이 뚜렷하여 안정적일 때 이를 기초로 미래의 예측치를 구할 수 있다.

38 다음 〈보기〉 중 마케팅 기법과 그 내용이 바르게 연결되지 않은 것을 모두 고르면?

─────〈보기〉─────

ㄱ. PI 마케팅 : 기업이 사회 구성원으로서 마땅히 해야 할 책임을 다함으로써 긍정적인 이미지를 구축하고 이를 마케팅에 활용하는 전략이다.

ㄴ. 니치 마케팅 : 기존 시장을 세분화하여 주목이 적은 블루 오션을 공략하는 마케팅 기법이다.

ㄷ. 코즈 마케팅 : 기업 최고경영자의 이미지를 관리함으로써 기업의 이미지를 개선하고 홍보하는 마케팅 기법이다.

ㄹ. 밈 마케팅 : 대중문화계에서는 인터넷에서 유행하는 특정 문화요소를 모방 혹은 재가공한 콘텐츠를 브랜드 마케팅에 이용하는 기법이다.

① ㄱ, ㄴ

② ㄱ, ㄷ

③ ㄴ, ㄷ

④ ㄴ, ㄹ

39 다음 설명에 해당하는 지각 오류는?

> 어떤 대상(개인)으로부터 얻은 일부 정보가 다른 부분의 여러 정보들을 해석할 때 영향을 미치는 것

① 자존적 편견　　　　　　　　　　② 후광효과
③ 투사　　　　　　　　　　　　　　④ 통제의 환상

40 다음이 설명하는 것은 무엇인가?

> 기업이 인수되어 기존 경영진이 퇴진하게 될 경우 이들에게 정상적인 퇴직금 외에 거액의 추가보상을 지급하도록 하는 고용계약을 맺음으로써 적대적 인수 위협에 대비하는 방법을 말한다.

① 포이즌필(Poison Pill)　　　　　　② 백기사(White Knight)
③ 그린메일(Green Mail)　　　　　　④ 황금낙하산(Golden Parachute)

41 다음 중 포터(M. Porter)의 경쟁전략 유형에 해당하는 것은?

① 차별화(Differentiation) 전략
② 블루오션(Blue Ocean) 전략
③ 방어자(Defender) 전략
④ 반응자(Reactor) 전략

42 다음 사례에서 A팀원의 행동을 설명하는 동기부여이론은?

> A팀원은 작년도 목표 대비 업무실적을 100% 달성하였다. 이에 반해 같은 팀 동료인 B팀원은 동일 목표 대비 업무실적이 10% 부족하였지만, A팀원과 동일한 인센티브를 받았다. 이 사실을 알게 된 A팀원은 팀장에게 추가 인센티브를 요구하였으나 받아들여지지 않자 결국 이직하였다.

① 기대이론　　　　　　　　　　　② 공정성이론
③ 욕구단계이론　　　　　　　　　　④ 목표설정이론

43 다음 중 평가센터법(Assessment Center)에 대한 설명으로 옳지 않은 것은?

① 평가에 대한 신뢰성이 양호하다.

② 승진에 대한 의사결정에 유용하다.

③ 교육훈련에 대한 타당성이 높다.

④ 다른 평가기법에 비해 상대적으로 비용과 시간이 적게 소요된다.

44 다음 중 최저임금제의 필요성으로 옳지 않은 것은?

① 계약자유 원칙의 한계 보완   ② 저임금 노동자 보호

③ 임금인하 경쟁 방지   ④ 소비자 부담 완화

45 다음 인사평가방법 중 피평가자의 능력, 태도, 작업, 성과 등에 관련된 표준행동들을 제시하고 평가자가 해당 서술문을 대조하여 평가하는 방법은?

① 서열법   ② 평정척도법

③ 체크리스트법   ④ 중요사건기술법

46 다음 중 교육훈련 필요성을 파악하기 위한 일반적인 분석방법이 아닌 것은?

① 전문가자문법   ② 역할연기법

③ 자료조사법   ④ 면접법

47 다음 중 서번트(Servant) 리더의 특성으로 옳지 않은 것은?

① 부하의 성장을 위해 헌신한다.

② 부하의 감정에 공감하고 이해하려고 노력한다.

③ 권력이나 지시보다는 설득으로 부하를 대한다.

④ 비전 달성을 위해 위험감수 등 비범한 행동을 보인다.

48 다음 중 B사가 프린터를 저렴하게 판매한 후 그 프린터의 토너를 비싼 가격으로 결정하는 방법은?

① 종속제품 가격결정(Captive Product Pricing)

② 묶음 가격결정(Bundle Pricing)

③ 단수 가격결정(Odd Pricing)

④ 침투 가격결정(Penetration Pricing)

49 다음 〈보기〉에서 설명하는 소비재는?

─────────〈보기〉─────────
• 특정 브랜드에 대한 고객 충성도가 높다.
• 제품마다 고유한 특성을 지니고 있다.
• 브랜드마다 차이가 크다.
• 구매 시 많은 시간과 노력을 필요로 한다.

① 편의품(Convenience Goods)　　② 선매품(Shopping Goods)

③ 전문품(Speciality Goods)　　④ 자본재(Capital Items)

50 다음 중 효과적인 시장세분화를 위한 요건으로 옳지 않은 것은?

① 측정가능성　　② 충분한 시장 규모

③ 접근가능성　　④ 세분시장 간의 동질성

| 03 | 경제학

01 다음 중 폐쇄경제에서 국내총생산이 소비, 투자, 그리고 정부지출의 합으로 정의된 항등식이 성립할 때, 국내총생산과 대부자금시장에 대한 설명으로 옳지 않은 것은?

① 총저축은 투자와 같다.

② 민간저축이 증가하면 투자가 증가한다.

③ 총저축은 민간저축과 정부저축의 합이다.

④ 민간저축이 증가하면 이자율이 하락하여 정부저축이 증가한다.

02 현재 B기업에서 자본의 한계생산은 노동의 한계생산보다 2배 크고, 노동가격이 8, 자본가격이 4이다. 이 기업이 동일한 양의 최종생산물을 산출하면서도 비용을 줄이는 방법은?(단, B기업은 노동과 자본만을 사용하고, 한계생산은 체감한다)

① 자본투입을 늘리고 노동투입을 줄인다.

② 노동투입을 늘리고 자본투입을 줄인다.

③ 비용을 더 이상 줄일 수 없다.

④ 자본투입과 노동투입을 모두 늘린다.

03 다음과 같은 케인즈의 경제모형을 가정할 경우 정부지출승수, 투자승수, 정액조세승수를 순서대로 바르게 나열한 것은?

> $Y=C+I+G$
> $C=0.6(Y-T)+500$
> $I=300$
> $G=300$
> $T=300$
> (단, Y는 국민소득, C는 소비지출, I는 투자지출, G는 정부지출, T는 정액조세를 나타낸다)

① 1.5   1.5 -2.5

② 1.5   2.5 -2.5

③ 2.5   1.5 -1.5

④ 2.5   2.5 -1.5

04 휴대폰의 수요곡선은 $Q = -2P + 100$이고, 공급곡선은 $Q = 3P - 20$이다. 정부가 휴대폰 1대당 10의 종량세 형태의 물품세를 공급자에게 부과하였다면, 휴대폰 공급자가 부담하는 총 조세부담액은?(단, P는 가격, Q는 수량, $P > 0$, $Q > 0$이다)

① 120

② 160

③ 180

④ 200

05 다음은 A와 B사의 시간당 최대 생산량을 나타낸 표이다. 이에 대한 설명으로 옳은 것은?

구분	A사	B사
모터(개)	4	2
펌프(개)	4	3

① A사는 펌프 생산에만 절대우위가 있다.

② B사는 펌프 생산에 비교우위가 있다.

③ B사는 모터 생산에 비교우위가 있다.

④ A사는 모터 생산에만 절대우위가 있다.

06 다음 중 물적자본의 축적을 통한 경제성장을 설명하는 솔로우(R. Solow)모형에서 수렴현상이 발생하는 원인은?

① 자본의 한계생산체감

② 경제성장과 환경오염

③ 내생적 기술진보

④ 기업가 정신

07 다음 중 경기부양을 위해 확대 재정정책을 과도하게 실행할 경우 나타나는 현상으로 거리가 먼 것은?

① 물가 상승

② 이자율 상승

③ 통화가치 하락

④ 현재 납세자들로부터 미래 납세자들로 부(富)의 이전

08 다음 중 정부가 재정적자를 국채의 발행으로 조달할 경우 국채의 발행이 채권가격의 하락으로 이어져 시장 이자율이 상승하여 투자에 부정적인 영향을 주는 것은?

① 피셔방정식　　　　　　　　　② 구축효과

③ 유동성함정　　　　　　　　　④ 오쿤의 법칙

09 엥겔곡선(EC; Engel Curve)이 다음 그림과 같을 때, X재는 무엇인가?

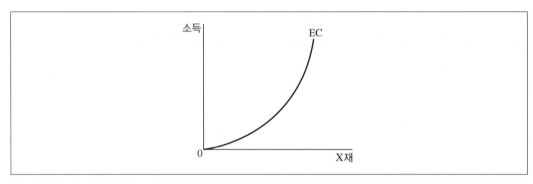

① 열등재　　　　　　　　　　　② 필수재

③ 보완재　　　　　　　　　　　④ 대체재

10 어느 경제의 로렌츠곡선이 다음 그림과 같이 주어졌을 때, 이에 대한 설명으로 옳은 것은?

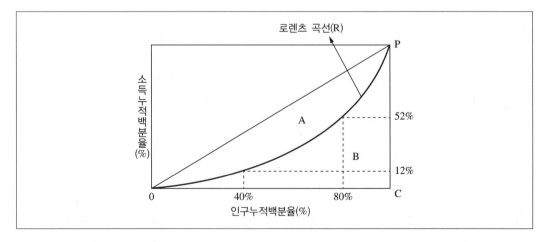

① 10분위분배율의 값은 4이다.

② 지니계수는 삼각형 OCP 면적을 면적 A로 나눈 값으로 산출한다.

③ 중산층 붕괴현상이 발생하면 A의 면적은 감소하고, B의 면적은 증가한다.

④ 불경기로 인해 저소득층의 소득이 상대적으로 크게 감소하면 A의 면적이 커진다.

11 다음 중 소비자잉여와 생산자잉여에 대한 설명으로 옳지 않은 것은?

① 소비자잉여는 소비자의 선호 체계에 의존한다.

② 완전경쟁일 때보다 기업이 가격차별을 실시할 경우 소비자잉여가 줄어든다.

③ 완전경쟁시장에서는 소비자잉여와 생산자잉여의 합인 사회적 잉여가 극대화된다.

④ 독점시장의 시장가격은 완전경쟁시장의 가격보다 높게 형성되지만 소비자잉여는 줄어들지 않는다.

12 다음과 같은 폐쇄경제의 IS-LM 모형을 전제할 경우, 빈칸에 들어갈 용어가 바르게 연결된 것은?

- IS 곡선 : $r = 5 - 0.1Y$(단, r은 이자율, Y는 국민소득이다)
- LM 곡선 : $r = 0.1Y$
- 현재 경제상태가 국민소득은 30이고 이자율이 2.5라면, 상품시장은 _____ ㉠ _____이고 화폐시장은 _____ ㉡ _____이다.

	㉠	㉡
①	균형	균형
②	초과수요	초과수요
③	초과공급	초과공급
④	초과공급	초과수요

13 다음 중 파레토 최적에 대한 설명으로 옳지 않은 것은?

① 파레토효율성이란 일반적으로 한정된 자원의 효율적인 사용과 관련된 의미이다.

② 외부성이 존재해도 완전경쟁만 이루어진다면 파레토 최적의 자원배분은 가능하다.

③ 재화 간 소비자의 주관적 교환비율인 한계대체율이 생산자의 한계변환율과 서로 같아야 한다.

④ 후생경제학 제1정리에 의하여 시장실패요인이 없다면 일반경쟁균형 하에서의 자원배분은 파레토 최적이다.

14 다음 중 임금 결정이론에 대한 설명으로 옳지 않은 것은?

① 중첩임금계약(Staggered Wage Contracts) 모형은 실질임금이 경직적인 이유를 설명한다.

② 효율임금(Efficiency Wage) 이론에 따르면 실질임금이 근로자의 생산성 또는 근로의욕에 영향을 미친다.

③ 효율임금이론에 따르면 높은 임금이 근로자의 도덕적 해이(Moral Hazard)를 억제하는 데 기여한다.

④ 내부자 – 외부자 모형에 따르면 내부자의 실질임금이 시장균형보다 높아져서 비자발적 실업이 발생한다.

15 다음 중 기대가 부가된 필립스곡선(Expectation-augmented Phillips Curve)에 대한 설명으로 옳지 않은 것은?

① 중동전쟁으로 원유가격이 급등하면 필립스곡선이 이동한다.

② 오쿤의 법칙(Okun's Law)과 결합하여 총공급곡선을 도출할 수 있다.

③ 1970년대 스태그플레이션(Stagflation)을 설명하는 데 유용하다.

④ 다른 조건이 일정하다면 필립스곡선의 기울기가 가파를수록 희생비율(Sacrifice Ratio)이 크다.

16 다음 보수행렬(Payoff Matrix)을 갖는 게임에 대한 설명으로 옳지 않은 것은?

		참가자 을	
		전략 A	전략 B
참가자 갑	전략 A	(10, 6)	(4, 4)
	전략 B	(4, 4)	(6, 10)

① 우월전략균형이 존재하지 않는다.

② 내쉬균형이 1개 존재한다.

③ 두 참가자가 서로 다른 전략을 선택하면 내쉬균형이 달성되지 않는다.

④ 내쉬균형 상태에서는 각 참가자가 자신의 전략을 바꿀 유인이 존재하지 않는다.

17 자본이동 및 무역거래가 완전히 자유롭고 변동환율제도를 채택하고 있는 소규모 개방경제인 B국에서 확대재정정책이 실시되는 경우, IS-LM 모형에 의하면 최종 균형에서 국민소득과 환율은 정책 실시 이전의 최초 균형에 비해 어떻게 변하는가?(단, 물가는 고정되어 있다고 가정한다)

	국민소득	환율
①	불변	B국 통화 강세
②	증가	B국 통화 강세
③	감소	B국 통화 강세
④	증가	B국 통화 약세

18 현재 우리나라 채권의 연간 명목수익률이 5%이고 동일 위험을 갖는 미국 채권의 연간 명목수익률이 2.5%일 때, 현물환율이 달러당 1,200원인 경우 연간 선물환율은?(단, 이자율평가설이 성립한다고 가정한다)

① 1,200원/달러

② 1,210원/달러

③ 1,220원/달러

④ 1,230원/달러

19 다음 〈보기〉 중 기업생산이론에 대한 설명으로 옳은 것을 모두 고르면?

─────────〈보기〉─────────

ㄱ. 장기(Long-run)에는 모든 생산요소가 가변적이다.
ㄴ. 다른 생산요소가 고정인 상태에서 생산요소 투입 증가에 따라 한계생산이 줄어드는 현상이 한계생산 체감의 법칙이다.
ㄷ. 등량곡선이 원점에 대해 볼록하면 한계기술대체율 체감의 법칙이 성립한다.
ㄹ. 비용극소화는 이윤극대화의 필요충분조건이다.

① ㄱ, ㄴ
② ㄷ, ㄹ
③ ㄱ, ㄴ, ㄷ
④ ㄴ, ㄷ, ㄹ

20 자전거를 생산하는 B기업의 수요곡선은 $P=500$, 한계비용은 $MC=200+\dfrac{1}{3}Q$이다. 이 기업의 공장에서 자전거를 생산할 때 오염물질이 배출되는데, 이 피해가 자전거 한 대당 20이다. 이 기업의 사적 이윤극대화 생산량(Ⓐ)과 사회적으로 바람직한 생산량(Ⓑ)은 각각 얼마인가?(단, P는 가격, Q는 생산량이다)

	Ⓐ	Ⓑ
①	700	840
②	700	860
③	900	840
④	900	860

21 다음 중 한국은행의 통화정책 수단과 제도에 대한 설명으로 옳지 않은 것은?

① 국채 매입·매각을 통한 통화량 관리
② 금융통화위원회는 한국은행 통화정책에 관한 사항을 심의·의결
③ 재할인율 조정을 통한 통화량 관리
④ 고용증진 목표 달성을 위한 물가안정목표제 시행

22 대학 졸업 후 구직활동을 꾸준히 해온 30대 초반의 덕선이는 당분간 구직활동을 포기하기로 하였다. 덕선이와 같이 구직활동을 포기하는 사람이 많아지면 실업률과 고용률에 어떠한 변화가 생기는가?

① 실업률 상승, 고용률 하락
② 실업률 상승, 고용률 불변
③ 실업률 하락, 고용률 하락
④ 실업률 하락, 고용률 불변

23 현재 인플레이션율을 8%에서 4%로 낮출 경우, 〈보기〉를 참고하여 계산된 희생률은 얼마인가?[단, Π_t, Π_{t-1}, U_t는 각각 t기의 인플레이션율, $(t-1)$기의 인플레이션율, t기의 실업률이다]

---〈보기〉---
- $\Pi_t - \Pi_{t-1} = -0.8(U_t - 0.05)$
- 현재실업률 : 5%
- 실업률 1%p 증가할 때 GDP 2% 감소로 가정
- 희생률 : 인플레이션율을 1%p 낮출 경우 감소되는 GDP 변화율(%)

① 1.5 ② 2

③ 2.5 ④ 3

24 다음 모형에서 정부지출(G)을 1만큼 증가시켰을 때, 균형소비지출(C)의 증가량은?(단, Y는 국민소득, I는 투자, X는 수출, M은 수입이며 수출은 외생적이다)

- $Y = C + I + G + X - M$
- $I = 0.4Y + 10$
- $C = 0.5Y + 10$
- $M = 0.1Y + 20$

① 0.1 ② 0.2

③ 1.5 ④ 2.5

25 다음은 후생경제학에 대한 내용이다. 빈칸에 들어갈 용어를 바르게 나열한 것은?

- ___㉮___ 이론에 따르면 일부의 파레토효율성 조건이 추가로 충족된다고 해서 사회후생이 증가한다는 보장은 없다.
- 파레토효율성을 통해 ___㉯___ 을 평가하고, 사회후생함수(사회무차별곡선)를 통해 ___㉰___ 을 평가한다.
- 후생경제학 제1정리에 따르면 모든 경제주체가 합리적이고 시장실패 요인이 없으면 ___㉱___ 에서 자원배분은 파레토효율적이다.

	㉮	㉯	㉰	㉱
①	차선	효율성	공평성	완전경쟁시장
②	코즈	효율성	공평성	완전경쟁시장
③	차선	효율성	공평성	독점적경쟁시장
④	코즈	공평성	효율성	독점적경쟁시장

26 다음 중 황도 복숭아 시장에서 그림과 같은 변화를 가져올 수 있는 요인이 아닌 것은?

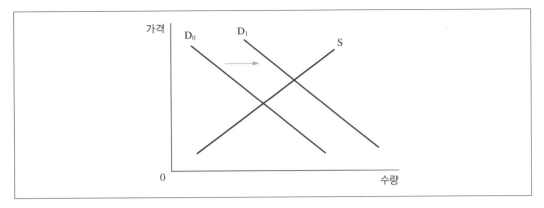

① 황도 복숭아 가격의 하락
② 복숭아가 정상재인 경우 소비자의 소득 증가
③ 복숭아가 위장기능을 개선시킨다는 연구결요소 발표
④ 복숭아 가격이 점점 상승할 것이라는 소비자들의 예상

27 다음 중 국민총소득(GNI), 국내총생산(GDP), 국민총생산(GNP)에 대한 설명으로 옳지 않은 것은?

① GNI는 한 나라 국민이 국내·외 생산활동에 참여한 대가로 받은 소득의 합계이다.
② 명목 GNI는 명목 GNP와 명목 국외순수취요소소득의 합이다.
③ 실질 GDP는 생산활동의 수준을 측정하는 생산지표인 반면, 실질 GNI는 생산활동을 통하여 획득한 소득의 실질 구매력을 나타내는 소득지표이다.
④ 원화표시 GNI에 아무런 변동이 없더라도 환율변동에 따라 달러화표시 GNI는 변동될 수 있다.

28 다음 중 최고가격제와 최저가격제에 대한 설명으로 옳은 것은?

① 최고가격을 균형가격 이하로 책정하면 상품의 배분이 비효율적으로 이루어진다.
② 최저임금제를 실시하여 총노동소득이 감소하였다면 이는 노동의 수요곡선이 비탄력적이기 때문이다.
③ 최저임금제는 미숙련노동자의 취업을 용이하게 만든다.
④ 최저임금제는 시장 균형 임금보다 낮은 수준에서 책정되므로 비자발적 실업이 발생한다.

29 다음은 A재 시장과 A재 생산에 특화된 노동시장의 상황을 나타낸 그래프이다. 〈보기〉 중 이에 대한 분석으로 옳은 것을 모두 고르면?

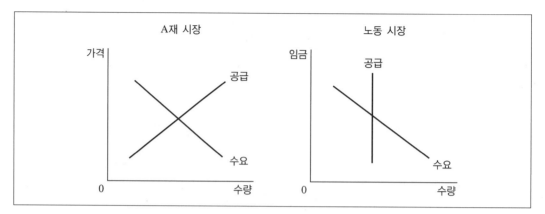

〈보기〉

가. A재에 대한 수요가 증가하면 고용량이 늘어난다.

나. A재에 대한 수요가 증가하면 임금이 상승한다.

다. 노동공급이 증가하면 A재 가격이 상승한다.

라. 노동공급이 증가하면 A재 거래량이 증가한다.

마. 노동공급이 감소하면 A재 수요곡선이 이동한다.

① 가, 다　　　　　　　　　　　② 나, 라

③ 가, 나, 라　　　　　　　　　　④ 가, 라, 마

30 완전경쟁시장의 한 기업이 단기적으로 초과이윤을 획득하고 있다. 다음 〈보기〉 중 이 기업의 이윤극대화 행동으로부터 유추할 수 있는 사실을 모두 고르면?

〈보기〉

가. 이 기업은 장기적으로도 초과이윤을 획득한다.

나. 이 기업이 산출량을 늘리면 총평균비용이 증가할 것이다.

다. 이 기업이 산출량을 늘리면 한계비용이 증가할 것이다.

라. 이 기업은 현재 한계비용과 총평균비용이 일치한다.

마. 시장가격은 이 기업의 현재 한계비용보다 높다.

① 가, 라　　　　　　　　　　　② 나, 다

③ 가, 다, 라　　　　　　　　　　④ 나, 다, 마

31 다음 중 실업과 실업률에 대한 설명으로 옳은 것은?

① 주부는 실업자에 포함된다.

② 실업률은 실업자의 수를 생산가능인구로 나눈 비율이다.

③ 남녀차별로 인한 실업은 경기적 실업이다.

④ 마찰적 실업은 자발적 실업의 성격을, 경기적 실업과 구조적 실업은 비자발적 실업의 성격을 갖는다.

32 다음 〈보기〉 중 경제성장에 대한 일반적인 설명으로 옳은 것을 모두 고르면?

─────────〈보기〉─────────

가. 인구증가율이 높은 나라일수록 1인당 소득이 낮은 경향이 있다.

나. 저축률이 높은 나라일수록 1인당 소득이 낮은 경향이 있다.

다. 1인당 소득은 국제적 차이를 설명하는 데 인적 자본과 물적 자본 못지않게 중요하다.

라. 개발도상국과 선진국 간의 1인당 소득격차는 줄어드는 추세를 보인다.

① 가, 나　　　　　　　　　　　② 가, 다

③ 나, 다　　　　　　　　　　　④ 나, 라

33 다음 중 게임이론에 대한 설명으로 옳지 않은 것은?

① 순수전략들로만 구성된 내쉬균형이 존재하지 않는 게임도 있다.

② 우월전략이란 상대 경기자들이 어떤 전략들을 사용하든지 상관없이 자신의 전략들 중에서 항상 가장 낮은 보수를 가져다주는 전략을 말한다.

③ 죄수의 딜레마 게임에서 두 용의자 모두가 자백하는 것은 우월전략균형이면서 동시에 내쉬균형이다.

④ 참여자 모두에게 상대방이 어떤 전략을 선택하는가에 관계없이 자신에게 더 유리한 결과를 주는 전략이 존재할 때 그 전략을 참여자 모두가 선택하면 내쉬균형이 달성된다.

34 다음 중 소비이론에 대한 설명으로 옳지 않은 것은?

① 케인즈의 소비함수에 따르면 평균소비성향은 한계소비성향보다 크다.

② 항상소득가설에 따르면 항상소득의 한계소비성향은 일시소득의 한계소비성향보다 작다.

③ 생애주기가설에 따르면 총인구에서 노인층의 비중이 상승하면 국민저축률은 낮아진다.

④ 쿠즈네츠는 장기에는 평균소비성향이 대략 일정하다는 것을 관찰하였다.

35 상품 A의 가격을 10% 인상하였더니 상품 A의 판매량이 5% 감소하였다면, 다음 중 옳은 것은?

① 공급의 가격 탄력성은 1이다.

② 공급의 가격 탄력성은 1보다 크다.

③ 공급의 가격 탄력성이 1보다 작다.

④ 수요의 가격 탄력성이 1보다 작다.

36 다음 중 생산자의 단기 생산 활동에 대한 설명으로 옳지 않은 것은?

① 가변요소의 투입량이 증가할 때 평균생산성은 증가하다가 감소한다.

② 가변요소의 투입량이 증가할 때 한계생산성은 증가하다가 감소한다.

③ 수확체감의 법칙은 한계생산성이 지속적으로 감소하는 구간에서 발생한다.

④ 한계생산물곡선은 평균생산물곡선의 극대점을 통과하므로 한계생산물과 평균생산물이 같은 점에서는 총 생산물이 극대가 된다.

37 다음 중 산업 내 무역에 대한 설명으로 옳은 것은?

① 산업 내 무역은 규모의 경제와 관계없이 발생한다.

② 산업 내 무역은 부존자원의 상대적인 차이 때문에 발생한다.

③ 산업 내 무역은 경제여건이 다른 국가 사이에서 이루어진다.

④ 산업 내 무역은 유럽연합 국가들 사이의 활발한 무역을 설명할 수 있다.

38 다음 중 우상향하는 총공급곡선(AS)을 왼쪽으로 이동시키는 요인으로 옳은 것은?

① 임금 상승

② 통화량 증가

③ 독립투자 증가

④ 수입원자재 가격 하락

39 다음 〈보기〉 중 외부효과로 인한 시장의 문제점을 해결하기 위한 방법으로 제시된 코즈의 정리에 대한 설명으로 옳은 것을 모두 고르면?

〈보기〉

가. 외부효과를 발생시키는 재화에 대해 시장을 따로 개설해 주면 시장의 문제가 해결된다.

나. 외부효과를 발생시키는 재화에 대해 조세를 부과하면 시장의 문제가 해결된다.

다. 외부효과를 발생시키는 재화의 생산을 정부가 직접 통제하면 시장의 문제가 해결된다.

라. 외부효과를 발생시키는 재화에 대해 소유권을 인정해주면 이해당사자들의 협상을 통하여 시장의 문제가 해결된다.

마. 코즈의 정리와 달리 현실에서는 민간주체들이 외부효과 문제를 항상 해결할 수 있는 것은 아니다.

① 가, 다
② 라, 마
③ 나, 다, 마
④ 가, 나, 라

40 다음 〈보기〉 중 국내총생산(GDP) 통계에 대한 설명으로 옳은 것을 모두 고르면?

〈보기〉

가. 여가가 주는 만족은 삶의 질에 매우 중요한 영향을 미치므로 GDP에 반영된다.

나. 환경오염으로 파괴된 자연을 치유하기 위해 소요된 지출은 GDP에 포함된다.

다. 우리나라의 지하경제 규모는 엄청나므로 한국은행은 이것을 포함하여 GDP를 측정한다.

라. 가정주부의 가사노동은 GDP에 포함되지 않지만 가사도우미의 가사노동은 GDP에 포함된다.

① 가, 다
② 가, 라
③ 나, 다
④ 나, 라

41 다음 〈보기〉 중 내생적 경제성장이론에 대한 설명으로 옳은 것을 모두 고르면?

〈보기〉

가. 인적자본의 축적이나 연구개발은 경제성장을 결정하는 중요한 요인이다.

나. 정부의 개입이 경제성장에 중요한 역할을 한다.

다. 자본의 한계생산은 체감한다고 가정한다.

라. 선진국과 후진국 사이의 소득격차가 줄어든다.

① 가, 나
② 가, 다
③ 나, 다
④ 다, 라

42 다음 중 파레토효율성에 대한 설명으로 옳지 않은 것은?

① 어느 한 사람의 효용을 감소시키지 않고서는 다른 사람의 효용을 증가시킬 수 없는 상태를 파레토효율적이라고 한다.

② 일정한 조건이 충족될 때 완전경쟁시장에서의 일반균형은 파레토효율적이다.

③ 파레토효율적인 자원배분이 평등한 소득분배를 보장해주는 것은 아니다.

④ 파레토효율적인 자원배분하에서는 항상 사회후생이 극대화된다.

43 다음 〈보기〉 중 소비의 항상소득가설과 생애주기가설에 대한 설명으로 옳은 것을 모두 고르면?

───────〈보기〉───────

가. 소비자들은 가능한 한 소비수준을 일정하게 유지하려는 성향이 있다.

나. 생애주기가설에 의하면 고령인구의 비율이 높아질수록 민간부문의 저축률이 하락할 것이다.

다. 프리드먼의 항상소득가설에 의하면 높은 소득의 가계가 평균적으로 낮은 평균소비성향을 갖는다.

라. 케인즈는 항상소득가설을 이용하여 승수효과를 설명하였다.

① 가, 나 　　　　　　　　　　　② 가, 라

③ 나, 다 　　　　　　　　　　　④ 가, 나, 다

44 다음 중 자국의 실물시장 균형을 나타내는 IS 곡선에 대한 설명으로 옳지 않은 것은?(단, IS 곡선의 기울기는 세로축을 이자율, 가로축을 소득으로 하는 그래프상의 기울기를 말한다)

① 자국의 한계소비성향이 커지면 IS 곡선의 기울기가 완만해진다.

② 자국의 정부지출이 증가하면 IS 곡선은 오른쪽으로 이동한다.

③ 자국의 한계수입성향이 커질수록 IS 곡선의 기울기는 가팔라진다.

④ 해외교역국의 한계수입성향이 커질수록 IS 곡선의 기울기는 완만해진다.

45 임금이 경직적이지 않음에도 불구하고 노동자들이 새로운 직장을 탐색하는 과정에서 겪는 실업만으로 이루어진 실업률을 자연실업률이라고 한다. 다음 중 자연실업률의 변화 방향이 다른 경우는?

① 취업정보 비공개

② 경제 불확실성의 증가

③ 실업보험, 최저임금제 등 정부의 사회보장 확대

④ 정부가 구직 사이트 등을 운영해 취업정보 제공

46 경제변수는 크게 일정 기간에 측정되는 유량 변수와 일정 시점에서 측정되는 저량 변수로 구분된다. 다음 중 유량 변수에 해당하지 않는 것은?

① 소비   ② 투자

③ 통화량   ④ 국민소득

47 항상소득가설(Permanent Income Hypothesis)에 근거할 때, 다음 중 소비에 미치는 영향이 가장 큰 소득의 변화는?

① 직장에서 과장으로 승진해 월급이 올랐다.

② 로또에서 3등으로 당첨돼 당첨금을 받았다.

③ 감기로 인한 결근으로 급여가 일시적으로 감소했다.

④ 휴가를 최대한 사용해 미사용 연차휴가 수당이 줄었다.

48 다음 중 인플레이션에 대한 설명으로 옳지 않은 것은?

① 수요견인 인플레이션은 총수요의 증가가 인플레이션의 주요한 원인이 되는 경우이다.

② 정부가 화폐공급량 증가를 통해 얻게 되는 추가적인 재정수입을 화폐발행이득(Seigniorage)이라고 한다.

③ 물가상승과 불황이 동시에 나타나는 현상을 스태그플레이션이라고 한다.

④ 예상한 인플레이션의 경우에는 메뉴 비용(Menu Cost)이 발생하지 않는다.

49 다음 중 정보의 비대칭성에 대한 설명으로 옳은 것은?

① 정보의 비대칭성이 존재하면 항상 역선택과 도덕적 해이의 문제가 발생한다.

② 통신사가 서로 다른 유형의 이용자들로 하여금 자신이 원하는 요금제도를 선택하도록 하는 것은 선별(Screening)의 한 예이다.

③ 공동균형(Pooling Equilibrium)에서도 서로 다른 선호체계를 갖고 있는 경제주체들은 다른 선택을 할 수 있다.

④ 사고가 날 확률이 높은 사람일수록 이 사고에 대한 보험에 가입할 가능성이 큰 것은 도덕적 해이의 한 예이다.

50 다음 중 국제수지표상 경상계정(Current Accounts)에 속하지 않은 항목은?

① 정부 사이의 무상원조

② 해외교포로부터의 증여성 송금

③ 내국인의 해외여행 경비

④ 내국인의 해외주식 및 채권투자

01 다음 중 법의 본질에 대한 설명으로 옳지 않은 것은?

① 행위규범, 재판규범, 조직규범의 통일체이다.

② 근거가 정당하여야 한다.

③ 존재의 법칙을 바탕으로 한다.

④ 사회의 공통선을 목적으로 하는 사회규범이다.

02 다음 중 행정처분에 대한 설명으로 옳지 않은 것은?

① 행정처분은 행정청이 행하는 공권력 작용이다.

② 행정처분에는 조건을 부가할 수 없다.

③ 경미한 하자있는 행정처분에는 공정력이 인정된다.

④ 행정처분에 대해서만 항고소송을 제기할 수 있다.

03 다음 중 우리나라 헌법에 대한 설명으로 옳지 않은 것은?

① 대통령의 계엄선포권을 규정하고 있다.

② 국무총리의 긴급재정경제처분권을 규정하고 있다.

③ 실질적 의미의 헌법은 국가의 통치조직·작용의 기본원칙에 대한 규범을 총칭한다.

④ 국제평화주의를 규정하고 있다.

04 다음 중 행정행위의 특징으로 옳지 않은 것은?

① 행정처분에 대한 내용적인 구속력인 기판력

② 일정기간이 지나면 그 효력을 다투지 못하는 불가쟁성

③ 당연무효를 제외하고는 일단 유효함을 인정받는 공정력

④ 법에 따라 적합하게 이루어져야 하는 법적합성

05 다음 중 근대 입헌주의적 의미의 헌법에 해당하는 것은?

① 권력분립과 기본권 보장이 없는 국가는 헌법이 없다.

② 영국을 제외하고 모든 나라는 헌법을 가지고 있다.

③ 국가라고 하는 법적 단체가 있는 곳에는 헌법이 있다.

④ 공산주의 국가에도 헌법은 있다.

06 다음 중 행정주체와 국민과의 관계를 가장 잘 나타낸 것은?

① 권력관계이다.
② 공법관계뿐이다.
③ 사법관계이다.
④ 사법관계일 때도 있고 공법관계일 때도 있다.

07 다음 중 법과 도덕에 대한 설명으로 옳지 않은 것은?

① 법은 행위의 외면성을, 도덕은 행위의 내면성을 다룬다.
② 법은 강제성을, 도덕은 비강제성을 갖는다.
③ 법은 타율성을, 도덕은 자율성을 갖는다.
④ 권리 및 의무의 측면에서 법은 일면적이나, 도덕은 양면적이다.

08 다음 중 행정행위로 옳은 것은?

① 도로의 설치
② 건축허가
③ 국유재산의 매각
④ 토지수용에 대한 협의

09 다음 중 법과 도덕의 차이점에 대한 설명으로 옳지 않은 것은?

① 법은 강제성이 있지만 도덕은 강제성이 없다.
② 법은 타율성을 갖지만 도덕은 자율성을 갖는다.
③ 법은 내면성을 갖지만 도덕은 외면성을 갖는다.
④ 법은 양면성을 갖지만 도덕은 일면성을 갖는다.

10 다음 중 헌법개정에 대한 설명으로 옳지 않은 것은?

① 헌법에 규정된 개정절차에 따라야 한다.
② 국민투표를 요구하는 방법, 특별헌법회의를 필요로 하는 방법 등을 볼 수 있다.
③ 헌법의 형식이나 내용에 변경을 가하는 것이다.
④ 헌법의 기본적 동일성이 변경되는 것이다.

11 다음 중 법의 성격에 대한 설명으로 옳지 않은 것은?

① 자연법론자들은 법과 도덕은 그 고유한 영역을 가지고 있지만 도덕을 법의 상위개념으로 본다.
② 법은 타율성에, 도덕은 자율성에 그 실효성의 연원을 둔다.
③ 법은 인간행위에 대한 당위의 법칙이 아니라 필연의 법칙이다.
④ 법은 국가권력에 의하여 보장되는 사회규범의 하나이다.

12 다음 중 헌법의 개정과 유사한 개념 중에서 기존 헌법을 배제하고 수평적 헌법전의 교체가 이루어지는 것을 무엇이라 하는가?

① 헌법의 폐지   ② 헌법의 파괴
③ 헌법의 정지   ④ 헌법의 침해

13 다음 중 법의 목적에 대한 설명이 잘못 연결된 것은?

① 칸트 : 인격의 완성
② 루소 : 국가이익의 추구
③ 예링 : 생활이익의 확보
④ 벤담 : 최대다수의 최대행복

14 다음 중 우리나라 헌법의 기본원리라고 볼 수 없는 것은?

① 국민주권의 원리   ② 법치주의
③ 문화국가의 원리   ④ 사회적 민주주의

15 법무부장관이 외국인 A에게 귀화를 허가한 경우, 선거관리위원장은 귀화 허가가 무효가 아닌 한 귀화 허가에 하자가 있더라도 A가 한국인이 아니라는 이유로 선거권을 거부할 수 없다. 이처럼 법무부장관의 귀화 허가에 구속되는 행정행위의 효력은 무엇인가?

① 공정력   ② 구속력
③ 형식적 존속력   ④ 구성요건적 효력

16 다음 중 법원(法源)에 대한 설명으로 옳지 않은 것은?

① 법관이 재판을 할 때 있어서 적용하여야 할 기준이다.

② 죄형법정주의에 따라 관습형법은 인정되지 않는다.

③ 대통령령은 헌법에 근거를 두고 있다.

④ 영미법계 국가에서는 판례의 법원성이 부정된다.

17 다음 중 국가공무원법에 명시된 공무원의 복무의무로 옳지 않은 것은?

① 범죄 고발의 의무

② 친절·공정의 의무

③ 비밀 엄수의 의무

④ 정치 운동의 금지

18 다음 중 법원(法源)으로서 조례(條例)에 대한 설명으로 옳은 것은?

① 조례는 규칙의 하위규범이다.

② 국제법상의 기관들은 자체적으로 조약을 체결할 수 없다.

③ 시의회가 법률의 위임 범위 안에서 제정한 규범은 조례에 해당한다.

④ 재판의 근거로 사용된 조리(條理)는 조례가 될 수 있다.

19 다음 중 우리나라의 헌법에 대한 설명으로 옳지 않은 것은?

① 국가의사의 최종 결정권력이 국민에게 있다는 원리를 국민주권의 원리라 한다.

② 우리 헌법상 국민주권의 원리를 구현하기 위한 제도로는 대표민주제, 복수정당제, 국민투표제 등이 있다.

③ 모든 폭력적인 지배와 자의적인 지배를 배제하고, 그때그때의 다수의 의사와 자유 및 평등에 의거한 국민의 자기결정을 토대로 하는 법치국가적 통치질서를 자유민주적 기본질서라 한다.

④ 자유민주적 기본질서의 내용으로는 기본적 인권의 존중, 권력분립주의, 법치주의, 사법권의 독립, 계엄선포 및 긴급명령권, 양대정당제 등이 있다.

20 다음 중 법의 단계를 순서대로 바르게 나열한 것은?

① 헌법 – 법률 – 명령 – 조례 – 규칙

② 헌법 – 법률 – 명령 – 규칙 – 조례

③ 조례 – 규칙 – 명령 – 법률 – 헌법

④ 법률 – 헌법 – 명령 – 규칙 – 조례

21 다음 중 자유민주적 기본질서의 원리와 거리가 먼 것은?

① 법치주의   ② 권력분립주의

③ 의회민주주의   ④ 포괄위임입법주의

22 경찰관이 목전에 급박한 장해를 제거할 필요가 있거나 그 성질상 미리 의무를 명할 시간적 여유가 없을 때, 자신이 근무하는 국가중요시설에 무단으로 침입한 자의 신체에 직접 무기를 사용하여 저지하는 행위는?

① 행정대집행   ② 행정상 즉시강제

③ 행정상 강제집행   ④ 집행벌

23 다음 중 상법의 적용순위를 순서대로 바르게 나열한 것은?

① 상법 – 민법 – 상관습법 – 민사특별법

② 민법 – 상법 – 민사특별법 – 상관습법

③ 민사특별법 – 상법 – 민법 – 상관습법

④ 상법 – 상관습법 – 민사특별법 – 민법

24 다음 행정쟁송절차에서 빈칸에 들어갈 단어를 순서대로 바르게 나열한 것은?

시정 ↰			
위법·부당한 행정처분 → ( ) → ( ) → ( ) → ( )			
취소, 변경 청구 소의 제기 항소 상고			

① 지방법원 – 고등법원 – 대법원 – 헌법재판소

② 고등법원 – 대법원 – 행정기관 – 헌법재판소

③ 당해 행정관청 – 행정법원 – 고등법원 – 대법원

④ 상급감독관청 – 지방법원 – 대법원 – 헌법재판소

25 다음 중 법의 체계에 대한 설명으로 옳은 것은?

① 강행법과 임의법은 실정성 여부에 따른 구분이다.

② 고유법과 계수법은 적용대상에 따른 구분이다.

③ 실체법과 절차법은 법의 제정주체에 따른 구분이다.

④ 일반법과 특별법은 적용되는 효력 범위에 따른 구분이다.

26 다음 중 행정심판에 의해 구제받지 못한 자가 위법한 행정행위에 대하여 최종적으로 법원에 구제를 청구하는 절차는?

① 헌법소원   ② 손해배상청구

③ 손실보상청구   ④ 행정소송

27 다음 중 우리 헌법재판소가 목적의 정당성, 방법의 적절성, 피해의 최소성, 법익의 균형성 등으로 기본권의 침해 여부를 심사하는 위헌판단원칙은?

① 과잉금지원칙   ② 헌법유보원칙

③ 의회유보원칙   ④ 포괄위임입법금지원칙

28 다음 중 법을 공법과 사법으로 분류할 때, 공법으로만 나열한 것은?

① 사회보장법, 형법

② 상법, 근로기준법

③ 어음법, 수표법

④ 형사소송법, 민사소송법

29 불명확한 사실에 대하여 공익 또는 기타 법정책상의 이유로 사실의 진실성 여부와는 관계없이 확정된 사실로 의제하여 일정한 법률효과를 부여하고 반증을 허용하지 않는 것은?

① 간주   ② 추정

③ 준용   ④ 입증

30 다음 중 민법상 법인에 대한 설명으로 옳지 않은 것은?

① 법인은 이사를 두어야 한다.
② 사단법인의 사원의 지위는 양도 또는 상속할 수 없다.
③ 법인은 정관 또는 총회의 결의로 감사를 둘 수 있다.
④ 주무관청은 이해관계인의 청구에 의하여 임시이사를 선임할 수 있다.

31 다음 각 용어에 대한 설명으로 옳은 것은?

① 권능이란 권리에서 파생되는 개개의 법률상의 작용을 말한다.
② 권원이란 일정한 법률상 또는 사실상 행위의 결과로 나타나는 효과를 말한다.
③ 반사적 이익이란 특정인이 법률규정에 따라 일정한 행위를 하였을 때 그 법률상 이익을 직접 누릴 수 있는 권리를 말한다.
④ 법인의 대표이사가 정관 규정에 의하여 일정한 행위를 할 수 있는 힘을 반사적 이익이라 한다.

32 다음 중 신의성실의 원칙에 대한 설명으로 옳은 것은?(단, 다툼이 있으면 판례에 따른다)

① 인지청구권의 포기는 허용되지 않지만, 인지청구권에는 실효의 법리가 적용될 수 있다.
② 임대차계약 당사자가 차임을 증액하지 않기로 약정한 경우, 사정변경의 원칙에 따라 차임을 증액할 수 없다.
③ 신의성실의 원칙에 반한다는 것을 당사자가 주장하지 않더라도 법원은 직권으로 판단할 수 있다.
④ 취득시효완성 후 그 사실을 모르고 권리를 주장하지 않기로 하였다가 후에 시효주장을 하는 것은 특별한 사정이 없는 한 신의칙상 허용된다.

33 다음 〈보기〉 중 대리에 대한 설명으로 옳은 것을 모두 고르면?(단, 다툼이 있으면 판례에 따른다)

─────〈보기〉─────
ㄱ. 복대리인은 본인이나 제3자에 대하여 대리인과 동일한 권리의무가 있다.
ㄴ. 대리행위가 강행법규에 위반하는 경우에는 표현대리의 법리가 적용되지 않는다.
ㄷ. 친권자가 자신의 부동산을 미성년 자녀에게 증여하는 행위는 자기계약이지만 유효하다.
ㄹ. 대리인이 그 권한 내에서 본인을 위한 것임을 표시한 의사표시는 직접 본인에게 대하여 효력이 생긴다.

① ㄱ, ㄴ
② ㄷ, ㄹ
③ ㄱ, ㄴ, ㄷ
④ ㄱ, ㄴ, ㄷ, ㄹ

34 다음 중 무권대리행위의 추인에 대한 설명으로 옳지 않은 것은?(단, 다툼이 있으면 판례에 따른다)

① 추인은 제3자의 권리를 해하지 않는 한, 다른 의사표시가 없으면 계약시에 소급하여 그 효력이 생긴다.

② 무권대리행위의 일부에 대한 추인은 상대방의 동의를 얻지 못하는 한 무효이다.

③ 추인은 무권대리행위로 인한 권리 또는 법률관계의 승계인에게도 할 수 있다.

④ 무권대리행위가 범죄가 되는 경우에 본인이 그 사실을 알고도 장기간 형사고소를 하지 않은 것만으로 묵시적 추인이 된다.

35 다음 중 지명채권의 양도에 대한 설명으로 옳은 것은?(단, 다툼이 있으면 판례에 따른다)

① 채권양도의 대항요건인 채무자의 승낙에는 조건을 붙일 수 있다.

② 채권양도행위가 사해행위에 해당하지 않는 경우에도 양도통지가 별도로 채권자취소권 행사의 대상이 된다.

③ 근로자가 그 임금채권을 양도한 경우, 양수인은 사용자에 대하여 임금의 지급을 청구할 수 있다.

④ 채무자는 채권양도를 승낙한 후에도 양도인에 대한 채권을 새로 취득한 경우에 이를 가지고 양수인에 대하여 상계할 수 있다.

36 다음 중 이행지체책임의 발생 시기에 대한 설명으로 옳지 않은 것은?(단, 다툼이 있으면 판례에 따른다)

① 지시채권의 경우, 기한이 도래한 후 소지인이 그 증서를 제시하여 이행을 청구한 때로부터 지체책임을 진다.

② 동시이행관계에 있는 채무는 상대방이 채무의 이행을 제공하지 않는 한, 이행기가 도래하여도 지체책임을 지지 않는다.

③ 불확정기한부 채무의 경우, 기한 도래 사실의 인식여부를 불문하고 기한이 객관적으로 도래한 때로부터 지체책임을 진다.

④ 채무이행의 기한이 없는 경우, 채무자는 이행청구를 받은 때부터 지체책임을 진다.

37 다음 중 손해배상액의 예정에 대한 설명으로 옳은 것은?(단, 다툼이 있으면 판례에 따른다)

① 특별손해는 예정액을 초과하더라도 원칙적으로 청구할 수 있다.

② 계약체결시 손해배상액 예정을 한 경우, 그 예정은 그 계약과 관련된 불법행위로 인한 손해배상까지 예정한 것으로 볼 수 있다.

③ 손해배상 예정액이 부당하게 과다한 경우에는 법원은 당사자의 주장이 없더라도 직권으로 이를 감액할 수 있다.

④ 채권자가 예정된 손해배상액을 청구하기 위하여 손해배상액을 증명할 필요는 없으나 적어도 손해의 발생은 증명하여야 한다.

38 다음 중 부동산 매매계약의 합의해제(해제계약)에 대한 설명으로 옳은 것은?(단, 다툼이 있으면 판례에 따른다)

① 합의해제는 당사자 쌍방의 묵시적 합의로 성립할 수 없다.

② 합의해제시에 손해배상에 관한 특약 등을 하지 않았더라도 매도인은 채무불이행으로 인한 손해배상을 청구할 수 있다.

③ 합의해제의 소급효는 해제 전에 매매목적물에 대하여 저당권을 취득한 제3자에게 영향을 미친다.

④ 합의해제에 따른 매도인의 원상회복청구권은 소유권에 기한 물권적 청구권으로서 소멸시효의 대상이 되지 않는다.

39 甲은 자신의 X건물을 매매대금 1억 원, 계약금 1,000만 원으로 정하여 乙에게 매도하는 계약을 체결하고, 乙로부터 계약금을 수령하였다. 甲이 乙에게 X건물의 인도 및 소유권이전등기를 마쳐주기 전에 제3자 丙의 과실로 인한 화재로 X건물이 전부 멸실되었다. 이에 대한 설명으로 옳지 않은 것은?(단, 다툼이 있으면 판례에 따른다)

① 乙은 丙에게 불법행위로 인한 손해배상을 청구할 수 있다.

② 乙은 甲에게 X건물에 관한 소유권이전등기를 청구할 수 없다.

③ 乙은 甲에게 채무불이행으로 인한 손해배상을 청구할 수 없다.

④ 乙은 甲에게 지급한 계약금에 대해 부당이득반환을 청구할 수 있다.

40 다음 중 매도인의 담보책임에 대한 설명으로 옳지 않은 것은?(단, 다툼이 있으면 판례에 따른다)

① 경매절차에서 취득한 물건에 하자가 있는 경우, 그에 대하여 담보책임을 물을 수 없다.

② 수량을 지정한 매매의 목적물이 부족한 경우, 악의의 매수인은 대금감액을 청구할 수 있다.

③ 매매의 목적인 권리의 전부가 타인에게 속한 경우, 매도인이 그 권리를 취득하여 매수인에게 이전할 수 없는 때에는 악의의 매수인은 매매계약을 해제할 수 있다.

④ 매매목적물의 하자로 인한 매수인의 매도인에 대한 하자담보책임에 기한 손해배상청구권에는 채권의 소멸시효에 관한 규정이 적용된다.

41 다음 중 민법상 친족에 대한 설명으로 옳지 않은 것은?

① 자기의 직계존속과 직계비속을 직계혈족이라 한다.

② 자기의 형제자매와 형제자매의 직계비속, 직계존속의 형제자매 및 그 형제자매의 직계비속을 방계혈족이라 한다.

③ 혈족의 배우자, 배우자의 혈족, 배우자의 혈족의 배우자를 인척으로 한다.

④ 입양으로 인한 친족관계는 입양의 취소나 파양이 있어도 종료되지 않는다.

42 다음 중 공법과 사법의 구별기준에 대한 학설의 내용으로 거리가 먼 것은?

① 공익을 위한 것인가 사익을 위한 것인가에 따라 구별한다.

② 권력적인 것인가의 여부에 따라 구별한다.

③ 권력의무의 주체에 따라 구별한다.

④ 법규의 명칭에 따라 구별한다.

43 다음 중 법률행위의 취소에 대한 설명으로 옳지 않은 것은?

① 취소의 효과는 선의의 제3자에게 대항할 수 없는 것이 원칙이다.

② 취소할 수 있는 법률행위는 취소의 원인이 종료되기 전에 추인을 할 수 있는 것이 원칙이다.

③ 취소된 법률행위는 처음부터 무효인 것으로 보는 것이 원칙이다.

④ 취소할 수 있는 의사표시를 한 자의 대리인도 그 행위를 취소할 수 있다.

44 다음 중 법 앞의 평등에 대한 설명으로 옳지 않은 것은?

① 법 앞의 평등은 절대적인 것이 아니고 상대적인 것이다.

② 법의 적용뿐만 아니라 법 내용의 평등까지 요구한다.

③ 독일에서는 자의의 금지를, 미국에서는 합리성을 그 기준으로 들고 있다.

④ 차별금지사유인 성별, 종교, 사회적 신분 등은 열거적 규정이다.

45 다음 중 사회법에 대한 설명으로 옳지 않은 것은?

① 공법의 사법화에 해당한다.

② 노동법, 경제법, 사회보장법은 사회법에 속한다.

③ 자본주의의 부분적 모순을 수정하기 위한 법이다.

④ 사회적·경제적 약자의 이익 보호를 목적으로 한다.

46 다음 중 헌법재판소에 대한 설명으로 옳지 않은 것은?

① 포괄적인 재판권과 사법권을 가진다.

② 헌법 규정에 대하여는 위헌심판을 할 수 없다.

③ 공권력의 행사 또는 불행사로 기본권을 침해받은 자는 헌법소원심판을 청구할 수 있다.

④ 법률이 헌법에 위반되는지 여부가 재판의 전제가 되었을 때 법원은 직권 또는 당사자의 신청에 의해서 위헌 여부 심판을 제청한다.

47 다음 중 소유권절대의 원칙과 가장 깊은 관계를 갖는 것은?

① 계약체결의 자유　　　　　　　　② 물권적 청구권

③ 자기책임주의　　　　　　　　　　④ 권리남용의 금지

48 일본인이 독일 내 공원에서 대한민국 국민을 살해한 경우, 다음 중 대한민국 형법을 적용할 수 있는 근거로 옳은 것은?

① 속인주의　　　　　　　　　　　　② 속지주의

③ 보호주의　　　　　　　　　　　　④ 기국주의

49 다음 〈보기〉 중 상법상 손해보험에 해당하는 것은 모두 몇 개인가?

───〈보기〉───	
ㄱ. 책임보험	ㄴ. 화재보험
ㄷ. 해상보험	ㄹ. 생명보험
ㅁ. 상해보험	ㅂ. 재보험

① 2개　　　　　　　　　　　　　　② 3개

③ 4개　　　　　　　　　　　　　　④ 5개

50 다음 중 행정행위에 대한 설명으로 옳지 않은 것은?

① 내용이 명확하고 실현가능하여야 한다.

② 법률상 절차와 형식을 갖출 필요는 없다.

③ 법률의 규정에 위배되지 않아야 한다.

④ 정당한 권한을 가진 자의 행위여야 한다.

| 05 | 회계학

01 다음 중 재무제표 작성원칙에 대한 설명으로 옳지 않은 것은?

① 기업은 현금흐름 정보를 제외하고는 발생기준 회계를 사용하여 재무제표를 작성한다.

② 한국채택국제회계기준의 요구에 따라 공시되는 정보가 중요하지 않다면 그 공시를 제공할 필요는 없다.

③ 재무제표가 한국채택국제회계기준의 요구사항을 모두 충족한 경우가 아니라면 한국채택국제회계기준을 준수하여 작성되었다고 기재하여서는 아니 된다.

④ 일반적으로 재무제표는 일관성 있게 1년 단위로 작성해야 하므로, 실무적인 이유로 특정 기업이 보고기간을 52주로 하는 보고관행은 금지된다.

02 다음 중 당기순이익을 감소시키는 거래가 아닌 것은?

① 거래처 직원 접대 후 즉시 현금 지출

② 영업용 건물에 대한 감가상각비 인식

③ 판매사원용 피복 구입 후 즉시 배분

④ 토지(유형자산)에 대한 취득세 지출

03 다음 중 회계상 거래가 아닌 것은?

① 거래처의 부도로 인하여 매출채권 회수가 불가능하게 되었다.

② 임대수익이 발생하였으나 현금으로 수취하지는 못하였다.

③ 기초에 매입한 단기매매금융자산의 공정가치가 기말에 상승하였다.

④ 기존 차입금에 대하여 금융기관의 요구로 부동산을 담보로 제공하였다.

04 다음 중 자산을 증가시키는 거래에 해당되지 않는 것은?

① 비품을 외상으로 구입하다.

② 차입금 상환을 면제받다.

③ 주주로부터 현금을 출자받다.

④ 은행으로부터 현금을 차입하다.

05 다음 중 무형자산 회계처리에 대한 설명으로 옳지 않은 것은?

① 내용연수가 비한정인 무형자산은 상각하지 아니한다.

② 제조과정에서 사용된 무형자산의 상각액은 재고자산의 장부금액에 포함한다.

③ 내용연수가 유한한 경우 상각은 자산을 사용할 수 있는 때부터 시작한다.

④ 내용연수가 비한정인 무형자산의 내용연수를 유한 내용연수로 변경하는 것은 회계정책의 변경에 해당한다.

06 B전자의 영업주기(상품의 매입시점부터 판매 후 대금회수 시점까지의 기간)는 180일이다. 다음 2022년 자료를 이용하여 계산한 매출액은?(단, 매입과 매출은 전액 외상거래이고, 1년은 360일로 가정한다)

• 매출액	?
• 평균매출채권	2,500원
• 평균재고자산	2,000원
• 매출원가	8,000원
• 평균매입채무	1,600원

① 8,333원   ② 8,833원

③ 9,000원   ④ 10,000원

07 다음은 (주)한국의 2022년 말 자산에 대한 내용이다. (주)한국의 2022년 말 현금 및 현금성 자산은?

• 통화	50,000원
• 당좌차월	20,000원
• 수입인지	10,000원
• 양도성 예금증서(취득 시 만기 90일)	20,000원
• 만기 2개월 남은 정기예금(1년 만기)	5,000원
• 당좌개설보증금	1,000원

① 70,000원   ② 71,000원

③ 75,000원   ④ 81,000원

08 B공단은 제품매출액의 3%에 해당하는 금액을 제품보증비용(보증기간 2년)으로 추정하고 있다. 2021년의 매출액과 실제 보증청구로 인한 보증비용 지출액은 다음과 같다. 2022년 포괄손익계산서의 보증활동으로 인한 비용과 2022년 말 재무상태표의 충당부채 잔액은?(단, B공단은 2021년 초에 설립되었으며, 2022년의 매출은 없다고 가정한다)

제품매출액(2021년)	실제 보증비용 지출액	
	2021년	2022년
600,000원	14,000원	6,000원

	제품보증비	충당부채
①	2,000원	0원
②	3,000원	0원
③	4,000원	0원
④	5,000원	4,000원

09 B사의 2022년도 자료는 다음과 같다. 매출채권이 1회전하는 데 소요되는 기간은?(단, 회계기간은 1월 1일부터 12월 31일까지이다)

• 매출액	2,000,000원
• 기초매출채권	120,000원
• 기말매출채권	280,000원

① 14.6일   ② 29.2일
③ 36.5일   ④ 42.5일

10 다음 자료를 이용할 때, 목표영업이익 20,000원을 달성하기 위한 판매량은?

• 단위당 판매가격	400
• 단위당 변동원가	300
• 총고정원가	6,000

① 60단위   ② 200단위
③ 260단위   ④ 300단위

11 최근 2년간 총고정제조원가와 단위당 변동제조원가는 변화가 없으며, 생산량과 총제조원가는 다음과 같다. 2023년도에 총고정제조원가가 10% 증가할 경우, 생산량이 400단위일 때 총제조원가는?

구분	생산량	총제조원가(원)
2021년	200단위	600,000
2022년	300단위	800,000

① 1,000,000원
② 1,020,000원
③ 1,040,000원
④ 1,060,000원

12 다음 〈보기〉에서 빈칸에 들어갈 용어를 바르게 연결한 것은?

─〈보기〉─
- ___A___ 은 상품을 구입할 때마다 상품계정에 기록하며 상품을 판매하는 경우에 판매시점마다 매출액만큼을 수익으로 기록하고 동시에 상품원가를 매출원가로 기록하는 방법이다.
- ___B___ 은 기말실사를 통해 기말재고수량을 파악하고 판매가능수량[(기초재고수량)＋(당기매입수량)]에서 실사를 통해 파악된 기말재고수량을 차감하여 매출수량을 결정하는 방법이다.

	A	B
①	기초재고조사법	기말재고조사법
②	계속기록법	기말재고조사법
③	계속기록법	실질재고조사법
④	기초재고조사법	실질재고조사법

13 다음 중 채권에 들어갈 계정과목으로 옳지 않은 것은?

구분	채권	채무
영업관련	(A) 외상매출금	외상매입금
	(B) 받을어음	지급어음
영업외	(C) 미수금	미지급금
	(D) 차입금	대여금
계약	선급금	선수금

① (A)
② (B)
③ (C)
④ (D)

14 주당 액면금액이 5,000원인 보통주 100주를 주당 8,000원에 현금 발행한 경우 재무제표에 미치는 영향으로 옳지 않은 것은?

① 자산 증가
② 자본 증가
③ 수익 불변
④ 이익잉여금 증가

15 재무정보가 유용하기 위해 갖추어야 할 주요 속성으로는 크게 근본적인 질적 특성인 목적적합성과 충실한 표현, 즉 표현의 충실성으로 볼 수 있다. 다음 중 이러한 근본적 질적 특성을 보강해 주는 보강적 질적 특성에 해당하는 것이 아닌 것은?

① 비교가능성
② 검증가능성
③ 적시성
④ 생산성

16 다음 중 포괄손익계산서에 표시되는 계정과목은?

① 금융원가
② 이익잉여금
③ 영업권
④ 매출채권

17 다음 자료를 통해 매출총이익을 구하면?

총매출액	500,000원	매입할인	5,000원
매출할인	20,000원	기초상품 재고액	100,000원
매입환출	5,000원	매출에누리	5,000원
기말상품 재고액	110,000원	총매입액	200,000원

① 300,000원
② 295,000원
③ 290,000원
④ 275,000원

18 A는 2021년 1월 1일에 기계 1대를 구입하였다. 해당 기계의 취득원가는 100,000원이고 잔존가치는 16,810원일 때, 내용연수 5년 기준으로 2022년의 정률법을 적용한 감가상각비는?(단, 정률은 30%, 결산일은 12월 31일이다)

① 21,000원
② 14,700원
③ 30,000원
④ 14,870원

19. B회사는 2022년 7월 1일 내용연수 5년의 기계장치를 1,000,000원에 취득하였다. 이때 잔존가치는 100,000원이고, 연수합계법에 의해 상각한다. 이 기계장치와 관련해 B회사가 2022년도에 인식할 감가상각비는 얼마인가?

① 90,000원
② 100,000원
③ 150,000원
④ 160,000원

20. 다음 중 회계거래에 해당하지 않는 것은?

① 기숙사에 설치된 시설물 1,000,000원을 도난당했다.
② 원가 1,300,000원의 상품을 현금 1,000,000원에 판매했다.
③ 이자 500,000원을 현금으로 지급했다.
④ 직원과 월급 2,000,000원에 고용계약을 체결했다.

21. 다음 중 투자부동산에 대한 설명으로 옳지 않은 것은?

① 투자부동산은 임대수익이나 시세차익을 얻기 위하여 보유하는 부동산을 말한다.
② 본사 사옥으로 사용하고 있는 건물은 투자부동산이 아니다.
③ 최초 인식 후 예외적인 경우를 제외하고 원가모형과 공정가치모형 중 하나를 선택하여 모든 투자부동산에 적용한다.
④ 투자부동산에 대해 공정가치모형을 적용할 경우 공정가치 변동으로 발생하는 손익은 발생한 기간의 기타포괄손익에 반영한다.

22. 다음 〈보기〉 중 금융부채에 속하는 것을 모두 고르면?

──────〈보기〉──────
ㄱ. 매입채무　　　　　　　ㄴ. 선수금
ㄷ. 사채　　　　　　　　　ㄹ. 소득세예수금
ㅁ. 미지급법인세

① ㄱ, ㄴ
② ㄱ, ㄷ
③ ㄱ, ㄹ, ㅁ
④ ㄴ, ㄷ, ㄹ

23 다음 중 대리비용이론에 대한 설명으로 옳지 않은 것은?

① 위임자와 대리인 간의 정보비대칭 상황을 전제한다.

② 대리비용의 발생원천에 따라 자기자본 대리비용과 부채 대리비용으로 구분된다.

③ 자기자본 대리비용은 외부주주의 지분율이 높을수록 커진다.

④ 부채 대리비용은 부채비율이 낮을수록 커진다.

24 다음 〈보기〉 중 부채에 해당하지 않는 것을 모두 고르면?

┌─────────────── 〈보기〉 ───────────────┐

ㄱ. 미수금　　　　　　　　　　　ㄴ. 선수금

ㄷ. 현금 및 현금성 자산　　　　　ㄹ. 장기차입금

ㅁ. 예수금

└──────────────────────────────────────┘

① ㄱ, ㄴ　　　　　　　　　　② ㄱ, ㄷ

③ ㄴ, ㄹ　　　　　　　　　　④ ㄴ, ㅁ

25 다음 중 제조업을 영위하는 기업의 현금흐름표에 대한 설명으로 옳지 않은 것은?

① 단기매매목적으로 보유하는 유가증권의 취득과 판매에 따른 현금흐름은 재무활동현금흐름으로 분류한다.

② 현금흐름표는 회계기간 동안 발생한 현금흐름을 영업활동, 투자활동 및 재무활동으로 분류하여 보고한다.

③ 유형자산 또는 무형자산 처분에 따른 현금유입은 투자활동현금흐름으로 분류한다.

④ 차입금의 상환에 따른 현금유출은 재무활동현금흐름으로 분류한다.

26 다음 중 당기순이익에 영향을 미치는 항목이 아닌 것은?

① 감자차익　　　　　　　　　　② 재고자산평가손실

③ 유형자산손상차손　　　　　　④ 단기매매금융자산평가손실

27 다음 중 원가에 대한 설명으로 옳은 것은?

① 기회원가는 미래에 발생할 원가로서 의사결정 시 고려하지 않는다.
② 관련범위 내에서 혼합원가는 조업도가 0이라도 원가는 발생한다.
③ 관련범위 내에서 생산량이 감소하면 단위당 고정원가도 감소한다.
④ 관련범위 내에서 생산량이 증가하면 단위당 변동원가도 증가한다.

28 B공단은 2022년 초에 설비(내용연수 4년, 잔존가치 200원)를 2,000원에 취득하여, 정액법으로 감가상각하고 있다. 2022년 말에 동 설비를 1,400원에 처분하였다면 인식할 처분손익은?

① 150원 손실
② 200원 이익
③ 450원 손실
④ 600원 손실

29 다음 중 유동부채에 대한 설명으로 옳지 않은 것은?

① 일반적으로 정상영업주기 내 또는 보고기간 후 12개월 이내에 결제하기로 되어 있는 부채이다.
② 미지급비용, 선수금, 수선충당부채, 퇴직급여부채 등은 유동부채에 포함된다.
③ 매입채무는 일반적 상거래에서 발생하는 부채로 유동부채에 속한다.
④ 유동부채는 보고기간 후 12개월 이상 부채의 결제를 연기할 수 있는 무조건의 권리를 가지고 있지 않다.

30 다음 중 수정전시산표에 대한 설명으로 옳지 않은 것은?

① 통상 재무제표를 작성하기 이전에 거래가 오류없이 작성되었는지 자기검증하기 위하여 작성한다.
② 총계정원장의 총액 혹은 잔액을 한 곳에 모아놓은 표이다.
③ 결산 이전의 오류를 검증하는 절차로 원장 및 분개장과 더불어 필수적으로 작성해야 한다.
④ 복식부기의 원리를 전제로 한다.

31 포괄손익계산서의 보험료가 500원이고, 기말의 수정분개가 다음과 같을 경우 수정전시산표와 기말 재무상태표의 선급보험료 금액으로 가능한 것은?

<table>
<tr><td colspan="2" align="center">〈수정분개〉</td></tr>
<tr><td>(차변) 보험료 300원</td><td>(대변) 선급보험료 300원</td></tr>
</table>

	수정전시산표의 선급보험료	기말 재무상태표의 선급보험료
①	1,300원	1,500원
②	2,000원	1,700원
③	2,500원	2,800원
④	2,500원	3,000원

32 다음 자료를 이용할 경우 재무상태표에 표시될 현금 및 현금성 자산은?

당좌예금	1,000원	당좌개설보증금	350원
배당금지급통지표	455원	수입인지	25원
임차보증금	405원	우편환증서	315원
차용증서	950원	타인발행수표	200원

① 1,655원 ② 1,970원
③ 2,375원 ④ 2,400원

33 2022년 B회사는 토지와 건물을 1,200,000원에 일괄구입하였다. 취득일 현재 토지와 건물을 처분한 회사의 장부금액은 다음과 같으며, 토지와 건물의 공정가치는 각각 1,200,000원과 300,000원이다. 다음 중 B회사가 인식할 토지와 건물의 취득원가는 각각 얼마인가?

구분	장부금액
토지	1,000,000원
건물	500,000원

	토지	건물
①	780,000원	120,000원
②	800,000원	400,000원
③	960,000원	240,000원
④	1,000,000원	500,000원

34 다음 중 재무정보의 질적 특성에 대한 설명으로 옳지 않은 것은?

① 검증가능성은 합리적인 판단력이 있고 독립적인 서로 다른 관찰자가 어떤 서술이 표현충실성이라는 데 대체로 의견이 일치할 수 있다는 것을 의미한다.

② 재무정보에 예측가치, 확인가치 또는 이 둘 모두가 있다면 의사결정에 차이가 나도록 할 수 있다.

③ 완벽하게 표현충실성을 위해서 서술은 완전하고, 중립적이며, 오류가 없어야 할 것이다.

④ 이해가능성은 정보이용자가 항목 간의 유사점과 차이점을 식별하고 이해할 수 있게 하는 질적 특성이다.

35 다음의 자료를 이용하여 매출총이익법으로 추정한 기말재고액은?

기초재고액	2,200원
당기매입액	4,300원
당기매출액	6,000원
원가에 대한 이익률	20%

① 500원   ② 1,200원

③ 1,500원   ④ 1,700원

36 다음 중 유형자산의 재평가에 대한 설명으로 옳은 것은?

① 재평가가 단기간에 수행되며 계속적으로 갱신된다면, 동일한 분류에 속하는 자산이라 하더라도 순차적으로 재평가할 수 없다.

② 감가상각대상 유형자산을 재평가할 때, 그 자산의 최초원가를 재평가금액으로 조정하여야 한다.

③ 특정 유형자산을 재평가할 때, 해당 자산이 포함되는 유형자산 분류 전체를 재평가한다.

④ 자산의 장부금액이 재평가로 인하여 감소된 경우에 그 자산에 대한 재평가잉여금의 잔액이 있더라도 재평가감소액 전부를 당기손익으로 인식한다.

37 다음 자료를 이용하여 계산한 기말재고자산은?

- 기말재고 실사금액(본사 창고) 200,000원
- 선적지 인도조건으로 판매하여 운송중인 상품 50,000원
- 적송품 100,000원 중 30%는 판매 완료

① 230,000원   ② 250,000원

③ 270,000원   ④ 300,000원

38 다음 자료를 이용하여 계산한 재고자산평가손익은?(단, 재고자산감모손실은 없다)

기초재고	9,000원
당기매입액	42,000원
매출원가	45,000원
기말재고(순실현가능가치)	4,000원

① 평가손실 2,000원　　　　　　　② 평가손실 3,000원

③ 평가이익 2,000원　　　　　　　④ 평가이익 3,000원

39 다음 중 충당부채와 우발부채에 대한 설명으로 옳지 않은 것은?

① 충당부채는 재무상태표에 표시되는 부채이나 우발부채는 재무상태표에 표시될 수 없고 주석으로만 기재될 수 있다.

② 예상되는 자산 처분이 충당부채를 생기게 한 사건과 밀접하게 관련되었더라도 예상되는 자산 처분이익은 충당부채를 측정하는 데 고려하지 아니한다.

③ 충당부채로 인식하는 금액은 현재의무를 보고기간 말에 이행하기 위하여 필요한 지출에 대한 최선의 추정치이어야 한다.

④ 충당부채를 현재가치로 평가하기 위한 할인율은 부채의 특유한 위험과 화폐의 시간가치에 대한 현행 시장의 평가를 반영한 세후 이율이다.

40 다음 자료를 이용하여 계산한 매출로 인한 현금유입액은?

당기매출액	1,108,000원
기초매출채권	120,000원
기말매출채권	130,000원
기초대손충당금	3,000원
기말대손충당금	2,400원
당기대손상각비	1,000원

① 1,096,400원　　　　　　　② 1,097,600원

③ 1,098,000원　　　　　　　④ 1,099,600원

41 2022년 초 설립한 B회사의 기말상품재고와 관련된 자료가 다음과 같고 당기상품매입액이 10,000원일 때, 2022년 말 재고자산 장부금액과 2022년도 매출원가는?(단, 재고자산의 항목은 서로 유사하지 않으며, 재고자산평가손익은 매출원가에 가감한다)

항목	취득원가	순실현가능가치
A	1,000원	1,200원
B	2,000원	1,900원

	장부금액	매출원가			장부금액	매출원가
①	2,900원	7,000원		②	2,900원	7,100원
③	3,000원	7,000원		④	3,000원	7,100원

42 다음 자료를 이용하여 계산한 건물처분으로 유입된 현금흐름은?

구분	건물(원)	감가상각누계액(원)
기초	400,000	140,000
기말	460,000	160,000

- 기중 건물 취득금액은 140,000원이다.
- 기중 건물의 처분이익은 10,000원이다.
- 당기 건물의 감가상각비는 50,000원이다.

① 30,000원
② 40,000원
③ 50,000원
④ 60,000원

43 다음 자료를 이용하여 산출된 기말 부채총액은?(단, 기타포괄손익은 없다)

기말 자산총액	400,000원
기초 자본총액	120,000원
당기 총수익	400,000원
당기 총비용	320,000원
기중 배당금의 지급	30,000원

① 50,000원
② 90,000원
③ 200,000원
④ 230,000원

44 다음 중 재고자산에 대한 설명으로 옳지 않은 것은?

① 재고자산이란 정상적인 영업활동과정에서 판매를 목적으로 소유하고 있거나 판매할 자산을 제조하는 과정에 있거나 제조과정에 사용될 자산을 말한다.

② 재고자산의 취득원가는 매입원가, 전환원가 및 재고자산을 현재의 장소에 현재의 상태로 이르게 하는 데 발생한 기타 원가 모두를 포함한다.

③ 재고자산의 매입원가는 매입가격에 수입관세와 매입운임, 하역료, 매입할인, 리베이트 등을 가산한 금액이다.

④ 표준원가법이나 소매재고법 등의 원가측정방법은 그러한 방법으로 평가한 결과가 실제원가와 유사한 경우에 사용할 수 있다.

45 다음 중 독립된 외부감사인이 충분하고 적합한 감사증거를 입수하였고 왜곡표시가 재무제표에 개별적 또는 집합적으로 중요하지만 전반적이지는 않다는 결론을 내리는 경우 표명하는 감사의견은?

① 의견거절   ② 한정의견

③ 부적정의견   ④ 적정의견

46 다음 중 재고자산의 회계처리에 대한 설명으로 옳은 것은?

① 완성될 제품이 원가 이상으로 판매될 것으로 예상하는 경우에는 그 생산에 투입하기 위해 보유하는 원재료 및 기타 소모품을 감액하지 아니한다.

② 선입선출법은 기말재고자산의 평가관점에서 현행원가를 적절히 반영하지 못한다.

③ 선입선출법은 먼저 매입 또는 생산된 재고자산이 기말에 재고로 남아 있고 가장 최근에 매입 또는 생산된 재고자산이 판매되는 것을 가정한다.

④ 통상적으로 상호 교환될 수 없는 재고자산 항목의 원가와 특정 프로젝트별로 생산되고 분리되는 재화 또는 용역의 원가는 총평균법을 사용하여 결정한다.

47 미래에 현금을 수취할 계약상 권리에 해당하는 금융자산과 이에 대응하여 미래에 현금을 지급할 계약상 의무에 해당하는 금융부채로 옳지 않은 것은?

① 매출채권과 매입채무   ② 받을어음과 지급어음

③ 대여금과 차입금   ④ 선급금과 선수금

48 다음 〈보기〉 중 기중거래에서 잔액이 발생되었을 경우, 기말 재무상태표에 표시되지 않는 계정을 모두 고르면?

──────────〈보기〉──────────
ㄱ. 부가가치세대급금   ㄴ. 가수금
ㄷ. 당좌차월   ㄹ. 예수금
ㅁ. 충당부채

① ㄱ, ㄴ   ② ㄱ, ㅁ
③ ㄴ, ㄷ   ④ ㄷ, ㄹ

49 다음 중 유용한 재무정보의 질적 특성에 대한 설명으로 옳지 않은 것은?

① 명확하고 간결하게 분류되고 특징지어져 표시된 정보는 이해가능성이 높다.

② 어떤 재무정보가 예측가치나 확인가치 또는 이 둘 모두를 갖는다면 그 재무정보는 이용자의 의사결정에 차이가 나게 할 수 있다.

③ 검증가능성은 정보가 나타내고자 하는 경제적 현상을 충실히 표현하는지를 정보이용자가 확인하는 데 도움을 주는 근본적 질적 특성이다.

④ 적시성은 정보이용자가 의사결정을 내릴 때 사용되어 그 결정에 영향을 줄 수 있도록 제때에 이용가능함을 의미한다.

50 다음 중 자본이 증가하는 거래는?(단, 각 거래는 상호독립적이고, 자기주식의 취득은 상법상 정당한 것으로 가정한다)

① 중간배당(현금배당) 100,000원을 실시하였다.

② 액면금액이 주당 5,000원인 주식 25주를 4,000원에 할인발행하였다.

③ 자기주식(액면금액 주당 5,000원) 25주를 주당 4,000원에 취득하였다.

④ 당기순손실 100,000원이 발생하였다.

6권

부산교통공사 운영직
정답 및 해설

온라인 모의고사 무료쿠폰

쿠폰 번호	NCS	AOKE-00000-8A5EE	경제학	AOKH-00000-CB879
	행정학	AOKF-00000-68D29	법학	AOKI-00000-C8184
	경영학	AOKG-00000-1297A	회계학	AOKJ-00000-6E169

[쿠폰 사용 안내]

1. 합격시대 홈페이지(www.sdedu.co.kr/pass_sidae_new)에 접속합니다.
2. 홈페이지 상단 '1회 무료 이용권 제공' 배너를 클릭하고, 쿠폰번호를 등록합니다.
3. 내강의실 > 모의고사 > 합격시대 모의고사를 클릭하면 응시 가능합니다.
※ 본 쿠폰은 등록 후 30일간 이용 가능합니다.
※ iOS / macOS 운영체제에서는 서비스되지 않습니다.

무료NCS특강 쿠폰

쿠폰번호 OPR-18812-16249

[쿠폰 사용 안내]

1. SD에듀 홈페이지(www.sdedu.co.kr)에 접속합니다.
2. 상단 카테고리 「이벤트」를 클릭합니다.
3. 「NCS 도서구매 특별혜택 이벤트」를 클릭한 후 쿠폰번호를 입력합니다.
※ 해당 강의는 본 도서를 기반으로 하지 않습니다.

AI면접 1회 무료쿠폰

쿠폰번호 WP23-00000-488D1

[쿠폰 사용 안내]

1. WIN시대로(www.winsidaero.com)에 접속합니다.
2. 회원가입 후 상단 카테고리 「이벤트」를 클릭합니다.
3. 쿠폰번호를 입력 후 [마이페이지]에서 이용권을 사용하여 면접을 실시합니다.
※ 무료쿠폰으로 응시한 면접에는 제한된 리포트가 제공됩니다.
※ 본 쿠폰은 등록 후 7일간 이용 가능합니다.

합격의 공식 ▶
SD에듀

도서 관련 최신 정보 및 정오사항이 있는지
우측 QR을 통해 확인해 보세요!

부산교통공사 운영직 신입사원 필기시험
제1회 모의고사 정답 및 해설

01	02	03	04	05	06	07	08	09	10
④	③	②	④	④	④	③	②	④	③
11	12	13	14	15	16	17	18	19	20
③	④	④	④	②	④	④	①	③	④
21	22	23	24	25	26	27	28	29	30
④	③	④	②	①	③	②	④	④	④
31	32	33	34	35	36	37	38	39	40
②	②	④	④	②	②	③	②	④	③
41	42	43	44	45	46	47	48	49	50
④	②	④	④	③	②	③	③	①	③

01 정답 ④
(라)에서는 토마토 퓨레, 토마토 소스, 토마토 케첩을 소개하며, 토마토에 대한 조리 방법을 소개하고 있다.

02 정답 ③
토마토와 같이 산(酸)이 많은 식품을 조리할 때는 단시간에 조리하거나 스테인리스 스틸 재질의 조리 기구를 사용해야 한다. 알루미늄제 조리 기구를 사용하게 되면 알루미늄 성분이 녹아 나올 수 있기 때문이다.

오답분석
① 라이코펜이 많은 빨간 토마토를 그냥 먹을 경우 라이코펜의 체내 흡수율이 떨어지므로 열을 가해 조리해서 먹는 것이 좋다.
② 우리나라에는 19세기 초 일본을 거쳐서 들어왔다고 추정되고 있다.
④ 토마토의 라이코펜과 지용성 비타민은 기름에 익힐 때 흡수가 잘 되므로 기름에 볶아 푹 익혀서 퓨레 상태로 만들면 편리하다.

03 정답 ②
가장 많이 득표한 상품은 전복(32표)이다. B회사의 직원 수는 5+6+22+82+12+8=135명이다. 따라서 추석선물 비용은 70,000×135=9,450,000원이다.

04 정답 ④
전체 가입자 중 여자 가입자 수의 비율은 $\frac{9,804,482}{21,942,806} \times 100 = 44.7\%$이다.

오답분석
① 남자 사업장가입자 수는 8,059,994명이며, 남자 지역가입자 수의 2배인 3,861,478×2=7,722,956명보다 많다.
② 여자 가입자 전체 수인 9,804,482명에서 여자 사업장가입자 수인 5,775,011명을 빼면 4,029,471명이다. 따라서 여자 사업장가입자 수가 이를 제외한 항목의 여자 가입자 수를 모두 합친 것보다 많다.
③ 전체 지역가입자 수는 전체 사업장가입자 수의 $\frac{7,310,178}{13,835,005} \times 100 = 52.8\%$이다.

05 정답 ④
ㄱ. 2021년 어린이보호구역 지정대상은 전년 대비 감소한 것을 알 수 있다.
ㄷ. 2021년 어린이보호구역으로 지정된 구역 중 학원이 차지하는 비중은 $\frac{36}{16,355} \times 100\% = 0.22\%$이며, 2020년에는 $\frac{56}{16,085} \times 100\% = 0.35\%$이므로 2021년도는 전년 대비 감소한 것을 알 수 있다.
ㄹ. 2016년 어린이보호구역으로 지정된 구역 중 초등학교가 차지하는 비중은 $\frac{5,917}{14,921} \times 100 = 39.7\%$이므로 옳지 않은 설명이며, 나머지 해에도 모두 40% 이하의 비중을 차지한다.

오답분석
ㄴ. 2017년 어린이보호구역 지정대상 중 어린이보호구역으로 지정된 구역의 비율은 $\frac{15,136}{18,706} \times 100 = 80.9\%$이므로 옳은 설명이다.

06
정답 ④

게임 규칙과 결과를 토대로 경우의 수를 따져보면 다음과 같다.

라운드	벌칙 제외	총 퀴즈 개수
3	A	15
4	B	19
5	C	21
	D	
	C	22
	E	
	D	22
	E	

ㄴ. 총 22개의 퀴즈가 출제되었다면 E가 정답을 맞혀 벌칙에서 제외된 것이다.

ㄷ. 총 21개의 퀴즈가 출제되었다면 C, D가 벌칙에서 제외된 경우로, 5라운드에서 E에게는 정답을 맞힐 기회가 주어지지 않았다. 따라서 퀴즈를 푸는 순서가 벌칙을 받을 사람 선정에 영향을 미친다.

오답분석

ㄱ. 5라운드까지 4명의 참가자가 벌칙에서 제외되었으므로 정답을 맞힌 퀴즈는 8개, 벌칙을 받을 사람은 5라운드까지 정답을 맞힌 퀴즈는 0개나 1개이므로 정답을 맞힌 퀴즈는 총 8개나 9개이다.

07
정답 ③

주어진 조건을 정리하면 다음과 같다.

구분	A	B	C	D	E
영어	○	○		×	×
수학	×	○	○		○
국어					
체육	×			○	○

따라서 A학생이 듣는 수업은 영어와 국어이므로 E학생은 이와 겹치지 않는 수학과 체육 수업을 듣는다.

08
정답 ②

강제연상법이란 각종 힌트에서 강제로 연결 지어 발상하는 방법으로, 해당 힌트를 통해 사고 방향을 미리 정해서 아이디어를 발상한다. 대표적인 방법으로 체크리스트법이 있는데, 이는 어떤 주제에 아이디어를 찾고자 할 때 이에 대한 질문항목을 표로 만들어 정리하고 하나씩 점검해가며 아이디어를 생각해내는 것이다. 이처럼 각 항목에 대해 하나하나씩 점검하기 때문에 누락될 염려도 없을 뿐만 아니라 반복적인 작업에서는 보다 편리한 작업을 가능하게 한다. 따라서 이에 해당하는 것은 ㄴ과 ㅅ이다.

오답분석

- 자유연상법이란 어떤 생각에서 다른 생각을 계속해서 떠올리는 작용을 통해 어떤 주제에서 생각나는 것을 계속해서 열거해 나가는 발산적 사고 중 하나의 방법으로, 대표적인 방법 중 하나가 브레인스토밍이다. 브레인스토밍이란 집단의 구성원이 마주앉아 해당 주제에 대해 다양한 아이디어를 제시함으로써 아이디어의 연쇄반응을 일으키는 것이다. 이에 해당하는 것은 ㄱ과 ㅂ이다.
- 비교발상법이란 주제와 본질적으로 닮은 것을 힌트로 하여 새로운 아이디어를 얻는 방법인데, 이때 주제와 본질적으로 닮았다는 것은 단순히 겉만을 의미하는 것이 아닌 힌트와 주제가 제시한 개별 아이디어 자체의 의미를 잃지 않는 수준에서 닮았다는 것을 의미한다. 이에 해당하는 방법론은 대상과 비슷한 것을 찾아내 그것을 힌트로 하여 새로운 아이디어를 도출하는 NM법과 서로 관련이 없어 보이는 요소들을 결합하여 새로운 아이디어를 도출하는 시네틱스법이 있다. 이에 해당하는 것은 ㄷ, ㄹ, ㅁ이다.

09
정답 ④

- A씨가 인천공항에 도착한 현지 날짜 및 시각

독일시각	11월 2일 19시 30분
소요시간	+12시간 20분
시차	+8시간
	=11월 3일 15시 50분

인천공항에 도착한 시각은 한국시각으로 11월 3일 15시 50분이고, A씨는 3시간 40분 뒤에 일본으로 가는 비행기를 타야 한다. 비행 출발 시각 1시간 전에는 공항에 도착해야 하므로, 참여 가능한 환승투어 코스는 소요 시간이 두 시간 이내인 엔터테인먼트, 인천시티, 해안관광이다. 따라서 A씨의 인천공항 도착시각과 환승투어 코스가 바르게 짝지어진 것은 ④이다.

10
정답 ③

승진시험 성적은 100점 만점이므로 제시된 점수를 그대로 반영하고 영어 성적은 5를 나누어서 반영한다. 성과 평가의 경우는 2를 나누어서 합산해 그 합산점수가 가장 큰 사람을 선발한다. 이때, 합산점수가 높은 E와 I는 동료평가에서 하를 받았으므로 승진대상에서 제외된다. 합산점수는 다음과 같이 나온다.

구분	A	B	C	D	E	F
합산점수	220	225	225	200	동료평가 '하'로 제외	235

구분	G	H	I	J	K	-
합산점수	245	220	동료평가 '하'로 제외	225	230	-

따라서 합산점수가 가장 높은 F, G가 승진대상자가 된다.

11

정답 ③

A와 D는 각각 문제해결능력과 의사소통능력에서 과락이므로 제외한다. 합격 점수 산출법에 따라 B·C·E의 점수를 구하면 다음과 같다.

- B : 65×0.6+70×0.3+55×0.4=82점
- C : 60×0.6+55×0.3+50×0.4=72.5점
- E : 90×0.6+80×0.3+49×0.4=97.6점

따라서 총점이 80점 이상인 B와 E가 합격자이다.

12

정답 ④

ⓒ 직책은 부장, 차장, 대리, 사원 순으로 사용자 지정 목록을 이용하여 정렬되었다.
ⓒ 부서의 오름차순을 우선 기준으로, 다음 기준을 직책 순으로 정렬하였다.

오답분석

㉠ 부서를 기준으로 오름차순으로 정렬되었다.
㉣ 성명을 기준으로 정렬되지 않았다.

13

정답 ④

데이터 유효성 조건에서 제한 대상 목록은 정수, 소수점, 목록, 날짜, 시간, 텍스트 길이, 사용자 지정이다.

14

정답 ④

CONCATENATE 함수는 텍스트와 텍스트를 연결시켜 주는 함수이다. 그러므로 [C2] 셀의 값인 '3·1절(매년 3월 1일)'은 [A2], '(', [B2], ')'와 같이 4가지의 텍스트가 연결되어야 하며, '(', ')'와 같은 값을 나타내기 위해서는 " "를 이용하여 입력해야 한다. 따라서 [C2] 셀에 입력해야 하는 함수식은 =CONCATENATE(A2, "(", B2, ")")이다.

15

정답 ②

금단 증상은 스마트폰에 대한 강박적 사고나 환상을 가지며, 스마트폰이 옆에 없으면 불안하고 초조함을 느낀다고 한다. 따라서 ②에서 스마트폰을 거실에 두고 잠을 청하였으나 SNS 메시지가 왔을 것 같은 생각(강박적 사고)과 휴대폰 게임이 떠오르는 현상(환상)은 금단 현상임을 알 수 있다.

오답분석

① 스마트폰 사용에 있어 직장 생활에 지장을 주는 행동이므로 '일상생활 장애'에 속한다.
③ 자신이 사용하고 싶은 시간에 마음껏 사용하지만 중요한 강의나 누군가를 만날 땐 불필요한 스마트폰 사용을 자제하므로 스마트폰 중독현상을 가지고 있지 않다.
④ 스마트폰을 오래도록 사용하더라도 만족을 느끼지 못하는 현상이므로 '내성'에 속한다.

16

정답 ④

D씨는 스마트폰뿐만 아니라 PC를 함께 이용하고, 출·퇴근 시간이나 여유시간을 활용하여 자신의 취미활동을 하고 있으므로 스마트폰 중독으로 인해 나타나는 행동으로 보기는 어렵다.

오답분석

① 인터넷과 구분되는 '편리성 증대' 항목에 해당한다.
②·③ 인터넷과 구분되는 '접근성 증대' 항목에 해당한다.

17

정답 ④

정약용은 청렴을 지키는 것은 두 가지 효과가 있다고 보았는데, 그중 첫 번째는 목민관이 청렴할 경우 백성을 비롯한 공동체 구성원에게 좋은 혜택이 돌아가는 것이고, 두 번째는 청렴한 행위를 하는 것은 목민관 자신에게도 좋은 결과를 가져다주는 것이라고 하였다.

오답분석

① 정약용은 청렴을 당위의 차원에서 주장하는 기존의 학자들과 달리 행위자 자신에게 실질적 이익이 된다는 점을 들어 설득하고자 했다고 하였으므로 적절하지 않은 내용이다.
② 정약용은 '지자(知者)는 인(仁)을 이롭게 여긴다.'라는 공자의 말을 빌려 '지혜로운 자는 청렴함을 이롭게 여긴다.'라고 하였다. 따라서 탐욕보다 청렴을 택하는 것이 더 이롭다는 것은 공자의 뜻이 아니라 정약용의 재해석이다.
③ 지혜롭고 욕심이 큰 사람은 청렴을 택하지만 지혜가 짧고 욕심이 작은 사람은 탐욕을 택한다고 하였으므로 적절하지 않은 내용이다.

18

정답 ①

해상 교통서비스 수입액이 많은 국가부터 순서대로 나열하면 '인도 - 미국 - 한국 - 브라질 - 멕시코 - 이탈리아 - 터키' 순서이다.

19

정답 ③

해상 교통서비스 수입보다 항공 교통서비스 수입이 더 높은 국가는 미국과 이탈리아이다.

오답분석

① 터키의 교통서비스 수입에서 항공 수입이 차지하는 비중은 $\frac{4,003}{10,157}×100≒39.4\%$이다.
② 교통서비스 수입액이 첫 번째(미국)와 두 번째(인도)로 높은 국가의 차이는 94,344－77,256=17,088백만 달러이다.
④ 제시된 자료를 통해 확인할 수 있다.

20 정답 ④

경기남부의 가구 수가 경기북부의 가구 수의 2배라면, 가구 수의 비율은 남부가 $\frac{2}{3}$, 북부가 $\frac{1}{3}$ 이다. 경기지역에서 개별난방을 사용하는 가구 수의 비율을 가중평균으로 구하면 $\left(26.2\% \times \frac{2}{3}\right) + \left(60.8\% \times \frac{1}{3}\right) \fallingdotseq 37.7\%$이다.

오답분석

① 경기북부에서 도시가스를 사용하는 가구 수는 66.1%, 등유를 사용하는 가구 수는 3.0%이다. 따라서 $\frac{66.1}{3} \fallingdotseq 22$배이다.

② 경기남부에서 등유를 사용하는 비율이 서울보다 낮다.

③ 자료에서 지역별 가구 수의 차이는 알 수 없다. 또한, 지역난방 사용비율의 차이가 가구 수의 차이와 같다고 볼 수 없다.

21 정답 ④

행사장 방문객은 시계 반대 방향으로 돌면서 전시관을 관람한다. 400명의 방문객이 출입하여 제1전시관에 100명이 관람한다면 나머지 300명은 관람하지 않고 지나치게 된다. 따라서 A에서 홍보판촉물을 나눠 줄 수 있는 대상자는 300명이 된다. 그리고 B는 A를 걸쳐서 오는 300명과 제1전시관을 관람하고 나온 100명의 인원이 합쳐지는 장소이므로 총 400명을 대상으로 홍보판촉물을 나눠 줄 수 있다. 이러한 개념으로 모든 장소를 고려해 보면 각 전시관과의 출입구가 합류되는 B, D, F에서 가장 많은 사람들에게 홍보판촉물을 나눠 줄 수 있다.

22 정답 ③

주어진 질문들에 대해 참가자들이 모두 제대로 손을 들었다면 질문 1, 2, 3에 손을 든 참가자 수의 합이 전체 참가자인 100명이 되어야 한다. 그러나 실제 손을 든 참가자 수의 합은 106명으로 6명이 초과되는 상황인데, 양손잡이 중 일부가 모든 질문에 손을 들었기 때문이라고 하였다. 그렇다면 질문 1과 2에(질문 3의 경우는 바르게 든 것이므로) 모두 손을 들었던 양손잡이는 3명이라는 사실을 알 수 있다. 따라서 바르게 손을 들었다면 왼손잡이는 13명, 오른손잡이는 77명, 양손잡이는 10명이라고 판단할 수 있다.

ㄱ. 양손잡이는 10명이므로 옳은 내용이다.

ㄴ. 왼손잡이는 13명, 양손잡이는 10명이므로 옳은 내용이다.

오답분석

ㄷ. 오른손잡이는 77명이고, 왼손잡이 수의 6배는 78명이므로 옳지 않은 내용이다.

23 정답 ④

WT전략은 약점을 보완하여 위협을 회피하는 전략이므로 강점인 높은 접근성을 강조한 ④는 WT전략으로 적절하지 않다.

오답분석

① 강점인 전국적 물류망을 활용한 택배 배송 지역의 확장은 택배 수요 증가의 기회를 살리는 것은 SO전략으로 적절하다.

② 약점인 보수적 조직문화의 쇄신을 통한 공공기관으로서의 경쟁력 확보는 WO전략으로 적절하다.

③ 민간 업체들과의 경쟁 심화라는 위협에 대응하기 위해 강점인 공공기관으로서의 신뢰성을 활용하는 것은 ST전략으로 적절하다.

24 정답 ②

급여 산출 방식을 비교해 보면 다음과 같다.

• A선생님
  − 1안 : $15 \times 5,000 + 10 \times 10,000 + 3 \times 15,000 = 220,000$원
  − 2안 : $15 \times 3,000 + 10 \times 12,000 + 3 \times 10,000 = 195,000$원
• B선생님
  − 1안 : $6 \times 5,000 + 5 \times 15,000 + 3 \times 7,000 = 126,000$원
  − 2안 : $6 \times 3,000 + 5 \times 10,000 + 3 \times 10,000 = 98,000$원
• C선생님
  − 1안 : $8 \times 5,000 + 5 \times 10,000 + 7 \times 7,000 = 139,000$원
  − 2안 : $8 \times 3,000 + 5 \times 12,000 + 7 \times 10,000 = 154,000$원
• D선생님
  − 1안 : $14 \times 5,000 + 2 \times 15,000 + 9 \times 7,000 = 163,000$원
  − 2안 : $14 \times 3,000 + 2 \times 10,000 + 9 \times 10,000 = 152,000$원

따라서 B선생님은 2안보다 1안을 선택해야 최대의 이익을 얻을 수 있다.

25 정답 ①

사용자가 먼저 허락하여야 원격으로 사용자 컴퓨터를 조작하고 작동시킬 수 있다.

26 정답 ③

완성품 납품 수량은 총 100개이다. 완성품 1개당 부품 A는 10개가 필요하므로 총 1,000개가 필요하고, B는 300개, C는 500개가 필요하다. 그런데 A는 500개, B는 120개, C는 250개의 재고를 가지고 있으므로 모자라는 나머지 부품, 즉 각 500개, 180개, 250개를 주문해야 한다.

27
정답 ②

엑셀 차트 작성 순서
1단계 : 차트 종류 설정
2단계 : 차트 범위와 계열 설정
3단계 : 차트의 각종 옵션(제목, 범례, 레이블 등) 설정
4단계 : 작성된 차트의 위치 설정

28
정답 ④

유교가 지향하는 성인으로서의 올바른 자세를 '하늘이 내린 생물을 해치고 없애는 것은 성인이 하지 않는 바이다.'라고 표현하였으나, 두 번째 단락에서는 『논어』와 『맹자』를 인용하면서 천지만물을 자기와 하나로 여겨야 한다는 것의 실천이 부족하다고 하였다. 따라서 빈칸에는 유교가 지향하는 올바른 성인의 모습과 반대되는 ④가 가장 적절하다.

29
정답 ④

④의 내용은 글 전체를 통해서 확인할 수 있다.

오답분석
①·②·③ 제시문과 어긋나는 내용이다.

30
정답 ④

제시문은 앞부분에서 언어가 사고능력을 결정한다는 언어결정론자들의 주장을 소개하고, 이어지는 문단에서 이에 대하여 반박하면서 우리의 생각과 판단이 언어가 아닌 경험에 의해 결정된다고 결론짓고 있다. 따라서 빈칸에 들어갈 문장은 언어결정론자들이 내놓은 근거를 반박하면서도 사고능력이 경험에 의해 결정된다는 주장에 위배되지 않는 내용이어야 한다. 그러므로 풍부한 표현을 가진 언어를 사용함에도 인지능력이 뛰어나지 못한 경우가 있다는 내용이 들어가는 것이 적절하다.

31
정답 ②

A ~ E의 평균은 모두 70점으로 같으며, 분산은 다음과 같다.
• A

$$\frac{(60-70)^2+(70-70)^2+(75-70)^2+(65-70)^2+(80-70)^2}{5}=50$$

• B

$$\frac{(50-70)^2+(90-70)^2+(80-70)^2+(60-70)^2+(70-70)^2}{5}=200$$

• C

$$\frac{(70-70)^2+(70-70)^2+(70-70)^2+(70-70)^2+(70-70)^2}{5}=0$$

• D

$$\frac{(70-70)^2+(50-70)^2+(90-70)^2+(100-70)^2+(40-70)^2}{5}=520$$

• E

$$\frac{(85-70)^2+(60-70)^2+(70-70)^2+(75-70)^2+(60-70)^2}{5}=90$$

표준편차는 분산의 양의 제곱근이므로 표준편차를 큰 순으로 나열한 것과 분산을 큰 순으로 나열한 것은 같다. 따라서 표준편차가 큰 순서대로 나열하면 D > B > E > A > C이다.

32
정답 ④

수익률을 구하면 다음과 같다.
• 개인경영 : $\left(\frac{238,789}{124,446}-1\right)\times 100 ≒ 92\%$

• 회사법인 : $\left(\frac{43,099}{26,610}-1\right)\times 100 ≒ 62\%$

• 회사 이외의 법인 : $\left(\frac{10,128}{5,542}-1\right)\times 100 ≒ 83\%$

• 비법인 단체 : $\left(\frac{791}{431}-1\right)\times 100 ≒ 84\%$

따라서 수익률이 가장 높은 예식장 사업 형태는 개인경영 예식장이다.

오답분석
① 사업체 수를 보면 다른 사업 형태보다 개인경영 사업체 수가 많은 것을 확인할 수 있다.
② 사업체당 매출액을 구하면 다음과 같다.

• 개인경영 : $\frac{238,789}{1,160} ≒ 206$백만 원

• 회사법인 : $\frac{43,099}{44} ≒ 980$백만 원

• 회사 이외의 법인 : $\frac{10,128}{91} ≒ 111$백만 원

• 비법인 단체 : $\frac{791}{9} ≒ 88$백만 원

따라서 사업체당 매출액이 가장 큰 예식장 사업 형태는 회사법인 예식장이다.
③ 자료에서 예식장 사업 합계를 보면 매출액은 292,807백만 원이며 비용은 매출액의 절반 정도인 157,029백만 원이므로 매출액의 절반 정도가 수익이 되는 사업이라고 할 수 있다.

33
정답 ④

전년 동월비 교통비 상승률은 5%이므로 2023년 1월 1인당 교통비 지출액은 86,500×1.05=90,825원이다.

오답분석
① 통신요금의 경우에는 3.5% 내렸다.
② 전월 대비 내린 항목은 두 종류뿐이고 보합세를 보인 품목은 1개, 나머지는 소폭이라도 모두 올랐다.
③ 필요 목적 품목의 중요성을 알 수 있는 지수는 가중치로 가장 높은 것은 '주택, 수도, 전기 및 연료'이고, 세 번째 주요 품목으로 꼽고 있는 것은 '음식 및 숙박'이다.

34　정답 ④

- 2014 ~ 2015년 사이 축산물 수입량은 약 10만 톤 감소했으나, 수입액은 약 2억 달러 증가하였다.
- 2019 ~ 2020년 사이 축산물 수입량은 약 10만 톤 감소했으나, 수입액은 변함이 없다.

35　정답 ②

오답분석

① 숫자 0을 다른 숫자와 연속해서 나열했고(세 번째 조건 위반), 영어 대문자를 다른 영어 대문자와 연속해서 나열했다(네 번째 조건 위반).
③ 특수기호를 첫 번째로 사용했다(다섯 번째 조건 위반).
④ 영어 대문자를 사용하지 않았다(두 번째 조건 위반).

36　정답 ②

- A국가 : B불가능(민주주의 국가), C가능, D불가능(핵무기 보유), E가능 → 2개 국가 공격 가능
- B국가 : A불가능(민주주의 국가), C가능, D불가능(핵무기 보유), E불가능(동맹관계) → 1개 국가 공격 가능
- C국가 : A가능(D와 연합하여 공격), B가능(D와 연합하여 공격), D불가능(핵무기 보유), E가능 → 3개 국가 공격 가능
- D국가 : A가능, B가능(C와 연합하여 공격), C불가능(동맹관계), E가능 → 3개 국가 공격 가능
- E국가 : A불가능(B와 연합은 가능하지만 B는 민주주의 국가인 A를 공격하지 않음), B불가능(동맹관계), C가능(B와 연합하여 공격), D불가능(핵무기 보유) → 1개 국가 공격 가능

따라서 두 개 이상의 국가를 공격할 수 있는 국가는 A국가, C국가, D국가이다.

37　정답 ③

내구성과 안전성이 1순위라고 하였으므로 내구성에서 '보통' 평가를 받은 D모델은 제외한다. 그다음 바닥에 대한 청소 성능 중 '보통' 평가를 받은 B모델을 제외하고, 자율주행성능에서 '보통' 평가를 받은 A모델을 제외하면 남는 것은 C모델이므로 K씨의 조건을 모두 만족한 것은 C모델이다.

38　정답 ③

S대리의 요청 중 소음방지효율과 에너지 사용량에서 조건에 적합한 공기청정기는 AL112WS, DS302GV, DC846PS, PO946VG로 추려진다. 이때, A/S 기간과 공기청정기 사용면적은 4개의 모델 모두 조건에 부합한다. 그러므로 이 중 2년간 필터 교체 2번과 L전자의 등록비 10만 원, S전자의 4개월 렌탈비 무료 이벤트를 적용하여 계산하면 다음과 같다.

- AL112WS(S전자)
  : $(267,000 \times 20) + (46,500 \times 2) = 5,433,000$원
- DS302GV(S전자)
  : $(273,000 \times 20) + (51,000 \times 2) = 5,562,000$원
- DC846PS(L전자)
  : $(215,000 \times 24) + (52,500 \times 2) + 100,000(\because 등록비)$
  $= 5,365,000$원
- PO946VG(H전자)
  : $(228,000 \times 24) + (42,000 \times 2) = 5,556,000$원

따라서 D씨가 선택해야 하는 가장 저렴한 공기청정기 모델은 L전자의 DC846PS이다.

39　정답 ④

- 7월 8일
  출장지는 B시이므로 출장수당은 10,000원이고, 교통비는 20,000원이다. 그러나 법인차량을 사용했으므로 교통비에서 10,000원이 차감된다. 그러므로 7월 8일의 출장여비는 $10,000 + (20,000 - 10,000) = 20,000$원이다.
- 7월 16일
  출장지는 S시이므로 출장수당은 20,000원이고, 교통비는 30,000원이다. 그러나 출장 시작 시각이 14시이므로 10,000원이 차감된다. 그러므로 7월 16일의 출장여비는 $(20,000 - 10,000) + 30,000 = 40,000$원이다.
- 7월 19일
  출장지는 D시이므로 출장비는 20,000원이고, 교통비는 30,000원이다. 출장 시작 및 종료 시각이 차감대상은 아니지만 업무추진비를 사용했으므로 10,000원이 차감된다. 그러므로 7월 19일의 출장여비는 $(20,000 - 10,000) + 30,000 = 40,000$원이다.

따라서 K사원이 7월 출장여비로 받을 수 있는 금액은 $20,000 + 40,000 + 40,000 = 100,000$원이다.

40　정답 ③

문자는 숫자와 달리 두 개의 셀을 드래그한 뒤 채우기를 했을 때 선택한 값이 반복되어 나타나므로 A가 입력된다.

41　정답 ④

최근 대두되고 있는 '초연결사회'에 대해 언급하는 (나)가 가장 먼저 오는 것이 적절하며, 그다음으로는 초연결사회에 대해 설명하는 (가)가 적절하다. 그 뒤를 이어 초연결 네트워크를 통해 긴밀히 연결되는 초연결사회의 (라)가, 마지막으로는 이러한 초연결사회가 가져올 변화에 대한 전망의 (다)가 적절하다.

42

각자의 총점이 0이고 각 영역의 점수 합이 0이므로, 인화력 점수를 매긴 후 차례대로 경우의 수를 확인하면 다음과 같다.

사원＼영역	업무 능력	리더십	인화력
A	−1	0	1
B	0	0	0
C	1	0	−1

사원＼영역	업무 능력	리더십	인화력
A	−1	0	1
B	1	−1	0
C	0	1	−1

사원＼영역	업무 능력	리더십	인화력
A	0	−1	1
B	0	0	0
C	0	1	−1

사원＼영역	업무 능력	리더십	인화력
A	0	−1	1
B	−1	1	0
C	1	0	−1

따라서 가능한 평가 결과표는 4개이다.

43

인플루엔자는 항원을 변화시키기 때문에 이전에 인플루엔자에 걸렸던 사람이라도 새로이 나타난 다른 균종으로부터 안전할 수 없다고 하였다. 따라서 옳은 내용이다.

오답분석

① 발열현상은 아무런 기능도 없이 불가피하게 일어나는 수동적인 현상이 아니라, 체온을 높여 우리의 몸보다 열에 더 예민한 병원체들을 죽게 하는 능동적인 행위라고 하였으므로 옳지 않은 내용이다.

② 예방접종은 죽은 병원체를 접종함으로써 질병을 실제로 경험하지 않고 항체 생성을 자극하는 것이므로 옳지 않은 내용이다.

③ 겸상 적혈구 유전자는 적혈구의 모양을 정상적인 도넛 모양에서 낫 모양으로 바꾸어서 빈혈을 일으키므로 생존에 불리함을 주지만, 말라리아에 대해서는 저항력을 가지게 한다고 하였으므로 옳지 않은 내용이다.

44

제시된 자료의 ○, ◑, ●을 점수로 변환하고, 빈칸을 $a \sim f$로 나타내면 다음과 같다.

정책＼심사위원	A	B	C	D	합계
가	1.0	1.0	0.5	0	2.5
나	1.0	1.0	0.5	1.0	3.5
다	0.5	0	1.0	0.5	2.0
라	a	1.0	0.5	e	$a+e+1.5$
마	1.0	c	1.0	0.5	$c+2.5$
바	0.5	0.5	0.5	1.0	2.5
사	0.5	0.5	0.5	1.0	2.5
아	0.5	0.5	1.0	f	$f+2.0$
자	0.5	0.5	d	1.0	$d+2.0$
차	b	1.0	0.5	0	$b+1.5$
평균(점)	0.55	0.70	0.70	0.50	
총점(점)	5.5	7.0	7.0	5.0	

심사위원별 총점을 이용하여 $a \sim f$를 도출하면 다음과 같다.

• 심사위원 A : $1.0+1.0+0.5+a+1.0+0.5+0.5+0.5+0.5+b=a+b+5.5=5.5 \rightarrow a+b=0$

a와 b는 0, 0.5, 1.0 중 하나이므로 $a=0$, $b=0$이다.

• 심사위원 B : $1.0+1.0+0+1.0+c+0.5+0.5+0.5+0.5+1.0=c+6.0=7.0 \rightarrow c=1.0$

• 심사위원 C : $0.5+0.5+1.0+0.5+1.0+0.5+0.5+1.0+d+0.5=d+6.0=7.0 \rightarrow d=1.0$

• 심사위원 D : $0+1.0+0.5+e+0.5+1.0+1.0+f+1.0+0=e+f+5.0=5.0 \rightarrow e+f=0$

e와 f는 0, 0.5, 1.0 중 하나이므로 $e=0$, $f=0$이다.

구한 $a \sim f$를 바탕으로 정책 라·마·아·자·차의 총점을 구하면 다음과 같다.

• 정책 라의 총점 : $a+e+1.5=0+0+1.5=1.5$
• 정책 마의 총점 : $c+2.5=1.0+2.5=3.5$
• 정책 아의 총점 : $f+2.0=0+2.0=2.0$
• 정책 자의 총점 : $d+2.0=1.0+2.0=3.0$
• 정책 차의 총점 : $b+1.5=0+1.5=1.5$

따라서 폐기할 정책은 다, 라, 아, 차이다.

45

PROPER 함수는 단어 앞의 첫 글자만 대문자로 나타내고 나머지는 소문자로 나타내주는 함수이다. 따라서 'Republic Of Korea'로 나와야 한다.

46

정답 ②

3차원 대부분의 차트와 원형, 도넛형, 표면형, 방사형과 같은 항목 축과 값축의 구분이 명확치 않은 차트 종류는 추세선을 추가할 수 없다.

47

정답 ③

조건을 바탕으로 비싼 순서로 나열하면 구두＞운동화＞슬리퍼＞부츠 순서이다. 따라서 A와 B 모두 옳은 내용이다.

48

정답 ③

제품별 단위 공헌이익은 단위당 판매가격에서 변동원가를 제외한 금액이므로 K볼펜은 $6,500-2,000=4,500$원이고, A만년필은 $36,000-10,000=26,000$원, P연필은 $2,500-500=2,000$원이다. 제품별 전체 판매수량에서 차지하는 비율은 $2:2:6=1:1:3$이므로, 각 제품의 손익분기점 판매량을 a, a, $3a$라고 하자. 이때 손익분기점 공헌이익과 고정비가 같으므로 식은 다음과 같다.

$4,500 \times a + 26,000 \times a + 2,000 \times 3a = 7,300,000$원
$\rightarrow$ $36,500 \times a = 7,300,000$원 $\rightarrow$ $a = 200$개

따라서 각 제품별 손익분기점 판매량은 K볼펜과 A만년필은 200개이고, P연필은 $3 \times 200 = 600$개가 된다.

49

정답 ①

엑셀 고급필터 조건 범위의 해석법은 다음과 같다. 우선 같은 행의 값은 '이고'로 해석한다(AND 연산 처리). 다음으로 다른 행의 값은 '거나'로 해석한다(OR 연산 처리). 그리고 엑셀에서는 AND 연산이 OR 연산에 우선한다(행우선).

그리고 [G3] 셀의 「$=C2>=AVERAGE(\$C\$2:\$C\$8)$」은 [C2] ~ [C8]의 실적이 [C2:C8]의 실적 평균과 비교 되어 그 이상이 되면 TRUE(참)를 반환하고, 미만이라면 FALSE(거짓)를 반환하게 된다. 따라서 부서가 '영업1팀'<u>이고</u> 이름이 '수'로 끝나<u>거나</u>, 부서가 '영업2팀'<u>이고</u> 실적이 실적의 평균 이상인 데이터가 나타난다.

50

정답 ③

[총점] 계열의 [한길] 요소에 데이터 레이블이 있다.

제2회 모의고사 정답 및 해설

01	02	03	04	05	06	07	08	09	10
②	①	②	①	③	②	②	③	②	②
11	12	13	14	15	16	17	18	19	20
③	②	①	②	②	③	④	①	②	②
21	22	23	24	25	26	27	28	29	30
②	③	①	④	④	①	④	④	③	②
31	32	33	34	35	36	37	38	39	40
①	③	③	③	④	④	④	①	④	①
41	42	43	44	45	46	47	48	49	50
②	④	②	④	④	④	①	④	②	①

01
정답 ②

18세기 이후 영국에서 타르를 함유한 그을음 속에서 일하는 굴뚝 청소부들이 피부암에 더 잘 걸린다는 것이 정설이라고 하였으므로 19세기에는 이와 같은 내용이 이미 보고된 상태였다고 할 수 있다.

오답분석

ㄱ. 담배 두 갑에 들어 있는 니코틴을 화학적으로 정제하여 혈류 속으로 주입한다면 치사량이 된다고는 하였지만, 그것과 폐암과의 관계에 대해서는 언급하고 있지 않다.

ㄷ. 제시문을 통해 니코틴과 타르가 암을 유발한다는 것까지는 알 수 있으나, 이 둘이 동시에 작용할 경우 폐암의 발생률이 높아지는지에 대해서는 알 수 없다.

02
정답 ①

제시문은 1920년대 영화의 소리에 대한 부정적인 견해가 있었음을 이야기하며 화두를 꺼내고 있다. 이후 현대에는 소리와 영상을 분리해서 생각할 수 없음을 이야기하고 영화에서의 소리가 어떤 역할을 하는지에 대해 설명하면서 현대 영화에서의 소리의 의의에 대해 서술하고 있다. 따라서 (라) 1920년대 영화의 소리에 대한 부정적인 견해 → (가) 현대 영화에서 분리해서 생각할 수 없는 소리와 영상 → (다) 영화 속 소리의 역할 → (나) 현대 영화에서의 소리의 의의 순서로 나열해야 한다.

03
정답 ②

C학과의 2020 ~ 2022년 입학정원이 자료보다 낮게 표시되었다.

04
정답 ①

60대 이상은 '읽음'의 비율이 '읽지 않음'의 비율보다 낮다.

오답분석

② 여성이 남성보다 종이책 독서를 하는 비율이 61.5−58.2= 3.3% 높다.

③ 사례 수가 가장 적은 연령대는 20대이고, '읽지 않음'을 선택한 인원은 1,070×0.265≒284명이다.

④ 40대의 '읽음'과 '읽지 않음'을 선택한 인원의 차이는 1,218× (0.619−0.381)≒290명이다.

05
정답 ③

3,000×(0.582+0.615)=3,000×1.197=3,591명

06
정답 ②

(가)는 실제 생활을 소재로 허구의 세계를 구축하는 문학을 건축가가 건축 재료로 집을 짓는 것에 비유하여 설명하고 있으며, (나)는 생소한 우주의 진행 방식을 친숙한 체스 게임에 비유하여 설명하고 있다. 따라서 (가)와 (나)는 친근한 대상을 예로 들어 개념을 설명하는 예시의 방식을 공통된 전개 방식으로 사용하고 있다.

07
정답 ②

세 번째로 방문한 곳이 첨성대라면, 첫 번째로 방문한 곳은 불국사라는 다섯 번째 조건에 맞지 않는다.

08
정답 ③

김과장이 2주 차 월요일에 단식을 했기 때문에 1주 차 토요일과 일요일은 반드시 세 끼 식사를 해야 한다. 또한, 목요일은 업무약속으로 점심식사를 했으므로 단식을 할 수 없다.

구분	월요일	화요일	수요일	목요일	금요일	토요일	일요일
아침	○		○	○	○	○	○
점심				○		○	○
저녁				○		○	○

- 월요일에 단식을 했을 경우
  화・수요일은 세 끼 식사를 해야 한다. 그러면 금요일이 단식일이 되는데, 이 경우 네 번째 조건을 만족하지 못한다.
- 화요일(아침에 식사)에 단식을 했을 경우
  월・수・목요일은 세 끼 식사를 해야 한다. 그러면 금요일이 단식일이 되는데, 이 경우 네 번째 조건을 만족하지 못한다.
- 화요일(저녁에 식사)에 단식을 했을 경우
  월・수・목요일은 세 끼 식사를 해야 한다. 그러면 금요일이 단식일이고, 아침에 식사를 했으므로 모든 조건을 만족한다.

09　　　　　　　　　　　　　　　정답 ②

- 갑 : 창의적 사고는 아무것도 없는 무에서 유를 만들어 내는 것이 아니라, 끊임없이 참신한 아이디어를 산출하는 힘이다.
- 정 : 필요한 물건을 싸게 사기 위해서 하는 많은 생각들도 창의적 사고에 해당한다. 즉, 위대한 창의적 사고에서부터 일상생활의 조그마한 창의적 사고까지 창의적 사고의 폭은 넓으며, 우리는 매일매일 창의적 사고를 하고 있다고 볼 수 있다.

10　　　　　　　　　　　　　　　정답 ②

네 번째 조건에서 갑의 점수가 될 수 있는 경우는 빨강 2회, 노랑 2회, 검정 1회이거나 빨강 1회, 노랑 2회, 파랑 2회로 2가지이다. 병의 점수가 될 수 있는 경우를 정리하면 다음과 같다.

구분	빨강	노랑	파랑	검정
경우 1	-	-	1	4
경우 2	-	1	-	4
경우 3	1	-	-	4
경우 4	-	-	2	3

또한 을의 점수는 갑의 점수보다 높아야 하므로 빨강, 노랑에 각각 2회, 파랑에 1회로 41점인 경우이다. 그리고 나머지 경우는 빨강 또는 노랑에 3회를 맞춰야 하므로 다섯 번째 조건에 부합하지 않는다. 따라서 갑, 을, 병의 점수로 가능한 경우의 수는 총 $2 \times 4 \times 1 = 8$가지이다.

11　　　　　　　　　　　　　　　정답 ③

VLOOKUP 함수는 「=VLOOKUP(첫 번째 열에서 찾으려는 값, 찾을 값과 결과로 추출할 값들이 포함된 데이터 범위, 값이 입력된 열의 열 번호, 일치 기준)」로 구성된다. 찾으려는 값은 [B2]가 되어야 하며, 추출할 값들이 포함된 데이터 범위는 [E2:F8]이고, 자동 채우기 핸들을 이용하여 사원들의 교육점수를 구해야 하므로 '[$E$2:$F$8]'와 같이 절대참조가 되어야 한다. 그리고 값이 입력된 열의 열 번호는 [E2:F8] 범위에서 2번째 열이 값이 입력된 열

이므로 '2'가 되어야 하며, 정확히 일치해야 하는 값을 찾아야 하므로 FALSE 또는 '0'이 들어가야 한다.

12　　　　　　　　　　　　　　　정답 ②

A센터와 C센터는 수용인원이 65명 미만이므로 대여할 수 없다(C센터의 경우 수용인원도 맞지 않지만, 보유 장비에 빔 프로젝트와 회의실이 없는 것도 대여할 수 없는 조건이 된다). D센터는 컴퓨터를 보유하지 않으며, 사용 가능 시간이 2시간 미만이므로 대여할 수 없다. 따라서 조건을 충족하는 교육 장소는 B센터이다.

13　　　　　　　　　　　　　　　정답 ①

지역 고령농민 참여자가 30명으로 변경되면 A ~ D센터 모두 수용인원 조건을 만족하게 된다. 그중에서 모든 조건을 만족하는 장소는 A센터와 B센터가 되고, 둘 중 더 저렴한 A센터를 대여할 것이다.

14　　　　　　　　　　　　　　　정답 ②

바이러스에 감염되는 경로로는 불법 무단 복제, 다른 사람들과 공동으로 사용하는 컴퓨터, 인터넷, 전자우편의 첨부파일 등이 있으며, 바이러스를 예방할 수 있는 방법은 다음과 같다.

- 다운로드한 파일이나 외부에서 가져온 파일은 반드시 바이러스 검사를 수행한 후에 사용한다.
- 전자우편을 통해 감염될 수 있으므로 발신자가 불분명한 전자우편은 열어보지 않고 삭제한다.
- 중요한 자료는 정기적으로 백업한다.
- 바이러스 예방 프로그램을 램(RAM)에 상주시킨다.
- 백신 프로그램의 시스템 감시 및 인터넷 감시 기능을 이용해서 바이러스를 사전에 검색한다.
- 백신 프로그램의 업데이트를 통해 주기적으로 바이러스 검사를 수행한다.

15　　　　　　　　　　　　　　　정답 ②

1) K기사가 거쳐야 할 경로는 'A도시 → E도시 → C도시 → A도시'이다. A도시에서 E도시로 바로 갈 수 없으므로 다른 도시를 거쳐야 하는데, 가장 짧은 시간 내에 A도시에서 E도시로 갈 수 있는 경로는 B도시를 경유하는 것이다. 따라서 K기사의 운송경로는 'A도시 → B도시 → E도시 → C도시 → A도시'이며, 이동시간은 $1.0 + 0.5 + 2.5 + 0.5 = 4.5$시간이다.
2) P기사는 A도시에서 출발하여 모든 도시를 한 번씩 거친 뒤 다시 A도시로 돌아와야 한다. 해당 조건이 성립하는 운송경로의 경우는 다음과 같다.
   - A도시 → B도시 → D도시 → E도시 → C도시 → A도시
     - 이동시간 : $1.0 + 1.0 + 0.5 + 2.5 + 0.5 = 5.5$시간
   - A도시 → C도시 → B도시 → E도시 → D도시 → A도시
     - 이동시간 : $0.5 + 2.0 + 0.5 + 0.5 + 1.5 = 5$시간

   따라서 P기사가 운행할 최소 이동시간은 5시간이다.

16
정답 ③

주어진 메일 내용에서 검색기록 삭제 시 기존에 체크되어 있는 항목 외에도 모든 항목을 체크하라고 되어 있으나, 괄호 안에 '즐겨찾기 웹 사이트 데이터 보존 부분은 체크 해제할 것'이라고 명시되어 있으므로 모든 항목을 체크하는 행동은 적절하지 못하다.

17
정답 ④

도덕적 딜레마 논증은 1) 어린이를 대상으로 한 임상실험이 없게 된다는 점, 2) 제한된 동의능력만을 가진 경우 실험 대상에 포함시키는 것은 도덕적으로 옳지 않다는 점을 근거로 하고 있다. 따라서 이를 비판하기 위해서는 ⅰ) 어린이를 대상에서 배제시키는 것이 어린이를 꼭 위험에 몰아넣는 것은 아니라는 점을 보이거나 ⅱ) 제한된 동의능력만을 가졌다고 하여도 반드시 도덕적으로 실험 대상에 포함시키는 것이 잘못된 것은 아니라는 점을 들면 된다. 그런 의미에서 ㄴ은 ⅰ)에 해당하고, ㄷ은 ⅱ)에 해당하므로 적절한 비판이라고 할 수 있다. 그러나 ㄱ은 제시문의 두 번째 논증과 같은 의미이기 때문에 논증을 비판하는 것이 아니라 오히려 강화하는 것이라고 할 수 있어 적절하지 않다.

18
정답 ①

제시문은 언어의 일반적인 특성인 '언어 습득의 균등성, 언어판단의 직관성, 언어의 개방성' 등을 구체적인 사례를 들어 설명함으로써 독자의 이해를 돕고 있다.

19
정답 ②

'너는 냉면 먹어라. 나는 냉면 먹을게.'에서 조사 '는'은 '차이 보조사'로서 차이나 대조의 의미를 지니고 있다. 그러므로 같은 냉면을 먹으려면 '우리 냉면 먹자.'고 해야 할 것이고, '는'을 사용하려면 '너는 냉면 먹어라. 나는 쫄면 먹을게.'라는 식으로 다른 대상을 말해야 한다.

20
정답 ②

오답분석

① 1993년 이후 안정성지수는 증가했다.
③ 질적성장지수를 제외하고 구조개혁 전반기의 증감폭이 더 크다.
④ 구조개혁 전반기 양적성장지수의 직전기간 대비 증감폭이 더 크다.

21
정답 ②

26 ~ 30세 응답자는 총 51명으로, 그중 4회 이상 방문한 응답자는 $5+2=7$명이다. 따라서 비율은 $\frac{7}{51} \times 100 = 13.73\%$이므로 10% 이상이다.

오답분석

① 전체 응답자 수는 113명으로, 그중 20 ~ 25세 응답자는 53명이다. 따라서 비율은 $\frac{53}{113} \times 100 = 46.90\%$가 된다.
③ 주어진 자료는 방문횟수를 구간으로 구분했기 때문에 31 ~ 35세 응답자의 1인당 평균 방문횟수를 정확히 구할 수 없다. 다만 구간별 최솟값으로 평균을 계산해 보면 (1, 1, 1, 2, 2, 2, 2, 4, 4) → (평균)$= \frac{19}{9} = 2.11$이므로 평균 방문횟수가 2회 이상이라는 것을 알 수 있다.
④ 두 번째 표에서 학생과 공무원의 응답자 수는 $49+2=51$명이다. 따라서 $\frac{51}{113} \times 100 = 45.13\%$이므로 50% 미만이다.

22
정답 ③

대표의 옆방에는 부장이 묵어야 하므로 대표는 오직 111호에만 묵을 수 있으며, 110호에는 총무팀 박부장이 배정받는다. 따라서 111호에는 생산팀 장과장은 묵을 수 없다.

오답분석

① 두 번째 조건에서 같은 부서는 마주보는 방을 배정받을 수 없으므로 인사팀 유과장은 105호에 배정받을 수 없다.
② 만약 105호에 생산팀 장과장이 배정받으면, 인사팀 유과장은 102·104·107호에 배정받을 수 있으므로 102호 또는 107호에 배정받으면 104호는 빈방으로 남을 수 있다.
④ 111호에 대표가 묵는다고 했으므로 총무팀 박부장은 110호로 배정받는다.

23
정답 ①

현재 창 닫기 : [Ctrl]+[W]

24
정답 ④

휴대전화와 충전 장치의 연결 방식을 한 가지 형식으로 통일한 것(ㄱ)은 표준화, 음료수의 생산 과정을 줄인 것(ㄴ)은 작업 절차를 간소하게 한 것이므로 단순화, 자동차 바퀴의 조립작업을 한 사람에서 두 사람으로 분업화한 것(ㄷ)은 전문화라고 한다.

25

D의 발언에 따라 D가 3등인 경우와 4등인 경우로 나누어 따져본다.

- D가 3등인 경우

  D의 바로 뒤로 들어온 B는 4등, D보다 앞섰다는 C와 E가 1등 또는 2등인데, C가 1등이 아니라고 하였으므로 1등은 E, 2등은 C가 된다. F는 꼴등이 아니라고 했으므로 5등, A는 6등이다.

- D가 4등인 경우

  D의 바로 뒤로 들어온 B는 5등, 2등과 3등은 각각 C 또는 F가 되어야 하며, 1등은 E, 6등은 C와 F보다 뒤 순위인 A이다.

이를 표로 정리하면 다음과 같다.

구분	1등	2등	3등	4등	5등	6등
경우 1	E	C	D	B	F	A
경우 2	E	C	F	D	B	A
경우 3	E	F	C	D	B	A

따라서 경우 1, 2에서는 C가 F보다 순위가 높지만, 경우 3에서는 F가 C보다 순위가 높으므로 ③은 항상 옳은 것이 아니다.

오답분석

① E는 어느 경우에나 항상 1등으로 결승선에 들어온다.
② A는 어느 경우에나 항상 6등으로 결승선에 들어온다.
④ B는 어느 경우에나 C보다 순위가 낮다.

26

정답 ①

물적자원관리 과정

- 사용 물품과 보관 물품의 구분 : 반복 작업 방지, 물품활용의 편리성
- 동일 및 유사 물품으로의 분류 : 통일성의 원칙, 유사성의 원칙
- 물품 특성에 맞는 보관 장소 선정 : 물품의 형상, 물품의 소재

27

정답 ④

B동에 사는 변학도는 매주 월, 화 오전 8시부터 오후 3시까지 카페 아르바이트가 있다. 따라서 화~금 오전 9시 30분부터 오후 12시까지 진행되는 '그래픽 편집 달인되기'를 수강할 수 없다.

28

정답 ④

C안마의자는 가격이 최대 예산을 초과하였을 뿐만 아니라 온열기능이 없으므로 제외하고, B안마의자는 색상이 블랙이 아니므로 고려 대상에서 제외한다. 남은 A안마의자와 D안마의자 중 프로그램 개수가 많으면 많을수록 좋다고 하였으므로 B공사는 D안마의자를 구매할 것이다.

29

정답 ③

[폴더 옵션]에서는 파일 및 폴더의 숨김 표시 여부를 설정할 수 있다. 하지만 속성 일괄 해제는 폴더창에서 직접 해야 한다.

30

정답 ②

8:20에 터미널에 도착하여 A회사 AM 9:00 항로 2 여객선을 선택하면, 오전 중에 가장 저렴한 비용으로 섬에 들어갈 수 있다. 따라서 비용은 25,000원이다.

31

정답 ①

할인되지 않은 KTX표의 가격을 x원이라 하자. 표를 40% 할인된 가격으로 구매하였으므로 구매 가격은 $(1-0.4)x=0.6x$원이다. 환불 규정에 따르면 하루 전에 표를 취소하는 경우 70%의 금액을 돌려받을 수 있으므로 다음과 같다.

$0.6x \times 0.7 = 16,800 \rightarrow 0.42x = 16,800$

$\therefore x = 40,000$

32

정답 ③

상업적 성공을 바탕으로 매너리즘에 빠진 할리우드 영화는 이를 극복하기 위해 엉성한 이야기 구조와 구성 방식, 실험 정신을 특징으로 하는 누벨바그의 창의적 시도를 받아들였다.

33

정답 ③

甲은 유물이 가지고 있는 본질적인 형태적 특징인 '형식'을 토대로 '유형'을 설정할 수 있다는 입장이며, 乙은 그러한 유물의 본질적 특징은 경험적 관찰의 결과일 뿐 유물 자체에 존재하지 않는다는 입장이다. 따라서 甲과 乙의 주장을 도출할 수 있는 질문으로 ③이 가장 적절하다.

34

정답 ③

제시된 차트에는 데이터 레이블이 표시되어 있지 않다. 데이터 레이블이 표시되어 있다면, 정확한 수치가 그래프 위에 나타난다.

35

정답 ④

ㄱ. 무더위 쉼터가 100개 이상인 도시는 C(120개), D(100개), E(110개)이고, 그중 인구수가 가장 많은 도시는 C(89만 명)이므로 옳은 내용이다.

ㄷ. 온열질환자 수가 가장 적은 도시는 F(10명)이고, 인구수 대비 무더위 쉼터 수가 가장 많은 도시도 F$\left(=\dfrac{85}{25}=3.4\right)$이므로 옳은 내용이다.

ㄹ. 전체 도시의 폭염주의보 발령일수 평균은 53일$\left(=\dfrac{318}{6}\right)$인
데, 이보다 폭염주의보 발령일수가 많은 도시는 A(90일),
E(75일) 2개이므로 옳은 내용이다.

오답분석

ㄴ. 인구수에 따른 순위는 1위 A(100만 명), 2위 C(89만 명)인데
반해 온열질환자 수에 따른 순위는 1위 A(55명), 2위 E(52명)
로, 둘은 서로 다르므로 옳지 않은 내용이다.

36 정답 ④

최소 인구인 도시의 인구수 대비 최대 인구인 도시의 인구수 비는
지속적으로 감소해 2012년에 약 3.56배까지 감소했으나 2022년
에는 약 3.85배로 다시 증가하였다.

오답분석

① 2012년을 기점으로 베이징의 인구가 서울의 인구보다 많아
졌다.
② 서울의 경우 2002년 이후 인구가 감소하였다.
③ 베이징은 해당 기간 동안 약 38%, 54%, 59%의 인구 성장률을
보이며 세 도시 중 가장 큰 성장률을 기록했다.

37 정답 ④

GE 맥킨지 매트릭스는 산업의 매력도와 사업의 강점을 이용하여
전략사업단위를 평가하는 방법으로, 여러 요인들을 종합적으로
고려하여 정교한 분석이 가능하므로 BCG 매트릭스보다 발전된
기법으로 평가받고 있다. 그러나 사업단위 간의 상호작용을 고려
하지 않고, 복잡한 매트릭스로 인해 실제 적용이 어렵다는 단점이
있다.

> **GE 맥킨지 매트릭스**
> • 좌상의 청신호 지역 : 투자육성전략. 경쟁력 있는 사업으
> 로 지속적인 투자를 통해 성장시키는 전략이 적절하다.
> • 대각선상의 주의신호 지역 : 선택적 개선전략. 경쟁력이
> 있을 것 같은 사업을 선택하여 수익을 창출하는 전략이 적
> 절하다.
> • 우하의 적신호 지역 : 퇴출전략. 경쟁력이 약한 사업으로
> 철수나 최소한의 투자를 하는 전략이 적절하다.

38 정답 ①

A사업은 매력적인 사업으로, 집중적으로 투자하여야 한다. 그러
나 시장 지위를 유지하면서 새로운 진출을 모색해야 하는 사업은
B사업이다.

〈BE 맥킨지 매트릭스 전략〉

		고	중	저
산업매력도	고	성장 / 집중 투자	시장 지위 유지 · 구축 투자	선택적 투자 / 회수 및 철수 시기 파악
	중	성장을 위한 투자 / 강점 극대화 투자	현상유지 / 선택적 투자	실패를 막기 위한 최소 투자
	저	선택적 투자 / 시장 지위 유지 및 신규 진출 탐색	강점이 가능한 곳 투자 나머지는 철수	철수에 도움이 되는 최소한 투자 / 철수
―		고	중	저
		사업의 강점		

39 정답 ④

첫 번째와 두 번째 구매 지침은 A ~ D제품 모두 만족한다. 세 번째
구매 지침에 따라 지폐 두께 조절이 불가능한 C제품이 제외되고,
네 번째 구매 지침에 따라 A제품도 제외된다. 따라서 B제품과 D
제품 중에 가격이 가장 저렴한 D제품을 선택할 것이다.

40 정답 ①

Windows 제어판에서 접근성 센터에는 돋보기, 내레이터, 화상
키보드, 고대비 설정과 같은 시각 장애에 도움을 줄 수 있는 기능
이 포함되어 있다.

41 정답 ②

제시문은 집단 수준의 인과가 개연성을 지닌다는 관점과 필연성을
지닌다는 관점 두 가지를 스트레스와 병의 사례를 통해 설명하고
있다. 각 문단의 핵심 내용을 요약하면 첫 번째 문단은 집단 수준
의 인과의 필연성, 두 번째 문단은 집단 수준의 인과의 개연성,
세 번째 문단은 개별자 수준과 집단 수준의 인과를 독립적으로 보
는 관점, 네 번째 문단은 개별자 수준과 집단 수준의 인과를 연관
된 것으로 보는 관점이다.

42 정답 ④

제시문은 사이코패스의 정의와 그 특성을 말하고 있다.

43 정답 ②

$$\dfrac{1}{7} < (\quad) < \dfrac{4}{21} \rightarrow \dfrac{12}{84} < (\quad) < \dfrac{16}{84}$$

따라서 $\dfrac{14}{84} = \dfrac{1}{6}$ 가 빈칸에 들어갈 수 있다.

44

전국에서 자전거전용도로의 비율은 $\frac{2,843}{21,176} \times 100 ≒ 13.4\%$를 차지한다.

오답분석

① 제주특별자치도는 전국에서 여섯 번째로 자전거도로가 길다.

② 광주광역시의 전국 대비 자전거전용도로의 비율은 $\frac{109}{2,843} \times 100 ≒ 3.8\%$이며, 자전거보행자겸용도로의 비율은 $\frac{484}{16,331} \times 100 ≒ 3.0\%$로 자전거전용도로의 비율이 더 높다.

③ 경상남도의 자전거보행자겸용도로는 전국에서 $\frac{1,186}{16,331} \times 100 ≒ 7.3\%$의 비율을 가진다.

45

정답 ④

2021년 첫 일자리가 현 직장인 임금 근로자 수는 전체 임금 근로자 수의 $\frac{1,523}{4,012} \times 100 ≒ 38\%$이므로 35% 초과이다.

오답분석

① 2020년부터 2022년까지 비임금 근로자 수를 계산하면 다음과 같다.
  • 2020년 : $4,032 - 3,909 = 123$명
  • 2021년 : $4,101 - 4,012 = 89$명
  • 2022년 : $4,140 - 4,055 = 85$명
  따라서 비임금 근로자 수는 매년 감소하였다.

② 2020 ~ 2022년까지 졸업·중퇴 후 취업 유경험자 수의 평균은 $\frac{4,032 + 4,101 + 4,140}{3} = \frac{12,273}{3} = 4,091$명이다.

③ 2020년 첫 일자리를 그만둔 임금 근로자 수는 첫 일자리가 현 직장인 근로자 수의 $\frac{2,375}{1,534} ≒ 1.5$배이다.

46

정답 ④

다음의 논리 순서를 따라 주어진 조건을 정리하면 쉽게 접근할 수 있다.

• 첫 번째 조건 : 파란공은 가장 가볍거나 두 번째 또는 네 번째로 가볍다.
• 두 번째 조건 : 빨간공은 가장 가볍거나 두 번째 또는 세 번째로 가볍다.
• 세 번째 조건 : 흰공은 가장 가볍거나 네 번째 또는 다섯 번째로 가볍다.

• 네 번째 조건 : 검은공은 파란공과 빨간공보다 가벼우므로 가장 가볍거나 두 번째로 가볍다.
• 다섯 번째 조건 : 노란공은 흰공보다 가벼우므로 세 번째 조건에 의해 흰공이 가장 무겁고, 파란공은 노란공보다 가벼우므로 두 번째로 무거울 수 없다. 즉, 노란공이 두 번째로 무겁고 파란공은 두 번째로 가볍다.

따라서 위 사실을 종합하면 무거운 순서대로 '흰공 – 노란공 – 빨간공 – 파란공 – 검은공'이다.

오답분석

① 빨간공은 두 번째로 무겁지 않다.
②·③ 검은공은 빨간공과 파란공보다는 가볍다.

47

정답 ①

35명의 수용 인원과 최소 인원을 모두 충족하는 회의실은 별실이다. 따라서 오전 사용료는 $400,000 + 10,000 + 30,000 = 440,000$원이다. 10명의 수용 인원과 최소 인원을 모두 충족하는 회의실은 세미나 3·4 회의실이며 예약 가능한 회의실 중 비용이 저렴한 쪽을 선택해야 하므로 세미나 3 회의실을 선택한다. 따라서 오후 사용료는 $74,000 + 37,000 + 20,000 + 50,000 = 181,000$원이다. 이때, B기업이 이용일 4일 전 오후 회의실을 취소하였으므로 181,000원에서 취소 수수료 10%를 차감한 162,900원을 환불받을 수 있다.

48

정답 ④

POWER 함수는 밑수를 지정한 만큼 거듭제곱한 결과를 나타내는 함수이다. 따라서 $6^3 = 216$이 적절하다.

오답분석

① ODD 함수는 주어진 수에서 가장 가까운 홀수로 변환해주는 함수이며, 양수인 경우 올림하고 음수인 경우 내림한다.
② EVEN 함수는 주어진 수에서 가장 가까운 짝수로 변환해주는 함수이며, 양수인 경우 올림하고 음수인 경우 내림한다.
③ MOD 함수는 나눗셈의 나머지를 구하는 함수이다. 40을 −6으로 나눈 나머지는 −2이다.

49

정답 ②

데이터 계열은 3개(국어, 영어, 수학)로 구성되어 있다.

50

정답 ①

[휴지통]에 들어 있는 자료는 언제든지 복원 가능하다. 단, [휴지통] 크기를 0%로 설정한 후 파일을 삭제하면 복원이 불가능하다.

제3회 모의고사 정답 및 해설

01	02	03	04	05	06	07	08	09	10
②	①	②	②	④	②	②	③	②	①
11	12	13	14	15	16	17	18	19	20
②	②	③	④	③	④	②	④	③	②
21	22	23	24	25	26	27	28	29	30
①	③	④	④	④	④	①	①	②	④
31	32	33	34	35	36	37	38	39	40
④	①	③	④	④	②	①	③	③	④
41	42	43	44	45	46	47	48	49	50
②	①	③	①	③	①	①	③	④	①

01 정답 ②

경국대전에 따르면 1470년대에는 경공장에서 청색 물을 들이는 장인이 30여 명에 달할 만큼 청색 염색이 활발했다고 하였으므로 옳은 내용이다.

오답분석

ㄱ. 중인 이하의 여자들은 장옷 대신 치마를 썼다고 하였으므로 옳지 않은 내용이다.

ㄷ. 중인의 경우 정3품은 홍포에 복두를 쓰고, 협지금띠를 두르고 흑피화를 신었다고 하였으므로 옳지 않은 내용이다. 청포에 흑각띠를 두른 것은 4품 이하에 해당한다.

ㄹ. 쪽잎으로 만든 남색 염료는 조선 중기에 염료의 으뜸으로 등장했다가 합성염료의 출현으로 다시 왕좌에서 물러나게 되었다고 하였으므로 옳지 않은 내용이다.

02 정답 ①

제시문에서 언급한 '다양한 접근'이란 표시되는 장치에 맞추어 해상도, 크기 등을 조절하거나 주요 콘텐츠를 제외한 나머지 소스를 잘라내는 방법 등을 의미한다. 하지만 ①은 이와 달리 기존의 콘텐츠를 재구성하는 것일 뿐이어서 표시되는 장치에 타겟을 맞춘 것이라고 보기는 어렵다.

03 정답 ②

$$\frac{16}{5} \times \frac{15}{28} + \Box = \frac{33}{14}$$

$$\rightarrow \frac{12}{7} + \Box = \frac{33}{14}$$

$$\therefore \Box = \frac{33 - 24}{14} = \frac{9}{14}$$

04 정답 ②

ㄱ. 비중이 25% 이상이라는 것은 결국 해당 항목의 수치에 4를 곱한 것이 전체 합계보다 크다는 것을 의미한다. 이에 따르면 노인복지관과 자원봉사자의 수치에 4를 곱한 것이 전체 합계보다 크므로 각각의 비중은 25% 이상이다.

ㄷ. A ~ I지역 중 복지종합지원센터 1개소당 자원봉사자 수가 가장 많은 지역은 E(1,188명)이며, 복지종합지원센터 1개소당 등록노인 수가 가장 많은 지역은 E(59,050명)이므로 옳은 내용이다.

오답분석

ㄴ. $\left[\frac{(노인복지관 수)}{(복지종합지원센터 수)} \right] \leq 100$을 변형하면, (노인복지관 수)≤[(복지종합지원센터)×100]으로 나타낼 수 있다. 이를 이용하면 A, B, I가 이에 해당하며 D는 노인복지관 수가 더 크기 때문에 해당되지 않는다.

ㄹ. 분수의 대소비교를 이용하면, 분모가 되는 노인복지관의 수는 H가 C의 3배임에 반해 분자가 되는 자원봉사자의 수는 3배에 미치지 못한다. 따라서 H가 C보다 더 적다.

05 정답 ④

2022년 수입중량이 큰 순서는 '미국 – 중국 – 말레이시아 – 싱가포르 – 독일'이고, 수입금액이 큰 순서는 '미국 – 말레이시아 – 독일 – 중국 – 싱가포르'이므로 옳지 않다.

오답분석

① 2019 ~ 2022년 동안 수출금액은 매년 감소했고, 수출중량 추이는 '감소 – 증가 – 감소'이다.

② 2022년 5개국 수입금액 총합은 $39,090+14,857+25,442+12,852+18,772=111,013$천 달러로, 전체 수입금액의 $\frac{111,013}{218,401}\times100 \fallingdotseq 50.8\%$를 차지한다.

③ 무역수지는 수출금액에서 수입금액을 제외한 것으로, 2019년부터 2022년까지 무역수지는 다음과 같다.
- 2019년 : $24,351-212,579=-188,228$천 달러
- 2020년 : $22,684-211,438=-188,754$천 달러
- 2021년 : $22,576-220,479=-197,903$천 달러
- 2022년 : $18,244-218,401=-200,157$천 달러

따라서 매년 전년 대비 감소함을 알 수 있다.

06 정답 ②

ㄹ에 따르면 가능한 일련번호는 'CR－Z－(040, 080, 150, 151)－P2－S77'이다. 이때, 재질의 일련번호는 'P2'가 되어야 한다.

오답분석

① ㄴ에 따르면 가능한 일련번호는 'TB－K－151－(P1, P2)－C26'이다.

③ ㄷ에 따르면 가능한 일련번호는 '(CR, SX, TB)－Q－(040, 080, 150, 151)－G1－E85'이다.

④ ㄱ에 따르면 가능한 일련번호는 'CR－(K, Q, Z)－150－G1－T78'이다.

07 정답 ②

A호텔 연꽃실은 2시간 이상 사용할 경우 추가비용이 발생하고, 수용 인원도 부족하다. B호텔 백합실은 1시간 초과 대여가 불가능하며, C호텔 매화실은 이동수단을 제공하지만 수용 인원이 적절하지 않다. 나머지 C호텔 튤립실과 D호텔 장미실을 비교했을 때, C호텔의 튤립실은 예산초과로 예약할 수 없으므로 이대리는 대여료와 수용 인원의 조건이 맞는 D호텔 연회장을 예약하면 된다. 따라서 이대리가 지불해야 하는 예약금은 D호텔 대여료 150만 원의 10%인 15만 원이다.

08 정답 ③

예산이 200만 원으로 증액되었을 때, 가능한 연회장은 C호텔 튤립실과 D호텔 장미실이다. 예산 내에서 더 저렴한 연회장을 선택해야 한다는 내용이 없고, 이동수단이 제공되는 연회장을 우선적으로 고려해야 하므로 이대리는 C호텔 튤립실을 예약할 것이다.

09 정답 ②

프린터 성능 점수표를 이용하여 제품별 프린터의 점수를 정리하면 다음과 같다.

구분	출력 가능 용지 장수	출력 속도	인쇄 해상도
A프린터	80점	70점	70점
B프린터	100점	60점	90점
C프린터	70점	90점	70점
D프린터	100점	70점	60점

가중치를 적용하여 제품별 프린터의 성능 점수를 구하면 다음과 같다.
- A프린터 : $80\times0.5+70\times0.3+70\times0.2=75$점
- B프린터 : $100\times0.5+60\times0.3+90\times0.2=86$점
- C프린터 : $70\times0.5+90\times0.3+70\times0.2=76$점
- D프린터 : $100\times0.5+70\times0.3+60\times0.2=83$점

따라서 성능 점수가 가장 높은 B프린터를 구매할 것이다.

10 정답 ①

두 번째 조건에 따르면 집과의 거리가 1.2km 이내여야 한다고 하였으므로 K버스는 제외한다. K버스를 제외한 교통편별 교통비를 구하면 다음과 같다.
- 비행기 : $119,000\times4\times0.97=461,720$원
- E열차 : $134,000\times4\times0.95=509,200$원
- P버스 : $116,000\times4=464,000$원

세 번째 조건에 따르면 총 금액이 50만 원 이하여야 한다고 하였으므로 E열차는 조건에 부합하지 않는다. 따라서 다섯 번째 조건에 따라 비행기와 P버스 중 더 저렴한 비행기를 선택하며, 총 교통비는 461,720원이다.

11 정답 ②

'내어쓰기'는 문단 첫 줄을 제외한 그 문단 전체의 왼쪽 여백이 내어쓰기 값만큼 들어가서 시작된다. 따라서 보기는 '내어쓰기'가 적용되었음을 확인할 수 있다.

오답분석

① 들여쓰기 : 문단 첫 줄이 그 문단 전체의 왼쪽 여백보다 오른쪽으로 들어가서 시작된다.

③ 줄 간격 : 현재 줄의 시작 부분과 바로 아랫줄의 첫 부분까지의 간격을 지정하는 것이다.

④ 여백 : 현재 문단의 여백을 어느 정도 띄울 것인지 지정하는 것이다.

12

MOD 함수는 어떤 숫자를 특정 숫자로 나누었을 때 나오는 나머지를 알려주는 함수로, 짝수 혹은 홀수를 구분할 때에도 사용할 수 있는 함수이다.

오답분석
① SUMIF 함수는 조건에 맞는 셀의 값들의 합을 알려주는 함수이다.
③ INT 함수는 실수의 소숫점을 제거하고 정수로 변경할 때 사용하는 함수이다.
④ NOW 함수는 현재의 날짜와 시간을 알려주는 함수이며, 인수는 필요로 하지 않는다.

13
정답 ③

오른쪽에 조건부 서식을 살펴보면 중복되지 않는 고유한 값에 서식이 지정되도록 설정되어 있다. 따라서 서식이 적용되는 값은 성명, 워드1급, 컴활1급, 김홍인, 최석우, 김지혜, 홍윤진, 전민경, 이애리, 한미리로 총 10개의 셀에 서식이 적용된다.

14
정답 ④

(가)의 세 번째 문단의 '한편', 네 번째 문단의 '또한'을 (나)에서 각각 '혹은'과 '그리고'로 바꾸었다. 그러나 '한편', '혹은', '또한', '그리고'는 모두 앞뒤 문장을 대등하게 연결하는 기능의 접속어로, 해당 접속어를 바꾸어도 문장의 의미가 달라지지는 않으므로 문맥상 잘못된 접속어라는 설명은 옳지 않다.

오답분석
① (나)에서 두 번째 문단에 추가된 마지막 문장 두 개를 통해 확인할 수 있다.
② (가)의 네 번째 문단 도입부인 '이러한 스포일러 문제를 해결하기 위해서는'이 (나)의 첫 문장인 '그렇다면 이러한 스포일러 문제는 어떻게 해결할 수 있을까?'로 바뀌었다.
③ (나)의 첫 번째 문단 마지막에 설문조사 결과를 보충하였다.

15
정답 ③

노화로 인한 신체 장애는 어쩔 수 없는 현상으로, 이를 해결하기 위해서는 헛된 자존심으로 부추기는 것이 아닌 노인들에 대한 사회적 배려와 같은 인식이 필요하다는 문맥으로 이어져야 한다.

16
정답 ④

시대착오란 '시대의 추세(趨勢)를 따르지 아니하는 착오'를 의미한다. ④는 상황에 따른 적절한 대응으로 볼 수 있으며, 시대착오와는 거리가 멀다.

오답분석
① 출신 고교를 확인하는 학연에 얽매이는 모습을 보여줌으로써 시대착오의 모습을 보여주고 있다.
② 승진을 통해 지위가 높아지면 고급차를 타야 한다는 시대착오의 모습을 보여주고 있다.
③ 두발 규제를 학생들의 효율적인 생활지도의 방법으로 보는 시대착오의 모습을 보여주고 있다.

17
정답 ②

2023년 신규 투자액은 $43.48-10.93=32.55$백만 원이고, 유지보수 비용은 $32.29+0.11=32.40$백만 원이다. 이를 바탕으로 그래프로 바르게 표현한 것은 ②이다.

오답분석
① 그래프의 막대가 정확히 무엇을 뜻하는지 명시되어 있지 않다.
③ 2022년 신규 투자액과 유지보수 비용이 바뀌어 있다.
④ 2022년 유지보수 비용과 2023년 신규 투자액이 바뀌어 있다.

18
정답 ④

ㄴ. 미국 크루즈 방한객 수 대비 미국의 한국발 크루즈 탑승객 수의 비율은 $\frac{14,376}{15,462} \times 100 ≒ 93.0\%$이므로 옳은 설명이다.
ㄹ. 영국의 한국발 크루즈 탑승객의 수는 일본의 한국발 크루즈 탑승객의 수의 $\frac{7,976}{54,273} \times 100 ≒ 14.7\%$이므로 옳은 설명이다.

오답분석
ㄱ. 전체 크루즈 방한객 수의 순위는 중국, 필리핀, 일본 순서이지만, 한국발 크루즈 탑승객 수의 국가별 순위는 중국, 일본, 미국 순서이므로 다르다.
ㄷ. 필리핀의 한국발 크루즈 탑승객의 수는 기타로 분류되어 있다. 따라서 최대일 때의 인원은 7,976명인 영국보다 1명이 적은 7,975명이다. 따라서 필리핀의 크루즈 방한객 수는 필리핀의 한국발 크루즈 탑승객 수의 최소 $\frac{60,861}{7,975} ≒ 7.6$배이다. 필리핀의 한국발 크루즈 탑승객의 수가 7,975명보다 작을수록 그 배수는 더 높아질 것이므로, 7.6배 이상임을 알 수 있다.

19
정답 ③

조건에 의해서 각 팀은 새로운 과제를 3, 2, 1, 1, 1개 맡아야 한다. 기존에 수행하던 과제를 포함해서 한 팀이 맡을 수 있는 과제는 최대 4개라는 점을 고려하면 다음과 같은 경우가 나온다.

구분	기존 과제 수	새로운 과제 수		
(가)팀	0	3	3	2
(나)팀	1	1	1	3
(다)팀	2	2	1	1
(라)팀	2	1	2	1
(마)팀	3	1		

ㄱ. a는 새로운 과제 2개를 맡는 팀이 수행하므로 (나)팀이 맡을 수 없다.

ㄷ. 기존에 수행하던 과제를 포함해서 2개 과제를 맡을 수 있는 팀은 기존 과제 수가 0개이거나 1개인 (가)팀과 (나)팀인데 위의 세 경우 모두 2개 과제를 맡는 팀이 반드시 있다.

오답분석

ㄴ. f는 새로운 과제 1개를 맡는 팀이 수행하므로 (가)팀이 맡을 수 없다.

[20~22]
알파벳 순서에 따라 숫자로 변환하면 다음과 같다.

a	b	c	d	e	f	g	h	i
1	2	3	4	5	6	7	8	9
j	k	l	m	n	o	p	q	r
10	11	12	13	14	15	16	17	18
s	t	u	v	w	x	y	z	–
19	20	21	22	23	24	25	26	–

20
정답 ②

• abroad의 품번
 – 1단계 : $1+2+18+15+1+4=41$
 – 2단계 : $1+15+1=17 \rightarrow 17^2=289 \rightarrow 289 \div 3 ≒ 96$
  (∵ 소수점 첫째 자리에서 버림)
 – 3단계 : $41+96=137$

21
정답 ①

• positivity의 품번
 – 1단계 : $16+15+19+9+20+9+22+9+20+25=164$
 – 2단계 : $15+9+9+9=42 \rightarrow 42^2=1,764 \rightarrow 1,764 \div 4=441$
 – 3단계 : $164+441=605$

22
정답 ③

• endeavor의 품번
 – 1단계 : $5+14+4+5+1+22+15+18=84$
 – 2단계 : $5+5+1+15=26 \rightarrow 26^2=676 \rightarrow 676 \div 4=169$
 – 3단계 : $84+169=253$

23
정답 ④

전자제품의 경우 관세와 부가세의 합이 18%로 모두 동일하며, 전자제품의 가격이 다른 가격보다 월등하게 높기 때문에 대소비교는 전자제품만 비교해도 된다. 이 중 A의 TV와 B의 노트북은 가격이 동일하기 때문에 굳이 계산할 필요가 없고, TV와 노트북을 제외한 휴대폰과 카메라만 비교하면 된다. B의 카메라가 A의 휴대폰보다 비싸기 때문에 B가 더 많은 관세를 낸다.

구분	전자제품	전자제품 외
A	TV(110만 원), 휴대폰(60만 원)	화장품(5만 원), 스포츠용 헬멧(10만 원)
B	노트북(110만 원), 카메라(80만 원)	책(10만 원), 신발(10만 원)

B가 내야 할 세금을 계산해보면, 우선 카메라와 노트북의 부가세를 포함한 관세율은 18%로, $190 \times 0.18=34.2$만 원이다. 이때, 노트북은 100만 원을 초과하므로 특별과세 $110 \times 0.5=55$만 원이 더 과세된다. 나머지 품목들의 세금은 책이 $10 \times 0.1=1$만 원, 신발이 $10 \times 0.23=2.3$만 원이다.
따라서 B가 내야 할 관세 총액은 $34.2+55+1+2.3=92.5$만 원이다.

24
정답 ④

• A씨 부부의 왕복 비용 : $(59,800 \times 2) \times 2=239,200$원
• 만 6세 아들의 왕복 비용 : $(59,800 \times 0.5) \times 2=59,800$원
• 만 3세 딸의 왕복 비용 : $59,800 \times 0.25=14,950$원
따라서 A씨 가족이 지불한 교통비는 $239,200+59,800+14,950 =313,950$원이다.

25
정답 ④

A씨의 생활을 살펴보면 출퇴근길에 자가용을 사용하고 있고, 주유비에 대해서 부담을 가지고 있다. 또한, 곧 겨울이 올 것을 대비해 차량 점검을 할 예정이다. 이러한 사항을 고려해 볼 때 A씨는 자동차와 관련된 혜택을 받을 수 있는 D카드를 선택하는 것이 적절하다고 볼 수 있다.

26
정답 ④

윈도에서 현재 사용하고 있는 창을 닫을 때는 [Ctrl]+[W]를 눌러야 한다.

27
정답 ①

(가)의 SUMPRODUCT 함수는 배열 또는 범위의 대응되는 값끼리 곱해서 그 합을 구하는 함수이다.
「=SUMPRODUCT(B4:B10,C4:C10,D4:D10)」은 $(B4 \times C4 \times D4)+(B5 \times C5 \times D5) \cdots +(B10 \times C10 \times D10)$의 값으로 나타난다. 따라서 (가) 셀에 나타나는 값은 2,610이다.

28　　　　　　　　　　　　　　정답 ①

'황량한'은 황폐하여 거칠고 쓸쓸한 것을 의미한다.

29　　　　　　　　　　　　　　정답 ②

제시문에서는 현재의 정치, 경제적 구조로는 제로섬적인 요소를 지니는 경제 문제에 전혀 대처할 수 없다고 하였다. 그리고 이러한 특성 때문에 평균적으로는 사회를 더 잘살게 해주는 해결책이라고 할지라도 사람들은 자신이 패자가 될 경우에 줄어들 수입을 보호하기 위해 경제적 변화가 일어나는 것을 막거나 이러한 정책이 시행되는 것을 막기 위해 싸울 것이라는 내용을 담고 있다. 따라서 이 글이 비판의 대상으로 삼는 것은 앞서 언급한 '평균적으로 사회를 더 잘살게 해주는 해결책'을 지지하는 것이 되어야 하므로 ②가 가장 적절하다.

30　　　　　　　　　　　　　　정답 ④

(라)는 기존의 문제 해결 방안이 지니는 문제점을 지적하고 있다.

31　　　　　　　　　　　　　　정답 ④

최고 기온이 17℃ 이상인 지점은 춘천, 강릉, 충주, 서산이다. 이 중 최저 기온이 7℃ 이상인 지점은 강릉과 서산으로, 두 관측지점의 강수량을 합하면 $1,464+1,285=2,749$mm이다.

32　　　　　　　　　　　　　　정답 ①

동해의 최고 기온과 최저 기온의 평균은 $\dfrac{16.8+8.6}{2}=8.4+4.3$ $=12.7$℃이다.

오답분석

② 속초는 관측지점 중 평균 기온이 세 번째로 높고, 강수량은 두 번째로 많다.
③ 최고 기온과 최저 기온의 차이가 가장 큰 지점은 $17.7-5.9$ $=11.8$℃인 충주이다.
④ 강릉은 평균 기온과 최저 기온이 가장 높고, 강수량도 가장 많다. 그러나 최고 기온은 충주가 가장 높다.

33　　　　　　　　　　　　　　정답 ③

주어진 조건을 정리하면 다음과 같다.

구분	A	B	C	D	E
짱구		×		×	
철수				×	
유리			○		
훈이		×			
맹구		×		×	×

유리는 C를 제안하였으므로 D는 훈이가, B는 철수가 제안하였음을 알 수 있고, A는 맹구가, 나머지 E는 짱구가 제안하였음을 알 수 있다. 따라서 제안자와 그 제안이 바르게 연결된 것은 철수 B, 짱구 E이다.

34　　　　　　　　　　　　　　정답 ③

갑과 을이 투표거래를 한다면 A대안, B대안, D대안, E대안이 선택될 수 있고, 갑 혹은 을과 병이 투표거래를 한다면 C대안도 선택될 수 있으므로 옳은 내용이다.

오답분석

① A대안, B대안, C대안 모두 찬성은 1명, 반대가 2명씩 존재하여 과반수 투표를 할 경우 어느 것도 채택되지 못하므로 옳지 않은 내용이다.
② 갑이 원하는 대안은 A대안, D대안이고, 을이 원하는 대안은 B대안, E대안이므로 이들이 투표거래를 한다고 해도 C대안은 선택되지 않을 것이므로 옳지 않은 내용이다.
④ D대안과 E대안이 채택되기 위해서는 갑과 을이 투표거래를 해야 하므로 옳지 않은 내용이다.

35　　　　　　　　　　　　　　정답 ③

월요일에는 늦지 않게만 도착하면 되므로, 서울역에서 8시에 출발하는 KTX를 이용한다. 수요일에는 최대한 빨리 와야 하므로, 사천공항에서 19시에 출발하는 비행기를 이용한다. 따라서 소요되는 교통비는 $65,200+22,200+21,500+93,200×0.9=192,780$원이다.

36　　　　　　　　　　　　　　정답 ②

기존의 운송횟수는 12회이므로 1일 운송되는 화물량은 $12×1,000=12,000$상자이다. 이때, 적재효율을 높여 기존 1,000상자에서 1,200상자로 늘리면 $12,000÷1,200=10$회로 운행횟수를 줄일 수 있으므로 다음과 같이 기존 방법과 새로운 방법의 월 수송비를 계산할 수 있다.
(월 수송비)=(1회당 수송비)×(차량 1대당 1일 운행횟수)×(차량 운행대수)×(월 운행일수)
• 기존 월 수송비 : $100,000×3×4×20=24,000,000$원
• 신규 월 수송비 : $100,000×10×20=20,000,000$원
따라서 B사의 월 수송비 절감액은 $24,000,000-20,000,000=$ $4,000,000$원이다.

37　　　　　　　　　　　　　　정답 ①

원하는 행 전체에 서식을 넣고 싶다면 [열 고정] 형태로 조건부 서식을 넣어야 한다. [A2:D9]까지 영역을 잡고 조건부 서식 → 새 규칙 → 수식을 사용하여 서식을 지정할 셀 결정까지 들어간 다음 「=$D2<3」을 넣고 서식을 넣으면 적용된다.

38

정답 ③

숫자, 문자 데이터 등을 한 번에 입력하려면 여러 셀이 선택되어 있는 상태에서 [Ctrl]+[Enter]를 눌러서 입력해야 한다.

39

정답 ③

제시문의 중심 제재는 정혜사 약수를 덮고 있는 보호각에 쓰인 '불유각'이라는 현판의 글이다.

오답분석

④ 필자는 약수를 덮고 있는 보호각 자체보다는 거기에 쓰인 글귀에 더 관심을 두고 글을 쓰고 있다.

40

정답 ④

전통의 본질을 설명하면서 연암의 문학, 신라의 향가, 고려의 가요, 조선 시대의 사설시조, 백자, 풍속화를 예로 들고 있다.

41

정답 ②

도매점에서 주문하는 콜라의 개수를 x개라고 하자. 회원제 도매점에서 주문하는 것이 일반 도매점에서 주문하는 것보다 유리하려면 다음과 같다.

$1,500x \geq 50,000+1,100x \rightarrow 400x \geq 50,000$

$\therefore x \geq 125$

따라서 회원제 도매점은 126병 이상을 구매할 경우 더 유리하다. A~C슈퍼 중 C슈퍼만 126병 이상을 주문할 것이므로 A슈퍼와 B슈퍼는 일반 도매점에서, C슈퍼는 회원제 도매점에서 주문을 하는 경우가 유리하다.

42

정답 ①

ㄱ. 전체헌혈 중 단체헌혈이 차지하는 비율은 다음과 같다.

• 2017년 : $\frac{962}{962+1,951} \times 100 \fallingdotseq 33.0\%$

• 2018년 : $\frac{965}{965+2,088} \times 100 \fallingdotseq 31.6\%$

• 2019년 : $\frac{940}{940+2,143} \times 100 \fallingdotseq 30.5\%$

• 2020년 : $\frac{953}{953+1,913} \times 100 \fallingdotseq 33.3\%$

• 2021년 : $\frac{954}{954+1,975} \times 100 \fallingdotseq 32.6\%$

• 2022년 : $\frac{900}{900+1,983} \times 100 \fallingdotseq 31.2\%$

따라서 조사기간 동안 매년 20%를 초과한다.

ㄴ. 전년 대비 단체헌혈의 증감률은 다음과 같다.

• 2018년 : $\frac{965-962}{962} \times 100 \fallingdotseq 0.3\%$

• 2019년 : $\frac{940-965}{965} \times 100 \fallingdotseq -2.6\%$

• 2020년 : $\frac{953-940}{940} \times 100 \fallingdotseq 1.4\%$

• 2021년 : $\frac{954-953}{953} \times 100 \fallingdotseq 0.1\%$

따라서 단체헌혈의 증감률의 절댓값이 가장 큰 해는 2019년임을 알 수 있다.

오답분석

ㄷ. 2019년 대비 2020년 개인헌혈의 감소율은 $\frac{1,913-2,143}{2,143} \times 100 \fallingdotseq -10.7\%$이다.

ㄹ. 2020년부터 2022년 동안 헌혈률의 전년 대비 증감 추이는 '감소 – 증가 – 감소'이고, 개인헌혈은 '감소 – 증가 – 증가'이다.

43

정답 ③

조건에 따라 각 부서원들이 준비한 과일과 접시를 정리하면 다음과 같다.

구분	A사원	B사원	C주임	D주임	E대리
과일	사과	바나나	참외	배	수박
접시	초록 / 빨강	검정	회색	노랑	빨강 / 초록

B사원이 바나나를 준비하였으므로 A사원과 C주임 중 한 명이 사과를 준비하였다. 그런데 양쪽 끝 접시는 빨간색, 초록색이고 참외는 회색 접시에 담겨 있으므로 양쪽 끝에 담긴 과일은 두 글자인 과일 중 참외를 제외한 사과, 수박이다. 그러므로 A사원은 사과, E대리는 수박을 준비하였다. 이때, 수박과 참외는 이웃하지 않으므로 D주임이 준비한 과일은 참외일 수 없다. 따라서 C주임이 준비한 과일은 참외이다.

C주임은 참외를 준비했으므로 회색 접시를 준비하고, D주임은 노란 접시에 배를 준비했음을 알 수 있다. A사원과 E대리가 준비한 접시는 각각 초록색 혹은 빨간색이므로 남은 색은 검은색이다. 따라서 B사원이 준비한 접시의 색깔은 검정임을 알 수 있다.

44

정답 ①

[Ctrl] 버튼과 [Shift] 버튼을 누른 후 화살표를 누르면 도형의 높이와 너비를 미세하게 조절할 수 있다.

45

정답 ③

우선 B사원의 대화 내용을 살펴보면, 16:00부터 사내 정기 강연으로 2시간 정도 소요된다는 것을 알 수 있다. 또한 B사원은 강연 준비로 30분 정도 더 일찍 나서야 하므로, 15:30부터는 가용할 시간이 없다. 그리고 기획안 작성업무는 두 시간 정도 걸릴 것으로 보고 있는데, A팀장이 먼저 기획안부터 마무리 짓자고 하였으므로, 11:00부터 업무를 시작하는 것으로 볼 수 있다. 그런데 중간에 점심시간이 껴 있으므로, 기획안 업무는 14:00에 완료될 것으로 볼 수 있다. 따라서 A팀장과 B사원 모두 여유가 되는 시간은 14:00~15:30이므로 가장 적절한 시간대는 ③이다.

46
정답 ①

「=VLOOKUP(SMALL(A2:A10,3),A2:E10,4,0)」 함수를 해석해보면, 우선 SMALL(A2:A10,3)의 함수는 [A2:A10]의 범위에서 3번째로 작은 숫자이므로 그 값은 '3'이 된다. VLOOKUP 함수는 VLOOKUP(첫 번째 열에서 찾으려는 값, 찾을 값과 결과로 추출할 값들이 포함된 데이터 범위, 값이 입력된 열의 열 번호, 일치 기준)로 구성되므로 VLOOKUP(3,A2:E10,4,0) 함수는 A열에서 값이 3인 4번째 행, 그리고 4번째 열에 위치한 '82'가 적절하다.

47
정답 ①

ⅰ) 편도 총비행시간이 8시간 이내이면서 직항 노선이 있는 곳을 살펴보면 방콕은 제외된다.

ⅱ) 연차가 하루밖에 남지 않은 상황에서 최대한 길게 휴가를 다녀오기 위해서는 화요일 혹은 목요일 중 하루를 연차로 사용해야 하는데, 어떤 경우이든 5일의 연휴가 가능하게 된다. 따라서 두바이(4박 5일), 모스크바(6박 8일), 홍콩(3박 4일) 중 모스크바는 연휴 기간을 넘어서므로 제외하고, 두바이와 홍콩 중 여행 기간이 더 긴 두바이를 여행지로 선택할 것이다.

48
정답 ③

ㄱ. 55는 홀수이므로 이의 중앙값을 구하면 $\frac{(55+1)}{2}=28$이다.

따라서 표에서 낮은 학생부터 나열했을 때 28번째에 위치한 학생은 5점을 얻었음을 알 수 있다.

ㄹ. 표에서 학급에서 가장 많은 학생이 받은 체육점수는 5점(23명)임을 확인할 수 있으므로 옳은 내용이다.

오답분석

ㄴ. 전체 학생 수가 55명이고 4 ~ 6점을 받은 학생 수가 43명이므로 이를 계산하면 약 78%이다. 따라서 옳지 않은 내용이다.

ㄷ. 표에서 제시된 분포는 1 ~ 9점의 구간을 놓고 볼 때 5점을 기준으로 정확하게 좌우가 대칭인 구조를 이루고 있다. 따라서 이 분포의 산술평균은 이 구간의 정확히 가운데 지점에서 형성되는데, 이 같은 대칭구조는 양극단의 수치인 1점과 9점의 데이터가 제외된다고 하여도 역시 같은 결과가 나오게 된다. 따라서 옳지 않은 내용이다.

49
정답 ④

각 선정기준별 가중치에 따라 각 부지별 입지점수를 계산하면 다음과 같다.

부지＼선정기준	입지점수
A	$(7\times0.3)+(5\times0.4)+(5\times0.2)$ $+(7\times0.1)=5.8$점
B	$(3\times0.3)+(8\times0.4)+(4\times0.2)$ $+(2\times0.1)=5.1$점
C	$(6\times0.3)+(6\times0.4)+(6\times0.2)$ $+(5\times0.1)=5.9$점
D	$(6\times0.3)+(9\times0.4)+(4\times0.2)$ $+(5\times0.1)=6.7$점

따라서 입지점수가 가장 높은 D부지가 입지로 선정된다.

50
정답 ①

[수식] 탭 − [수식 분석] 그룹 − [수식 표시]를 클릭하면 결괏값이 아닌 수식 자체가 표시된다.

제4회 모의고사 정답 및 해설

01	02	03	04	05	06	07	08	09	10
①	④	③	①	③	②	④	④	④	②
11	12	13	14	15	16	17	18	19	20
④	①	③	②	③	②	①	②	④	④
21	22	23	24	25	26	27	28	29	30
②	④	④	④	④	④	②	③	④	①
31	32	33	34	35	36	37	38	39	40
④	①	②	④	②	①	④	④	②	③
41	42	43	44	45	46	47	48	49	50
④	④	③	③	④	④	③	②	②	③

01
정답 ①

제시문의 첫 번째 문단에서는 '사회적 자본'이 늘어나면 정치 참여도가 높아진다는 주장을 하였고, 두 번째 문단에서는 '사회적 자본'의 개념을 사이버공동체에 도입하였으나 현실과 잘 맞지 않는다고 하면서 '사회적 자본'의 한계를 서술했다. 그리고 마지막 문단에서는 이 같은 사회적 자본만으로는 정치 참여가 늘어나기 어렵고 이른바 '정치적 자본'의 매개를 통해서만이 가능하다는 주장을 하고 있다. 따라서 이 같은 내용을 포괄하고 있는 ①이 제시문의 논지로 가장 적절하다.

02
정답 ④

제시문에서는 집약적인 토지 이용이라는 전통은 정원에서 시작되었다고 하였고, 경작용 식물들 역시 모두 대량 생산에 들어가기 전에 정원에서 자라는 단계를 거쳐왔다고 하였다. 그리고 정원을 이용함에 따른 식물에 대한 지식을 얻는 것과 각종 실험들이 여성의 주도로 이루어졌다는 것을 알 수 있다. 따라서 제시문의 결론으로는 ④가 가장 적절하다.

03
정답 ③

ㄱ. 전출한 직원보다 전입한 직원이 많은 팀은 A(16명), B(13명), C(13명), F(15명)팀이며 이 팀들의 전입 직원 수의 합은 57명이다. 이는 기업 내 전체 전출·입 직원 수(75명)의 70%인 52.5를 초과하므로 옳다.

ㄹ. 식품 사업부 내에서 전출·입한 직원 수는 17명이고, 외식 사업부 내에서 전출·입한 직원 수는 15명이므로 동일한 사업부 내에서 전출·입한 직원 수는 32명이다. 그런데 기업 내 전출·입한 직원 수(75명)의 50%는 37.5명이므로 옳다.

오답분석

ㄴ. 직원이 가장 많이 전출한 팀은 20명이 전출한 E이고, 가장 많이 전입한 팀은 16명이 전입한 A이다. 그런데 20명의 40%인 8명이 배치된 부서도 없을뿐더러 A팀에는 6명만이 배치되었으므로 옳지 않다.

ㄷ. 식품 사업부에서 외식 사업부로 전출한 직원 수는 18명이고, 외식 사업부에서 식품 사업부로 전출한 직원 수는 25명이므로 옳지 않다.

04
정답 ①

$8-5÷2+2.5=8-2.5+2.5=8$

오답분석

② $14-5×2=14-10=4$

③ $10÷4+3÷2=2.5+1.5=4$

④ $6×2-10+2=12-10+2=4$

05
정답 ③

A고객은 제품을 구입한 지 1년이 지났으므로 수리비 2만 원을 부담해야 하며, A/S 서비스가 출장 서비스로 진행되어 출장비를 지불해야 하는데, 토요일 오후 3시는 A/S센터 운영시간이 아니므로 3만 원의 출장비를 지불해야 한다. 또한, 부품을 교체하였으므로 A고객은 부품비 5만 원까지 합하여 총 10만 원의 A/S 서비스 비용을 지불해야 한다.

06
정답 ②

초고령화 사회는 실버산업(기업)의 외부환경 요소로 볼 수 있으므로, 기회 요인으로 보는 것이 적절하다.

오답분석

① 제품의 우수한 품질은 기업의 내부환경 요소로 볼 수 있으므로, 강점 요인으로 보는 것이 적절하다.

③ 기업의 비효율적인 업무 프로세스는 기업의 내부환경 요소로 볼 수 있으므로, 약점 요인으로 보는 것이 적절하다.

④ 살균제 달걀 논란은 빵집(기업)을 기준으로 외부환경 요소로 볼 수 있으므로, 위협 요인으로 보는 것이 적절하다.

07

정답 ④

주어진 조건에 따라 인원을 계산하면 다음과 같다.
- 차장급 이하 직원 : 270×0.5=135명
- 임원진 : 135×0.2=27명
- 협력업체 : 108×0.5=54명

따라서 행사에 참석한 협력업체 사람들은 54명이다.

08

정답 ④

주어진 조건을 정리하면 다음과 같다.

구분	1일	2일	3일	4일	5일	6일
경우 1	B	E	F	C	A	D
경우 2	B	C	F	D	A	E
경우 3	A	B	F	C	E	D
경우 4	A	B	C	F	D	E
경우 5	E	B	C	F	D	A
경우 6	E	B	F	C	A	D

따라서 B영화는 어떠한 경우에도 1일 또는 2일에 상영된다.

오답분석

① 경우 3 또는 4에서 A영화는 C영화보다 먼저 상영된다.
② 경우 1 또는 5, 6에서 C영화는 E보다 늦게 상영된다.
③ 경우 1 또는 3에서 폐막작으로, 경우 4 또는 5에서 5일에 상영된다.

09

정답 ④

주어진 조건에 따라 부서별 위치를 정리하면 다음과 같다.

구분	1층	2층	3층	4층	5층	6층
경우 1	해외사업부	인사교육부	기획부	디자인부	서비스개선부	연구·개발부
경우 2	해외사업부	인사교육부	기획부	서비스개선부	디자인부	연구·개발부

따라서 3층에 위치한 기획부의 문대리는 출근 시 반드시 계단을 이용해야 하므로 ④는 항상 옳다.

오답분석

① 경우 1일 때 김대리는 출근 시 엘리베이터를 타고 4층에서 내린다.
② 경우 2일 때 디자인부의 김대리는 서비스개선부의 조대리보다 엘리베이터에서 나중에 내린다.
③ 커피숍과 같은 층에 위치한 부서는 해외사업부이다.

10

정답 ②

팀장과 과장의 휴가일정과 세미나가 포함된 주를 제외하면 A대리가 연수에 참석할 수 있는 날짜는 첫째 주 금요일부터 둘째 주 화요일까지로 정해진다. 4월은 30일까지 있으므로 주어진 일정을 달력에 표시를 하면 다음과 같다.

일	월	화	수	목	금	토
	1	2 팀장 휴가	3 팀장 휴가	4 팀장 휴가	5 A대리 연수	6 A대리 연수
7 A대리 연수	8 A대리 연수	9 A대리 연수	10 B과장 휴가	11 B과장 휴가	12 B과장 휴가	13
14	15 B과장 휴가	16 B과장 휴가	17 C과장 휴가	18 C과장 휴가	19	20
21 ✕	22 ✕	23 ✕	24 ✕	25 ✕	26 세미나	27 ✕
28	29	30				

따라서 5일 연속으로 참석할 수 있는 날은 4월 5일부터 9일까지이므로 A대리의 연수 마지막 날짜는 9일이다.

11

정답 ④

한 달을 기준으로 S씨가 지출하게 될 자취방 월세와 자취방에서 대학교까지 왕복 시 거리비용을 합산하면 다음과 같다.
- A자취방 : 330,000+(1.8×2,000×2×15)=438,000원
- B자취방 : 310,000+(2.3×2,000×2×15)=448,000원
- C자취방 : 350,000+(1.3×2,000×2×15)=428,000원
- D자취방 : 320,000+(1.6×2,000×2×15)=416,000원

따라서 S씨가 선택할 수 있는 가장 저렴한 비용의 자취방은 D자취방이다.

12

정답 ①

오답분석

② 커피의 필요 개수가 A4보다 적으므로 우선순위에서 밀려난다.
③ 문서용 집게는 재사용이 가능하므로 구매하지 않고 재사용한다.
④ 연필은 B등급이므로 A등급에 비해 우선순위가 높지 않다.

13

정답 ③

면접에 참여하는 직원들의 휴가 일정은 다음과 같다.
- 마케팅팀 차장 : 7월 30일 ~ 8월 3일
- 인사팀 차장 : 8월 6 ~ 10일
- 인사팀 부장 : 8월 6 ~ 10일
- 인사팀 과장 : 8월 6 ~ 9일
- 총무팀 주임 : 8월 1 ~ 3일

제시된 날짜 중에서 직원들의 휴가 일정이 잡히지 않은 유일한 날짜가 면접 가능 날짜가 되므로 8월 5일이 가능하다.

14　　　　　　　　　　　　　정답 ②

&a는 변수 a의 시작 주소값이므로 주소 상수이다. p는 포인터, *p는 p가 가리키는 변수 a이다.

15　　　　　　　　　　　　　정답 ③

관리자가 설정해 놓은 프린터를 프린터 목록에서 제거하려면 [관리자 계정]으로 접근해야 한다.

16　　　　　　　　　　　　　정답 ②

「=SMALL(B3:B9,2)」은 [B3:B9] 범위에서 2번째로 작은 값을 구하는 함수이므로 7이 출력된다.
「=MATCH(7,B3:B9,0)」는 [B3:B9] 범위에서 7의 위치 값을 나타내므로 값은 4가 나온다.
따라서 「=INDEX(A3:E9,4,5)」의 결괏값은 [A3:E9]의 범위에서 4행, 5열에 위치한 대전이다.

17　　　　　　　　　　　　　정답 ①

'AVERAGE(B3:E3)'는 [B3:E3] 범위의 평균을 나타낸다. IF 함수는 논리 검사를 수행하여 TRUE나 FALSE에 해당하는 값을 반환해주는 함수이다. 즉, 「=IF(AVERAGE(B3:E3)>=90,"합격", "불합격")」은 [B3:E3] 범위의 평균이 90 이상일 경우 '합격'이, 그렇지 않을 경우 '불합격'이 입력된다. [F3]~[F6]의 각 셀에 나타나는 [B3:E3], [B4:E4], [B5:E5], [B6:E6]의 평균값은 83, 87, 91, 92.5이므로 [F3]~[F6] 셀에 나타나는 결괏값은 ①이다.

18　　　　　　　　　　　　　정답 ②

세 번째 문단에서 임신 32주가 넘으면 부른 배로 운전이 어렵다고 하였으므로 최대 40주까지 운전이 가능하다고 한 ②는 적절하지 않다.

19　　　　　　　　　　　　　정답 ④

다섯 번째 문단에서 '차량 내부는 환기가 잘 되지 않아 어지럼증이 생길 수 있다.'고 하였으므로 창문을 열어 환기를 시키는 것이 중요하다.

20　　　　　　　　　　　　　정답 ④

제시문에서 인간은 직립보행을 계기로 후각이 생존에 상대적으로 덜 영향을 주게 되면서, 시각을 발달시키는 대신 후각을 현저히 퇴화시켰다는 사실을 설명하고 있다. 다만, 후각은 여전히 감정과 긴밀히 연계되어 있고 관련 기억을 불러일으킨다는 사실을 언급하며 마무리하고 있다. 따라서 인간은 후각을 부수적인 기능으로 남겨 두었다는 것이 제시문의 요지로 적절하다.

21　　　　　　　　　　　　　정답 ②

오답분석
① 적설량의 단위는 'm'가 아니라 'cm'이다.
③ 수원과 강릉의 2019년, 2020년 적설량 수치가 바뀌었다.
④ 그래프의 가로축을 지역으로 수정해야 알맞은 그래프가 된다.

22　　　　　　　　　　　　　정답 ④

ㄱ. 2022년 상업용 무인기의 국내 시장 판매량 대비 수입량의 비율은 $\frac{5}{202} \times 100 ≒ 2.5\%$이다.

ㄴ. 2019~2022년 동안 상업용 무인기 국내 시장 판매량의 전년 대비 증가율은 다음과 같다.
- 2019년 : $\frac{72-53}{53} \times 100 ≒ 35.8\%$
- 2020년 : $\frac{116-72}{72} \times 100 ≒ 61.1\%$
- 2021년 : $\frac{154-116}{116} \times 100 ≒ 32.8\%$
- 2022년 : $\frac{202-154}{154} \times 100 ≒ 31.2\%$

따라서 2020년의 증가율이 가장 높다.

ㄹ. 2020년 상업용 무인기 수출량의 전년 대비 증가율은 $\frac{18-2.5}{2.5} \times 100 = 620\%$이고, B사의 상업용 무인기 매출액의 전년 대비 증가율은 $\frac{304.4-43}{43} \times 100 ≒ 608\%$로, 차이는 $620-608=12\%$이다.

오답분석
ㄷ. 2019~2022년 동안 상업용 무인기 수입량의 전년 대비 증가율이 가장 작은 해는 2022년으로 $\frac{5-4.2}{4.2} \times 100 ≒ 19\%$이며, 상업용 무인기 수출량의 전년 대비 증가율은 2020년이 620%로 가장 크다.

23　　　　　　　　　　　　　정답 ④

알파벳 순서에 따라 숫자로 변환하면 다음과 같다.

a	b	c	d	e	f	g	h	i
1	2	3	4	5	6	7	8	9
j	k	l	m	n	o	p	q	r
10	11	12	13	14	15	16	17	18
s	t	u	v	w	x	y	z	−
19	20	21	22	23	24	25	26	−

intellectual의 품번을 규칙에 따라 정리하면 다음과 같다.
• 1단계 : 9, 14, 20, 5, 12, 12, 5, 3, 20, 21, 1, 12

- 2단계 : $9+14+20+5+12+12+5+3+20+21+1+12=134$
- 3단계 : $|(14+20+12+12+3+20+12)-(9+5+5+21+1)|=|93-41|=52$
- 4단계 : $(134+52)÷4+134=46.5+134=180.5$
- 5단계 : 180.5의 소수점 첫째 자리에서 버림하면 180이다.
따라서 제품의 품번은 180이다.

24 정답 ④

정렬 대상에서 피벗은 20이므로 피벗보다 큰 수 중 가장 왼쪽의 수는 22이고, 피벗보다 작은 수 중 가장 오른쪽의 수는 10이다. 따라서 첫 번째 교환 후의 상태는 15, 10, 13, 27, 12, 22, 25가 된다. 이제 이 과정을 반복하면, 피벗보다 큰 수 중 가장 왼쪽의 수는 27이고, 작은 수 중 가장 오른쪽의 수는 12이다. 따라서 27과 12가 두 번째로 교환된다.

25 정답 ④

경영팀 김선율과 인사팀 김하영은 월·금요일을 제외하고는 출근이 가능하므로 8월 23일 화요일에 출근할 수 있다.

오답분석

① 회계팀 김하나는 7월 25일에 일본 여행에서 돌아왔으므로 한 달이 지나지 않은 8월 23일은 출근이 불가능하다. 같은 팀인 정지수는 8월 25일 목요일만 출근하지 않기 때문에 8월 23일 화요일은 출근이 가능하다.
② 회계팀 이솔비는 7월 24일 인천 출장으로 인해 한 달이 지나지 않은 8월 23일은 출근할 수 없고, 같은 팀인 김예나만 출근이 가능하다.
③ 회계팀 강여울은 8월 23일 화요일에 출근이 가능하지만, 경영팀 이하율은 화요일에 출근을 하지 않는다.

26 정답 ④

금요일에 있는 본사교육 및 회의·출장 참여자는 반드시 금요일에 출근해야 하므로 이와 관련된 사람은 최수지, 강여울, 김선율, 김하영이다. 따라서 정하람은 매주 금요일에 반드시 출근해야 하는 사람에 포함되지 않는다.

27 정답 ②

면접평가 결과를 점수로 변환하면 다음과 같다.

구분	A	B	C	D	E
의사소통능력	100	100	100	80	50
문제해결능력	80	75	100	75	95
조직이해능력	95	90	60	100	90
대인관계능력	50	100	80	60	85

이에 평가비중을 곱하여 최종 점수를 구하면 다음과 같다.
- A : $(100×0.4)+(80×0.3)+(95×0.2)+(50×0.1)=88$점
- B : $(100×0.4)+(75×0.3)+(90×0.2)+(100×0.1)=90.5$점
- C : $(100×0.4)+(100×0.3)+(60×0.2)+(80×0.1)=90$점
- D : $(80×0.4)+(75×0.3)+(100×0.2)+(60×0.1)=80.5$점
- E : $(50×0.4)+(95×0.3)+(90×0.2)+(85×0.1)=75$점
따라서 최종 합격자로는 상위자 2명인 B, C가 선발된다.

28 정답 ③

데이터 레이블은 데이터 계열을 대상으로 전체 데이터나 하나의 데이터 또는 하나의 데이터 요소를 선택하여 계열 이름, 항목 이름, 값 등을 표시하는 것이다. 이러한 데이터 레이블은 차트에서는 입력이 가능하나, 스파크라인에서는 입력이 불가능하다.

29 정답 ④

틀 고정을 취소할 때는 셀 포인터의 위치와 상관없다.

30 정답 ①

오답분석

② 결괏값에 출근과 지각이 바뀌어 나타난다.
③·④ 9시 정각에 출근한 손흥민이 지각으로 표시된다.

31 정답 ④

- (가) : 빈칸 앞에는 어려워질 경제 상황이 특정인들에게는 새로운 기회가 될 수도 있다는 내용, 뒤에는 특정인에게만 유리한 상황이 비효율적이라는 부정적인 내용이 위치하고 있다. 따라서 ⓒ이 가장 적절하다.
- (나) : 빈칸을 제외한 문단의 내용이 집단 차원에서의 다양성 확보의 중요성을 주장하고, 그 근거로 반대 경우의 피해 사례를 제시하고 있으므로 ㉠이 가장 적절하다.
- (다) : 빈칸을 제외한 문단의 내용이 유전자 다양성 확보 시의 단점에 대한 내용이므로, '그럼에도 불구하고 다양성 확보가 중요한 이유'로 글을 마무리하는 ㉢이 가장 적절하다.

32 정답 ①

문맥의 흐름상 '겉에 나타나 있거나 눈에 띄다.'의 의미를 지닌 '드러나다'의 쓰임은 적절하다. '들어나다'는 사전에 등록되어 있지 않은 단어로, '드러나다'의 잘못된 표현이다.

33
정답 ②

첫 번째 문단에 따르면 범죄는 취재감으로 찾아내기가 쉽고 편의에 따라 기사화할 수 있을 뿐만 아니라 범죄 보도를 통해 시청자의 관심을 끌 수 있기 때문에 언론이 범죄를 보도의 주요 소재로 삼지만, 지나친 범죄 보도는 범죄자나 범죄 피의자의 초상권을 침해하여 법적·윤리적 문제를 일으킨다. 따라서 마지막 문단의 내용처럼 범죄 보도가 초래하는 법적·윤리적 논란은 언론계 전체의 신뢰도에 치명적인 손상을 가져올 수도 있다. 이러한 현상을 비유하기에 가장 적절한 표현은 '부메랑'이다. 부메랑은 그것을 던진 사람 자신에게 되돌아와 상처를 입힐 수도 있기 때문이다.

오답분석

① 시금석(試金石) : 귀금속의 순도를 판정하는 데 쓰는 검은색의 현무암이나 규질의 암석(층샛돌)을 뜻하며, 가치·능력·역량 등을 알아볼 수 있는 기준이 되는 기회나 사물을 비유적으로 이르는 말로도 쓰인다.
③ 아킬레스건(Achilles 腱) : 치명적인 약점을 비유하는 말이다.
④ 악어의 눈물 : 일반적으로 강자가 약자에게 보이는 '거짓 눈물'을 비유하는 말이다.

34
정답 ④

쌀 생산액이 두 번째로 낮은 연도는 1992년이다. 따라서 이때 과실과 축산 생산액의 합은 13,087+39,214=52,301억 원이다.

35
정답 ②

2022년 재배업 생산액 대비 채소 생산액 비율을 구하면
$$\frac{115,289}{84,012+23,301+115,289+35,520}\times100=\frac{115,289}{258,122}\times100$$
≒44.7%이다.

36
정답 ①

직원 수가 100명이므로 주문해야 할 치킨은 50마리이다. 방문 포장 시의 할인 금액이 유류비나 번거로움을 환산한 비용보다 크므로 방문 포장을 선택한다.

- A치킨 : 15,000×50×[1−(0.35+0.05)]+50,000
=500,000원
- B치킨 : 16,000×50×[1−(0.2+0.03)]+15,000
=631,000원

따라서 최소 비용으로 치킨을 먹을 수 있는 방법은 A치킨에서 방문 포장으로 주문하고 단체 주문 옵션을 선택하는 것이다.

37
정답 ④

주어진 조건을 정리하면 다음과 같다.

구분	A	B	C	D	E	F
아침	된장찌개	된장찌개	된장찌개	김치찌개	김치찌개	김치찌개
점심	김치찌개	김치찌개	된장찌개	된장찌개	된장찌개	김치찌개
저녁	김치찌개	김치찌개	김치찌개	된장찌개	된장찌개	된장찌개

따라서 김치찌개는 총 9그릇이 필요하다.

38
정답 ④

항목별 직원 수에 따른 원점수는 다음과 같다.

구분	전혀 아니다	아니다	보통이다	그렇다	매우 그렇다
원점수	21×1 =21점	18×2 =36점	32×3 =96점	19×4 =76점	10×5 =50점
가중치 적용 점수	21×0.2 =4.2점	36×0.4 =14.4점	96×0.6 =57.6점	76×0.8 =60.8점	50×1.0 =50점

따라서 10명의 직원이 선택한 설문지 가중치를 적용한 점수의 평균은 $\frac{4.2+14.4+57.6+60.8+50}{10}=18.7$점이다.

39
정답 ②

대화 내용에 따라서 각자 연차 및 교육 일정을 정리하면 다음과 같다.

일	월	화	수	목	금	토
	1	2 B사원 연차	3 개천절	4	5	6
7	8	9 한글날	10 A과장 연차	11 B대리 교육	12 B대리 교육	13
14	15 A사원 연차	16	17 B대리 연차	18 A대리 교육	19 A대리 교육	20
21	22	23	24 A대리 연차	25	26	27
28	29 워크숍	30 워크숍	31			

달력에서 바로 확인 가능한 사실은 세 번째 주에 3명의 직원이 연차 및 교육을 신청했다는 것이다. 그러나 A대리와 A사원이 먼저 신청했으므로 B대리가 옳지 않음을 알 수 있다.

또한 A대리의 말에서 자신이 교육받는 주에 다른 사람 2명 신청 가능할 것 같다고 한 것은 네 번째 조건에 어긋난다.

따라서 옳지 않은 말을 한 직원은 A대리와 B대리임을 알 수 있다.

40
정답 ③

텔레비전 시청이 개인의 휴식에 도움이 된다는 사실은 텔레비전 시청의 긍정적인 내용일 수는 있으나, 제시문의 주제인 부모와 가정의 문제와는 관련이 없다.

41
정답 ④

(라)에서는 부패를 개선하기 위한 정부의 제도적 노력에도 불구하고 반부패정책 대부분이 효과가 없었음을 이야기하고 있다. 따라서 부패인식지수의 개선방안이 아닌 '정부의 부패인식지수 개선에 대한 노력의 실패'가 (라)의 주제로 적절하다.

42
정답 ④

인사팀의 직원은 12명이고 인사팀의 직원은 품질관리팀의 2배이므로 품질관리팀의 직원은 6명이다. 홍보실과 인사팀 직원 수의 차이는 5명이므로 홍보실은 17명이다. 홍보실, 인사팀, 품질관리팀의 직원을 모두 합하면 기획부의 직원 수와 같으므로 기획부는 35명이다. 따라서 총무처의 직원 수는 40명이다.

43
정답 ③

$$(2015년과\ 2016년의\ 평균)=\frac{826.9+806.9}{2}=816.9만\ 명$$

$$(2021년과\ 2022년의\ 평균)=\frac{796.3+813.0}{2}=804.65만\ 명$$

따라서 이 차이는 $816.9-804.65=12.25$만 명이다.

44
정답 ③

$5,500+5,500+5,500+6,000+7,500=30,000$원

오답분석

① $5,500+5,500+6,000+6,800+7,000=30,800$원
② $6,000+6,000+6,300+6,800+7,500=32,600$원
④ $6,000+6,500+6,300+7,000+7,500=33,300$원

45
정답 ④

2021년 전문·관리직 종사자 구성비는 50% 미만이다.

오답분석

①·② 제시된 자료를 통해 알 수 있다.
③ 2021년의 여성 취업자 수는 약 10,000천 명이고, 구성비는 약 21.5%이다. 따라서 1,800천 명 이상이다.

46
정답 ④

주어진 조건을 그림으로 정리하면 다음과 같다.

따라서 찬열이가 주문한 음식은 울면이고, 찬열이의 왼쪽에 앉은 사람은 할아버지이다.

47
정답 ③

8월 21일의 팀미팅은 워크숍 시작시간 전 오후 1시 30분에 끝나므로 3시에 출발 가능하며, 22일의 일정이 없기 때문에 8월 21~22일이 워크숍 날짜로 적절하다.

오답분석

① 8월 9~10일 : 다른 팀과 함께하는 업무가 있는 주로 워크숍 불가능
② 8월 18~19일 : 19일은 주말이므로 워크숍 불가능
④ 8월 28~29일 : E대리 휴가로 모든 팀원 참여 불가능

48
정답 ②

잠금 화면은 디스플레이 설정이 아닌 개인 설정에 들어가서 설정 가능하다.

49

오답분석

① 풀 노드(Full Node) : 블록체인의 모든 내역을 저장하는 노드이다.

③ 라이트 노드(Light Node) : 핵심본만 저장하는 노드이다.

④ 마스터 노드(Master Node) : 일정 지분의 코인을 가지고 해당 코인을 채굴하는 방식을 가지는 노드이다.

50

디지털 컴퓨터와 아날로그 컴퓨터의 비교

구분	디지털 컴퓨터	아날로그 컴퓨터
입력형태	숫자, 문자	전류, 전압, 온도
출력형태	숫자, 문자	곡선, 그래프
연산형식	산술, 논리 연산	미적분 연산
구성회로	논리 회로	증폭 회로
연산속도	느림	빠름
정밀도	필요 한도까지	제한적임
기억기능	기억이 용이하며 반영구적	기억에 제약이 있음
사용분야	범용	특수 목적용

제5회 모의고사 정답 및 해설

| 01 | 행정학

01	02	03	04	05	06	07	08	09	10
①	④	④	②	①	③	④	④	②	④
11	12	13	14	15	16	17	18	19	20
④	②	④	③	②	①	①	④	②	①
21	22	23	24	25	26	27	28	29	30
②	③	④	①	③	②	②	②	③	③
31	32	33	34	35	36	37	38	39	40
③	④	②	④	①	④	④	③	③	①
41	42	43	44	45	46	47	48	49	50
④	①	④	④	④	②	④	①	④	②

01 정답 ①

합병, 흡수통합, 전부사무조합 등은 광역행정의 방식 중 통합방식에 해당한다. 일부사무조합은 공동처리방식에 해당하며, 도시공동체는 연합방식에 해당한다.

> **조합 방식**
> 특정 사무를 자치단체 간 협력적으로 처리하기 위하여 독립된 법인격을 부여하여 설치한 특별자치단체로서 다음 세 가지가 있다.
> • 일부사무조합 : 한 가지 사무처리(공동처리방식과 유사)
> • 복합사무조합 : 둘 이상 사무처리(연합방식과 유사)
> • 전부사무조합 : 모든 사무처리(사실상 통합방식·종합적 처리방식)

02 정답 ④

오답분석
ㄱ. 관세청은 기획재정부 소속이다.
ㄷ. 특허청은 산업통상자원부 소속이다.
ㄹ. 산림청과 농촌진흥청은 농림축산식품부 소속이다.

03 정답 ④

ㄴ. 킹던의 정책창 모형은 쓰레기통 모형을 한층 발전시켜 우연한 기회에 이루어지는 결정을 흐름으로 설명하고 있다.
ㄷ·ㄹ. 킹던은 정책과정을 문제 흐름, 정책 흐름, 정치 흐름 등 세 가지 독립적인 흐름으로 개념화될 수 있으며, 각 흐름의 주도적인 행위자도 다르다고 보았다. 킹던은 정치 흐름과 문제 흐름이 합류할 때 정책의제가 설정되고, 정책 흐름에 의해서 만들어진 정책대안은 이들 세 개의 흐름이 서로 같이 만나게 될 때 정책으로 결정될 기회를 갖게 된다고 보았다. 이러한 복수 흐름을 토대로 정책의 창이 열리고 닫히는 이유를 제시하고 그 유형을 구분하였는데, 세 흐름을 합류시키는 데 주도적인 역할을 담당하는 정책기업가의 노력이나 점화장치가 중요하다고 보았다.

오답분석
ㄱ. 방법론적 개인주의와 정책창 모형은 관련성이 없다.
ㅁ. 표준운영절차는 회사모형을 설명하는 주요 개념이다.

04 정답 ②

수입대체경비란 국가가 용역 또는 시설을 제공하여 발생하는 수입과 관련되는 경비를 의미한다. 여권발급 수수료나 공무원시험 응시료와 같이 공공 서비스 제공에 따라 직접적인 수입이 발생하는 경우 해당 용역과 시설의 생산·관리에 소요되는 비용을 수입대체경비로 지정하고, 그 수입의 범위 내에서 초과지출을 예산 외로 운용할 수 있다(통일성·완전성 원칙의 예외).

05 정답 ①

책임운영기관은 대통령령으로 설치한다.

> **책임운영기관의 설치 및 해제(책임운영기관 설치·운영에 관한 법률 제4조 제1항)**
> 책임운영기관은 그 사무가 다음 각 호의 기준 중 어느 하나에 맞는 경우에 대통령령으로 설치한다.
> 1. 기관의 주된 사무가 사업적·집행적 성질의 행정 서비스를 제공하는 업무로서 성과 측정기준을 개발하여 성과를 측정할 수 있는 사무
> 2. 기관 운영에 필요한 재정수입의 전부 또는 일부를 자체적으로 확보할 수 있는 사무

위원회의 종류

유형	개념	의결	집행	사례
자문 위원회	• 자문기능만 수행 • 구속력 있는 의결기능 은 없음	×	×	노사정 위원회
의결 위원회	• 구속력 있는 의결기능 만 수행 • 집행기능은 없음	○	×	공직자윤리 위원회, 징계위원회
행정 위원회	• 구속력 있는 의결기능과 집행기능을 모두 수행	○	○	금융위원회, 공정거래 위원회

06 　　　　　　　　　　　　　　　　　정답 ③

ㄱ. 행정통제는 통제시기의 적시성과 통제내용의 효율성이 고려
되어야 한다(통제의 비용과 통제의 편익 중 편익이 더 커야
한다).
ㄴ. 옴부즈만 제도는 사법 통제의 한계를 보완하기 위해 도입되었다.
ㄷ. 선거에 의한 통제와 이익집단에 의한 통제 등은 외부통제에
해당한다.

오답분석

ㄹ. 합법성을 강조하는 통제는 사법통제이다. 또한 사법통제는 부
당한 행위에 대한 통제는 제한된다.

07 　　　　　　　　　　　　　　　　　정답 ④

주세, 부가가치세, 개별소비세는 국세이며, 간접세에 해당한다.

오답분석

ㄱ. 자동차세는 지방세이며, 직접세이다.
ㄷ. 담배소비세는 지방세이며, 간접세이다.
ㅂ. 종합부동산세는 국세이며, 직접세이다.

직접세와 간접세의 비교

구분	직접세	간접세
과세 대상	소득이나 재산(납세자＝담세자)	소비 행위(납세자 ≠ 담세자)
세율	누진세	비례세
조세 종류	소득세, 법인세, 재산세 등	부가가치세, 특별소비세, 주세(담배소비세) 등
장점	소득 재분배 효과, 조세의 공정성	조세 징수의 간편, 조세 저항이 작음
단점	조세 징수가 어렵고 저항이 큼	저소득 계층에게 불리함

08 　　　　　　　　　　　　　　　　　정답 ④

리바이어던(Leviathan)은 구약성서에 나오는 힘이 강하고, 몸집
이 큰 수중동물로서 정부재정의 과다팽창을 비유한다. 현대의 대
의민주체제가 본질적으로 정부부문의 과도한 팽창을 유발하는 속
성을 지닌다. 일반대중이 더 큰 정부지출에 적극적으로 반대하지
않는 투표성향(투표 거래, 담합)을 보이므로, 현대판 리바이어던
의 등장을 초래한다.

오답분석

① 로머와 로젠탈(Tomas Romer & Howard Rosenthal)의 회복
수준 이론은 투표자와 관료의 상호작용을 다음과 같은 단순한
상황에서 검토하였다. 관료들은 국민투표에서 유권자들 앞에
제시될 각 부처의 재원조달계획을 마련하며, 그것은 다수결투
표에 의해 가부가 결정된다. 제안이 부결되면 지출수준은 외생
적인 어떤 방법으로 결정된 회귀(Reversion)수준에서 확정된
다. 예를 들면 회귀수준은 지난해의 예산규모일 수도 있고 혹
은 0일 수도 있고(이 경우 부처예산안의 부결은 부처의 폐쇄를
의미한다), 혹은 좀 더 복잡한 어떤 방법으로 결정될 수도 있
다. 로머와 로젠탈은 관료들의 문제, 즉 유권자 앞에 제시되는
예산안을 편성하는 문제, 또 지출수준이 최종적으로 어떻게 결
정되는지를 설명하는 문제를 검토하였다.
② 파킨슨(Parkinson)이 1914년부터 28년간 영국의 행정조직을
관찰한 결과 제시된 법칙으로 공무원 수는 본질적 업무량(행정
수요를 충족시키기 위한 업무량)의 증감과 무관하게 일정 비율
로 증가한다는 것이다.
③ 니스카넨(Niskanen)이 1971년에 제기한 가설을 말하며, 관
료들은 자신들의 영향력과 승진기회를 확대하기 위해 예산규
모의 극대화를 추구한다는 것을 의미한다. 관료들이 오랜 경험
등을 활용하여 재정선택과정을 독점한다는 점에서 재정선택의
독점모형이라고도 한다.

09 　　　　　　　　　　　　　　　　　정답 ②

갈등 당사자들에게 공동의 상위목표를 제시하거나 공동의 적을 설
정하는 것은 갈등의 해소전략에 해당한다.

갈등의 조성전략

① 공식적·비공식적 의사전달 통로의 의도적 변경
② 경쟁의 조성
③ 조직 내 계층 수 및 조직단위 수 확대와 의존도 강화
④ 계선조직과 막료조직의 활용
⑤ 정보전달의 통제(정보량 조절 : 정보전달 억제나 과잉
  노출)
⑥ 의사결정권의 재분배
⑦ 기존 구성원과 상이한 특성을 지닌 새로운 구성원의 투입
  (구성원의 유동), 직위 간 관계의 재설정

10

정답 ④

우리나라는 행정의 양대 가치인 민주성과 능률성에 대해 규정하고 있다.

> **목적(국가공무원법 제1조)**
> 이 법은 각급 기관에서 근무하는 모든 국가공무원에게 적용할 인사행정의 근본 기준을 확립하여 그 공정을 기함과 아울러 국가공무원에게 국민 전체의 봉사자로서 행정의 민주적이며 능률적인 운영을 기하게 하는 것을 목적으로 한다.
>
> **목적(지방공무원법 제1조)**
> 이 법은 지방자치단체의 공무원에게 적용할 인사행정의 근본 기준을 확립하여 지방자치행정의 민주적이며 능률적인 운영을 도모함을 목적으로 한다.
>
> **목적(지방자치법 제1조)**
> 이 법은 지방자치단체의 종류와 조직 및 운영, 주민의 지방자치행정 참여에 관한 사항과 국가와 지방자치단체 사이의 기본적인 관계를 정함으로써 지방자치행정을 민주적이고 능률적으로 수행하고, 지방을 균형 있게 발전시키며, 대한민국을 민주적으로 발전시키려는 것을 목적으로 한다.

11

정답 ④

국가재정법 제16조는 예산의 편성 및 집행에 있어서 준수해야 할 사항을 규정하고 있고 재정건전성의 확보, 국민부담의 최소화, 재정을 운영함에 있어 재정지출의 성과 제고, 예산과정에의 국민참여 제고를 위한 노력을 규정하고 있지만 재정의 지속가능성 확보에 대한 내용은 규정하고 있지 않다.

> **예산의 원칙(국가재정법 제16조)**
> 정부는 예산의 편성하거나 집행할 때 다음 각 호의 원칙을 준수하여야 한다.
> 1. 정부는 재정건전성의 확보를 위하여 최선을 다하여야 한다.
> 2. 정부는 국민부담의 최소화를 위하여 최선을 다하여야 한다.
> 3. 정부는 재정을 운용할 때 재정지출 및 조세지출의 성과를 제고하여야 한다.
> 4. 정부는 예산과정의 투명성과 예산과정에의 국민참여를 제고하기 위하여 노력하여야 한다.
> 5. 정부는 예산이 여성과 남성에게 미치는 효과를 평가하고, 그 결과를 정부의 예산편성에 반영하기 위하여 노력하여야 한다.
> 6. 정부는 예산이 온실가스 감축에 미치는 효과를 평가하고, 그 결과를 정부의 예산편성에 반영하기 위하여 노력하여야 한다.

12

정답 ②

공공선택론은 유권자, 정치가, 관료를 포함하는 정치제도 내에서 자원배분과 소득분배에 대한 결정이 어떻게 이루어지는지를 분석하고, 이를 기초로 정치적 결정의 예측 및 평가를 목적으로 한다.

오답분석
① 과학적 관리론은 최소의 비용으로 최대의 성과를 달성하고자 하는 민간기업의 경영합리화 운동으로, 객관화된 표준과업을 설정하고 경제적 동기 부여를 통하여 절약과 능률을 달성하고자 하였던 고전적 관리연구이다.
③ 행태론이란 면접이나 설문조사 등을 통해 인간행태에 대한 규칙성과 유형성·체계성 등을 발견하여 이를 기준으로 종합적인 인간관리를 도모하려는 과학적·체계적인 연구를 말한다.
④ 발전행정론은 환경을 의도적으로 개혁해 나가는 행정인의 창의적·쇄신적인 능력을 중요시한다. 또한 행정을 독립변수로 간주해 행정의 적극적 기능을 강조한 이론이다.

13

정답 ④

점증적 정책결정은 지식과 정보의 불완전성, 미래예측의 불확실성을 전제하는 의사결정 모형으로 그 자체가 정부실패 요인으로 거론되는 것은 아니다.

오답분석
①·②·③ 모두 정부실패 요인에 대한 설명이다.

Weimer&Vining의 **정부실패 원천**

구분	유형	의미
직접민주주의에 내재하는 문제	투표의 역설	투표자의 선택이 애매함
	선호 정도의 일괄처리	다수의 독재, 소수집단의 비용부담
대의정부에 내재하는 문제	조직화되고 동원화된 이익집단의 영향력	지대 추구와 지대 낭비
	지역구 유권자	비효율적인 나누어 먹기
	선거주기	사회적으로 과다한 할인율
	일반국민의 관심사에 영향	의제의 제약과 비용에 대한 왜곡된 인식
관료적 공급에 내재하는 문제	대리인의 손실 (agency loss)	X-비효율성
	산출물 값 산정의 어려움	배분적 비효율성과 X-비효율성
	제한된 경쟁	동태적 비효율적
	공무원 제약을 포함한 사전적 규칙	비신축성에 따른 비능률
	시장실패로서의 관료 실패	조직자원의 비능률적 활용
분권화에 내재하는 문제	권위의 분산	집행과정의 문제
	재정적 외부효과	지역공공재의 불공평한 배분

14　정답 ③

교육·소방·경찰공무원 및 법관, 검사, 군인 등 특수 분야의 업무를 담당하는 공무원은 특정직 공무원(경력직)에 해당한다.

오답분석

① 특수경력직 공무원은 정무직과 별정직 공무원으로, 직업공무원이나 실적주의의 획일적 적용을 받지 않는다.
② 특수경력직 공무원에 대하여는 이 법 또는 다른 법률에 특별한 규정이 없으면 한정적으로 국가공무원법의 적용을 받고, 적용 범위에 보수(제5장)와 복무규율(제7장)이 포함된다.
④ 국회수석 전문위원, 감사원 사무차장 등은 특수경력직 중 별정직 공무원에 해당한다.

국가공무원과 지방공무원의 비교

구분		국가공무원	지방공무원
법적 근거		국가공무원법	지방공무원법
임용권자		• 5급 이상 – 대통령 • 6급 이하 – 소속 장관 또는 위임된 자	지방자치단체의 장
보수 재원		국비	지방비
공직분류	일반직	직군, 직렬별로 분류되는 공무원	
		연구·지도직 : 2계급	
	특정직	법관, 검사, 경찰공무원, 소방공무원, 군인, 군무원, 헌법재판소 헌법연구관, 국가정보원 직원 등	자치경찰공무원, 지방소방공무원 등
	정무직	대통령, 국무총리, 국회의원 등	지방자치단체장, 특별시의 정무부시장
	별정직	국회수석 전문위원	광역시 특별자치시의 정무부시장
공무원 구성		• 전체 공무원 중에 차지하는 비중이 65% • 국가 공무원 중 특정직이 가장 많음	• 전체 공무원 중에 차지하는 비중이 35% • 지방 공무원 중 일반직이 가장 많음

15　정답 ②

규제피라미드는 규제가 규제를 낳은 결과 피규제자의 규제 부담이 점점 증가하는 현상이다.

오답분석

①·③·④ 모두 규제의 역설에 대한 설명이다.

16　정답 ①

교통체증 완화를 위한 차량 10부제 운행은 불특정 다수의 국민이 이익을 보고 불특정 다수의 국민이 비용을 부담하는 상황에 해당하기 때문에 대중정치 상황의 사례가 된다.

오답분석

② 기업가정치 상황은 고객정치 상황과 반대로 환경오염규제, 소비자보호입법 등과 같이 비용은 소수의 동질적 집단에 집중되어 있으나 편익은 불특정 다수에게 넓게 확산되어 있는 경우이다. 사회적 규제가 여기에 속한다.
③ 이익집단정치 상황은 정부규제로 예상되는 비용, 편익이 모두 소수의 동질적 집단에 귀속되고, 그 크기도 각 집단의 입장에서 볼 때 대단히 크다. 그러므로 양자가 모두 조직화와 정치화의 유인을 강하게 갖고 있고 조직력을 바탕으로 각자의 이익 확보를 위해 상호 날카롭게 대립하는 상황이다. 규제가 경쟁적 관계에 있는 강력한 두 이익집단 사이의 타협과 협상에 좌우되는 특징을 보이며 일반적으로 소비자 또는 일반국민의 이익은 거의 무시된다.
④ 고객정치 상황은 수혜집단은 신속히 정치조직화하며 입법화를 위해 정치적 압력을 행사하여 정책의제화가 비교적 용이하게 이루어진다. 경제적 규제가 여기에 속한다.

Wilson의 규제정치모형

구분		규제의 편익	
		집중	분산
규제비용	집중	이익집단 정치	운동가의 정치(기업가적 정치)
	분산	고객의 정치	다수의 정치

17　정답 ①

형평성이론(Equity Theory)에서 공정성의 개념은 아리스토텔레스의 정의론, 페스팅거의 인지 부조화이론, 호만즈(G. Homans) 등의 교환이론에 그 근거를 둔 것으로 아담스(J. S. Adams)가 개발하였다. 이 이론은 모든 사람이 공정하게 대접받기를 원한다는 전제에 기초를 두고 있으며 동기 부여, 업적의 평가, 만족의 수준 등에서 공정성이 중요한 영향을 미친다고 본다.

오답분석

②·③·④ 모두 내용이론으로 욕구와 동기유발 사이의 관계를 설명하고 있다.

18　정답 ④

정직은 1개월 이상 3개월 이하의 기간으로 하고, 정직 처분을 받은 자는 그 기간 중 공무원의 신분은 보유하나 직무에 종사하지 못하며 보수는 전액을 감한다.

오답분석

① 직위해제는 신분을 박탈하는 처분은 아니고, 신분은 유지하되 직위만을 해제한다.
② 직권면직은 정원의 변경으로 직위의 폐지나 과원 등의 사유가 발생한 경우에 직권으로 신분을 박탈하는 면직처분을 말한다.
③ 해임은 공무원을 강제로 퇴직시키는 처분으로 3년간 재임용이 불가하다. 연금법에는 크게 영향을 주지 않으나, 금품 및 향응 수수, 공금의 횡령·유용으로 징계 해임된 경우에는 퇴직급여의 8분의 1 내지는 4분의 1을 감한다.

징계의 종류
- 견책 : 전과(前過)에 대하여 훈계하고 회개하게 한다.
- 감봉 : 1개월 이상 3개월 이하의 기간 동안 보수의 3분의 1을 감한다.
- 정직 : 1개월 이상 3개월 이하의 기간으로 하고, 정직 처분을 받은 자는 그 기간 중 공무원의 신분은 보유하나 직무에 종사하지 못하며 보수는 전액을 감한다.
- 강등 : 1계급 아래로 직급을 내리고(고위공무원단에 속하는 공무원은 3급으로 임용하고, 연구관 및 지도관은 연구사 및 지도사로 한다) 공무원신분은 보유하나 3개월간 직무에 종사하지 못하며 그 기간 중 보수는 전액을 감한다.
- 해임 : 공무원을 강제로 퇴직시키는 처분으로 3년간 재임용이 불가하다. 연금법에는 크게 영향을 주지 않으나, 금품 및 향응수수, 공금의 횡령·유용으로 징계 해임된 경우에는 퇴직급여의 8분의 1 내지는 4분의 1을 감한다.
- 파면 : 공무원을 강제로 퇴직시키는 처분으로 5년간 재임용 불가하고, 퇴직급여의 4분의 1 내지는 2분의 1을 지급 제한한다.

19 정답 ②
주민복지사업과 공원묘지사업은 대상사업이 아니다.

적용 범위(지방공기업법 제2조 제1항)
이 법은 다음 각 호의 어느 하나에 해당하는 사업(그에 부대되는 사업을 포함한다. 이하 같다) 중 제5조에 따라 지방자치단체가 직접 설치·경영하는 사업으로서 대통령령으로 정하는 기준 이상의 사업과 제3장 및 제4장에 따라 설립된 지방공사와 지방공단이 경영하는 사업에 대하여 각각 적용한다.
1. 수도사업(마을상수도사업은 제외한다)
2. 공업용수도사업
3. 궤도사업(도시철도사업을 포함한다)
4. 자동차운송사업
5. 지방도로사업(유료도로사업만 해당한다)
6. 하수도사업
7. 주택사업
8. 토지개발사업

20 정답 ①
ㄱ. 공무원이 10년 이상 재직하고 퇴직한 경우 65세가 되는 때부터 사망할 때까지 퇴직연금을 지급한다(공무원연금법 제43조 제1항 제1호).
ㄴ. 급여의 산정은 급여의 사유가 발생한 날이 속하는 달의 기준소득월액을 기초로 한다(공무원연금법 제30조 제1항).

ㄷ. 기여금은 공무원으로 임명된 날이 속하는 달부터 퇴직한 날의 전날 또는 사망한 날이 속하는 달까지 월별로 내야 한다. 다만, 기여금 납부기간이 36년을 초과한 자는 기여금을 내지 아니한다(공무원연금법 제67조 제1항).
ㄹ. 퇴직급여의 산정에 있어서 소득의 평균기간은 퇴직 전 5년이 아닌 재직기간 전체를 기반으로 산정한다.

21 정답 ②
ㄱ. 베버의 관료제론은 규칙과 규제가 조직에 계속성을 제공하여 조직을 예측 가능성 있는 조직, 안정적인 조직으로 유지시킨다고 보았다.
ㄴ. 행정관리론은 모든 조직에 적용시킬 수 있는 효율적 조직관리의 원리들을 연구하였다.
ㄷ. 호손실험으로 인간관계에서의 비공식적 요인이 업무의 생산성에 큰 영향을 끼친다는 것이 확인되었다.

ㄹ. 조직군 생태이론은 조직과 환경의 관계에서 조직군이 환경에 의해 수동적으로 결정된다는 환경결정론적 입장을 취한다.

거시조직 이론의 유형

구분	결정론	임의론
조직군	• 조직군 생태론 • 조직경제학(주인 – 대리인이론, 거래비용 경제학) • 제도화이론	• 공동체 생태론
개별 조직	• 구조적 상황론	• 전략적 선택론 • 자원의존이론

22 정답 ③
기획재정부장관은 국무회의의 심의를 거쳐 대통령 승인을 얻은 다음 연도의 예산안편성지침을 매년 3월 31일까지 각 중앙관서의 장에게 통보하여야 한다(국가재정법 제29조 제1항).

23 정답 ④
근무성적평정은 과거의 실적과 능력에 대한 평가이므로 미래 잠재력까지 측정한다고 볼 수 없다. 미래 행동에 대한 잠재력 측정이 가능한 평가는 역량평가이다.

24 정답 ①
내용타당성은 시험이 특정한 직위에 필요한 능력이나 실적과 직결되는 실질적인 능력요소(직무수행지식, 태도, 기술 등)를 포괄적으로 측정하였는가에 관한 기준이다. 따라서 내용타당성을 확보하려면 직무분석을 통해 선행적으로 실질적인 능력요소를 파악해야 한다.

② 구성타당성은 시험이 이론적(추상적)으로 구성된 능력요소를 얼마나 정확하게 측정할 수 있느냐에 관한 기준이다. 즉, 추상적 능력요소를 구체적인 측정요소로 전환했을 때 구체적인 측정요소가 추상적 능력요소를 얼마나 잘 대변하는가의 문제이다.

③ 개념타당성은 감정과 같은 추상적인 개념 또는 속성을 측정도구가 얼마나 적합하게 측정하였는가를 나타내는 타당성을 말한다.

④ 예측적 기준타당성은 신규채용자를 대상으로 그의 채용시험성적과 업무실적을 비교하여 양자의 상관관계를 확인하는 방법이다. 측정의 정확성은 높으나, 비용과 노력이 많이 소모된다는 점, 시차가 존재한다는 점, 성장효과 및 오염효과가 존재한다는 점이 한계이다.

25 정답 ③

맥클리랜드(McClelland)는 인간의 욕구는 사회문화적으로 학습되는 것이라고 규정하면서 욕구를 권력욕구, 친교욕구, 성취욕구로 분류하였다.

① 앨더퍼(Alderfer)는 ERG이론에서 매슬로의 욕구 5단계를 줄여서 생존욕구, 대인관계욕구, 성장욕구의 3단계를 제시하였다. 욕구 발로의 점진적·상향적 진행만을 강조한 매슬로와 달리 앨더퍼는 욕구의 퇴행을 주장하였다.

② 아담스(Adams)의 형평성이론은 형평성에 대한 사람들의 지각과 신념이 직무 행동에 영향을 미친다고 보는 동기부여이론이다. 인간은 타인과 비교해서 정당한 보상이 주어진다고 기대했을 때, 직무수행 향상을 가져온다고 보았다.

④ 브룸(Vroom)의 기대이론에서 동기부여의 힘은 개인의 능력이나 노력이 성과를 가져올 수 있는지에 대한 기대나 확률(Expectation), 그리고 성과가 보상을 가져올 수 있는 충분한 수단이 되는지의 여부(Instrumentality), 보상에 대한 주관적 가치(Valence)가 상호 작용하여 결정된다. 전체적인 동기부여는 '(동기부여)= $\sum$[(기대)×(수단성)×(유인가)]'로 결정된다고 제시한다.

> **맥클리랜드의 성취동기이론(1962)**
> • 권력욕구 : 타인의 행동에 영향력을 미치거나 통제하려는 욕구
> • 친교욕구 : 타인과 우호적 관계를 유지하려는 욕구
> • 성취욕구 : 높은 기준을 설정하고 이를 달성하려는 욕구, 자신의 능력을 스스로 성공적으로 발휘함으로써 자부심을 높이려는 욕구

26 정답 ②

보기는 재분배정책에 대한 내용이다. 이는 국민적 공감대를 형성할 때 정책의 변화를 가져온다.

①·④ 분배정책에 대한 설명이다.

③ 구성정책에 대한 설명이다.

27 정답 ②

책임운영기관에 두는 공무원의 총 정원 한도는 대통령령으로 정한다. 이때 종류별·계급별 정원은 총리령 또는 부령으로 정하며, 직급별 정원은 기본운영규정으로 정한다(책임운영기관법 제16조 제1항, 시행령 제16조 제2항).

일반행정기관과 책임운영기관의 비교

구분	일반행정기관	책임운영기관
정원 관리	• 종류와 정원을 대통령령으로 규정	• 총정원만 대통령령으로 규정 • 종류별·계급별 정원 : 총리령 또는 부령 • 직급별 정원 : 기관장이 기본운영규정으로 정함
하부 조직	• 대통령령으로 규정	• 소속기관 : 대통령령 • 하부조직 : 기본운영규정

28 정답 ②

보기는 자율적 규제에 대한 내용이다. 정부에 의한 규제를 직접규제라 한다면 민간기관에 의한 규제(자율적 규제)는 간접규제에 해당한다.

> **직접규제와 간접규제**
> • 직접규제(명령지시적 규제) : 법령이나 행정처분, 기준설정(위생기준, 안전기준) 등을 통해 직접적으로 규제하는 것으로, 가격승인, 품질규제, 진입규제 등이 해당한다.
> • 간접규제(시장유인적 규제) : 인센티브나 불이익을 통해 규제의 목적을 달성하는 것으로, 조세의 중과 또는 감면, 벌과금 또는 부담금의 부과 등이 해당한다.

외부효과성 규제의 종류		직접규제 명령지시 규제 (행정처분, 행정명령, 행정기준의 설정)	간접규제 시장유인적 규제 (부담금, 부과금, 예치금, 행정지도, 조세지출, 보조금, 공해배출권)
외부 경제	과소 공급	공급을 강제화	공급을 유인
외부 불경제	과다 공급	공급을 금지	공급억제를 유인

29 정답 ③

회계장부가 하나여야 한다는 원칙은 '단일성의 원칙'을 말한다. '통일성의 원칙'은 특정한 세입과 세출이 바로 연계됨이 없이 국고가 하나로 통일되어야 한다는 원칙이다.

오답분석

① 공개성의 원칙의 예외로는 국방비와 국가정보원 예산 등 기밀이 필요한 예산이 있다.
② 사전의결의 원칙의 예외로는 사고이월, 준예산, 전용, 예비비 지출, 긴급명령, 선결처분이 있다.
④ 목적세는 통일성의 원칙의 예외이다.

30 정답 ③

오답분석

ㄴ. 반대로 설명하고 있다. 정치는 민주성을 확보하는 과정인 데 반해, 행정은 효율성을 확보하는 과정이다.
ㄹ. 1960년대 발전행정론이 대두하면서 기존의 정치우위론과 대비되는 행정우위론의 입장에서 새 일원론이 제기되었다.

31 정답 ③

오답분석

① 점증주의적 패러다임은 지식과 정보의 불완전성과 미래예측의 불확실성을 전제로 한다.
② 체제모형, 제도모형, 집단모형은 점증주의적 패러다임의 범주에 포함되는 정책결정모형의 예이다.
④ 기술평가·예측모형은 합리주의적 패러다임의 범주에 포함된다.

32 정답 ④

하향식 접근의 전방향접근법은 결정기관에서 시작하여 집행기관으로 내려오면서 접근하는 방법이다. 집행에서 시작하여 상위계급이나 조직 또는 결정단계로 거슬러 올라가는 것은 상향식 접근이다.

33 정답 ②

판단적 미래예측 기법은 경험적 자료나 이론이 아니라 전문가나 경험자들의 주관적인 견해에 의존하는 질적·판단적 예측이다.

34 정답 ④

ㄷ. 1910년대 테일러(Talor)의 과학적 관리론
ㅁ. 1930년대 메이요(Mayo)의 인간관계론
ㄴ. 1940년대 사이먼(Simon)의 행정행태론
ㄱ. 1970년대 왈도(Waldo)의 신행정론
ㄹ. 1970년대 오스트롬(Ostrom)의 공공선택론

35 정답 ①

권력문화적 접근은 권력남용에 의해 부패가 유발된다고 보는 접근이며, 공직자들의 잘못된 의식구조를 부패의 원인으로 보는 접근은 구조적 접근에 해당한다.

36 정답 ④

공공선택론은 뷰캐넌(J. Buchanan)이 창시하고 오스트롬(V. Ostrom)이 발전시킨 이론으로 경제학적인 분석도구를 중시한다.

공공선택론의 의의와 한계

의의	• 공공부문에 경제학적인 관점을 도입하여 현대 행쟁개혁의 바탕이 됨 – 고객중심주의, 소비자중심주의, 분권화와 자율성제고 등 • 정부실패의 원인을 분석하여 대안을 제시
한계	• 시장실패의 위험이 있음 • 시장 경제 체제의 극대화만을 중시하여 국가의 역할을 경시

37 정답 ④

지방공사란 자본금을 주식으로 분할하여 그 2분의 1 이상을 자치단체가 출자한 법인체를 말한다. 다만, 필요한 경우에는 자본금의 2분의 1을 넘지 아니하는 범위에서 지방자치단체 외의 자로 하여금 공사에 출자하게 할 수 있다(지방공기업법 제53조 제2항).

> **출자(지방공기업법 제53조)**
> ① 공사의 자본금은 그 전액을 지방자치단체가 현금 또는 현물로 출자한다.
> ② 제1항에도 불구하고 공사의 운영을 위하여 필요한 경우에는 자본금의 2분의 1을 넘지 아니하는 범위에서 지방자치단체 외의 자(외국인 및 외국법인을 포함한다)로 하여금 공사에 출자하게 할 수 있다. 증자의 경우에도 또한 같다.

38 정답 ③

품목별 분류는 지출대상별 분류이기 때문에 사업의 성과와 결과에 대한 측정이 곤란하다.

오답분석

① 기능별 분류는 시민을 위한 분류라고도 하며, 행정수반의 재정정책을 수립하는 데 도움을 준다.
② 조직별 분류는 부처 예산의 전모를 파악할 수 있지만 사업의 우선순위 파악이나 예산의 성과 파악이 어렵다.
④ 경제 성질별 분류는 국민소득, 자본형성 등에 관한 정부활동의 효과를 파악하는 데 유리하다.

39   정답 ③

NPM(신공공관리)과 뉴거버넌스 모두 방향잡기(Steering) 역할을 중시하며, NPM에서는 정부를 방향잡기의 중심에 둔다.

신공공관리와 뉴거버넌스의 비교

구분	신공공관리(NPM)	뉴거버넌스
기초	신공공관리 · 신자유주의	공동체주의 · 참여주의
공급주체	시장	공동체에 의한 공동생산
가치	결과(효율성 · 생산성)	과정(민주성 · 정치성)
관료의 역할	공공기업가	조정자
작동원리	시장매커니즘	참여매커니즘
관리방식	고객 지향	임무 중심

40   정답 ①

성과규제에 대한 설명이다. 관리규제는 수단과 성과가 아닌 과정을 규제하는 것이다.

규제의 유형

유형	내용
성과규제	정부가 사회 문제 해결을 위해서 피규제자에게 목표를 정해주고 이를 달성할 것을 요구하는 규제
수단규제	정부가 사전적으로 목표달성을 위한 기술 등의 수단을 규제
관리규제	수단이나 성과가 아닌 과정을 규제

41   정답 ④

허츠버그(F. Herzberg)의 동기유발에 관심을 두는 것이 아니라 만족 자체에 중점을 두고 있기 때문에 하위 욕구를 추구하는 계층에게는 적용하기가 어렵고 상위 욕구를 추구하는 계층에 적용하기가 용이하다.

42   정답 ①

종합적 조직 진단을 구성하는 것은 조직문화와 행태, 인력, 재정, 서비스와 프로세스이다.

> **조직 진단**
> - 행태과학의 방법을 사용하여 조직의 현재 상태를 점검하고 문제의 해결 또는 조직의 효과성 증대를 위한 방안을 목적으로 한다.
> - 조직의 활동이나 지침을 수립하기 위해서 자료나 정보를 다시 비교 · 분석 · 평가한다.

43   정답 ④

오답분석

① 조직의 규모가 커질수록 복잡성도 증가한다.
② 환경의 불확실성이 높아질수록 조직의 공식화 수준은 낮아진다.
③ 조직의 규모가 커질수록 조직의 공식화 수준은 높아진다.

44   정답 ④

앨리슨(Alison)의 조직모형에 대한 설명이다. 조직모형은 느슨하게 연결된 하위조직들의 연합체를 다룬다.

45   정답 ④

조직군생태론은 종단적 조직분석을 통하여 조직의 동형화를 주로 연구한다.

46   정답 ②

ㄱ. 분배정책은 정부가 가지고 있는 권익이나 서비스 등 자원을 배분하는 정책이다. 수혜자들은 서비스와 편익을 더 많이 취하기 위해서 다투게 되므로 포크배럴(구유통), 로그롤링과 같은 정치적 현상이 발생하기도 한다.
ㄷ. 재분배정책은 누진소득세, 임대주택 건설사업 등이 대표적이다.

오답분석

ㄴ. 재분배정책에 대한 설명이다. 분배정책은 갈등이나 반발이 별로 없기 때문에 가장 집행이 용이한 정책이다.
ㄹ. 설명이 반대로 되어 있다. 분배정책이 재분배정책에 비해서 안정적 정책을 위한 루틴화의 가능성이 높고 집행을 둘러싼 논란이 적어 집행이 용이하다.

분배정책과 재분배정책의 비교

구분	분배정책	재분배정책
재원	조세(공적 재원)	고소득층 소득
성격과 갈등 정도	없음 (Non-zero sum)	많음(Zero sum)
정책	사회간접자본 건설	누진세, 임대주택 건설
이념	능률성, 효과성, 공익성	형평성
집행	용이	곤란
수혜자	모든 국민	저소득층
관련 논점	포크배럴(구유통 정책), 로그롤링	이념상, 계급 간 대립

47

정답 ④

등급에 대한 설명에 해당한다. 등급은 직무의 종류는 다르지만 직무의 곤란도 및 책임도나 자격요건이 유사하여 동일한 보수를 줄 수 있는 모든 직위의 집단을 의미한다.

직위분류제의 구성요소

구분	내용
직위	한 사람의 근무를 필요로 하는 직무와 책임의 양
직급	직무의 종류와 곤란성·책임도가 유사한 직위의 군 (동일 직급에 속하는 직위에 대해서는 임용자격·시험·보수 등에 있어서 동일한 취급)
등급	직무의 종류는 다르지만 직무의 곤란도·책임도가 유사하여 동일한 보수를 줄 수 있는 직위의 군
직군	직무의 성질이 유사한 직렬의 군
직렬	직무의 종류가 유사하고 그 책임과 곤란성의 정도가 서로 다른 직급의 군
직류	같은 직렬 내에서 담당분야가 같은 직무의 군

48

정답 ①

ㄱ. 인간관계론은 인간을 사회적·심리적 존재로 가정하기 때문에 사회적 규범이 생산성을 좌우한다고 본다.

ㄴ. 과학적 관리론은 과학적 분석을 통해 업무수행에 적용할 유일·최선의 방법을 발견할 수 있다고 전제한다.

오답분석

ㄷ. 체제론은 하위의 단순 체제는 복잡한 상위의 체제에 속한다고 이해함으로 계서적 관점을 지지한다.

ㄹ. 발전행정론은 정치·사회·경제를 균형적으로 발전시키기보다는 행정체제가 다른 분야의 발전을 이끌어 나가는 불균형적인 접근법을 중시한다.

49

정답 ④

관료제는 업무의 수행은 안정적이고 세밀하게 이루어져야 하며 규칙과 표준화된 운영절차에 따라 이루어지도록 되어 있다. 따라서 이념형으로서의 관료는 직무를 수행하는 데 증오나 애정과 같은 감정을 갖지 않는 비정의적(Impersonality)이며 형식 합리성의 정신에 따라 수행해야 한다.

오답분석

①·②·③ 모두 관료제에 대한 옳은 설명이다.

50

정답 ②

신자유주의는 수요 중시의 거시경제정책을 비판하며 등장했으며 시장 중심의 공급주의 경제정책을 지지한다. 신자유주의는 케인즈 경제학(수요 중시 경제학)의 한계를 인식하면서 등장한 통화주의학파 및 신고전학파 경제학(공급 중시 경제학)과 관련된다.

| 02 | 경영학

01	02	03	04	05	06	07	08	09	10
④	④	③	①	④	①	③	③	②	③
11	12	13	14	15	16	17	18	19	20
④	②	④	④	②	④	①	④	②	③
21	22	23	24	25	26	27	28	29	30
①	③	④	④	②	④	①	④	④	②
31	32	33	34	35	36	37	38	39	40
③	③	①	④	④	③	②	②	②	④
41	42	43	44	45	46	47	48	49	50
①	②	④	④	③	②	④	①	③	④

01

정답 ④

마이클 포터(Michael Porter)의 산업구조 분석모델은 산업에 참여하는 주체를 기존기업(산업 내 경쟁자), 잠재적 진입자(신규 진입자), 대체재, 공급자, 구매자로 나누고 이들 간의 경쟁 우위에 따라 기업 등의 수익률이 결정되는 것으로 본다.

오답분석

① 정부의 규제 완화 : 정부의 규제 완화는 시장 진입장벽이 낮아지게 만들며, 신규 진입자의 위협으로 볼 수 있다.

② 고객의 충성도 : 고객의 충성도 정도에 따라 진입자의 위협도가 달라진다.

③ 공급업체의 규모 : 공급업체의 규모에 따라 공급자의 교섭력에 영향을 준다.

02

정답 ④

ESG 경영의 주된 목적은 착한 기업을 키우는 것이 아니라 불확실성 시대의 환경, 사회, 지배구조라는 복합적 리스크에 얼마나 잘 대응하고 지속적 경영으로 이어나갈 수 있느냐 하는 것이다.

03

정답 ③

목표관리는 목표의 설정뿐 아니라 성과평가 과정에도 부하직원이 참여하는 관리기법이다.

오답분석

① 목표설정 이론은 명확하고 도전적인 목표가 성과에 미치는 영향을 분석한다.

② 목표는 지시적 목표, 자기설정 목표, 참여적 목표로 구분되고, 이 중 참여적 목표가 종업원의 수용성이 가장 높다.

④ 조직의 상·하 구성원이 모두 협의하여 목표를 설정한다.

04
정답 ①

기계적 조직과 유기적 조직의 비교

구분	전문화	공식화	집권화
기계적 조직	고	고	고
유기적 조직	저	저	저

05
정답 ④

홉스테드의 문화차원이론은 어느 사회의 문화가 그 사회 구성원의 가치관에 미치는 영향, 그 가치관과 행동의 연관성을 요인분석으로 구조를 통하여 설명하는 이론이다. 이는 개인주의–집단주의(Individualism–Collectivism), 불확실성 회피성(Uncertainty Avoidance), 권력의 거리(Power Distance), 남성성–여성성(Masculinity–Femininity)의 4가지 차원을 제시하였다.

06
정답 ①

평가센터법이란 관리자들의 선발(Selection), 개발(Development), 적성·능력 등의 진단(Inventory)을 위하여 실시된 평가방법 중 하나이다. 일반적으로 2~3일 동안 외부와 차단된 별도의 교육장소에서 다수의 평가자(인사 분야 전문가, 교수, 실무 담당자 등)가 일정한 기준을 가지고 평가를 실시하며, 평가를 실행함에 있어 시간과 비용이 크기 때문에 한 번에 다수의 피평가자들이 참여하며 다수의 평가자들이 평가한다.

07
정답 ③

ⓒ 명성가격은 가격이 높으면 품질이 좋다고 판단하는 경향으로 인해 설정되는 가격이다.
ⓒ 단수가격은 가격을 단수(홀수)로 적어 소비자에게 싸다는 인식을 주는 가격이다(예 9,900원).

오답분석

⊙ 구매자가 어떤 상품에 대해 지불할 용의가 있는 최고가격은 유보가격이다.
ⓔ 심리적으로 적당하다고 생각하는 가격 수준은 준거가격이라고 한다. 최저수용가격이란 소비자들이 품질에 대해 의심 없이 구매할 수 있는 가장 낮은 가격을 의미한다.

08
정답 ③

수요예측기법은 수치를 이용한 계산방법 적용 여부에 따라 정성적 기법과 정량적 기법으로 구분할 수 있다. 정성적 기법은 개인의 주관이나 판단 또는 여러 사람의 의견에 의하여 수요를 예측하는 방법으로, 델파이 기법, 역사적 유추법, 시장조사법, 라이프사이클 유추법 등이 있다. 정량적 기법은 수치로 측정된 통계자료에 기초하여 계량적으로 예측하는 방법으로, 사건에 대하여 시간의 흐름에 따라 기록한 시계열 데이터를 바탕으로 분석하는 시계열 분석 방법이 이에 해당한다.

오답분석

① 델파이 기법 : 여러 전문가의 의견을 되풀이해 모으고 교환하고 발전시켜 미래를 예측하는 방법이다.
② 역사적 유추법 : 수요 변화에 관한 과거 유사한 제품의 패턴을 바탕으로 유추하는 방법이다.
④ 시장조사법 : 시장에 대해 조사하려는 내용의 가설을 세운 뒤 소비자 의견을 조사하여 가설을 검증하는 방법이다.

09
정답 ②

소비자의 구매의사결정과정

문제인식(Problem Recognition) → 정보탐색(Information Search) → 대안의 평가(Evaluation of Alternatives) → 구매의사결정(Purchase Decision) → 구매 후 행동(Post Purchase Behavior)

10
정답 ③

수직적 통합은 원료를 공급하는 기업이 생산기업을 통합하는 등의 전방 통합과 유통기업이 생산기업을 통합하거나 생산기업이 원재료 공급기업을 통합하는 등의 후방 통합이 있으며, 원료 독점으로 경쟁자 배제, 원료 부문에서의 수익, 원료부터 제품까지의 기술적 일관성 등의 장점이 있다.

오답분석

①·② 수평적 통합은 동일 업종의 기업이 동등한 조건하에서 합병·제휴하는 일로, 수평적 통합의 장점에 해당된다.
④ 대규모 구조조정은 수직적 통합의 이유와 관련이 없다.

11
정답 ④

자재소요계획은 생산 일정계획의 완제품 생산일정(MPS)과 자재명세서(BOM), 재고기록철(IR)에 대한 정보를 근거로 MRP를 수립하여 재고 관리를 모색한다.

오답분석

① MRP는 푸시 생산방식(Push System)이다.
② MRP는 종속수요를 갖는 부품들의 생산수량과 생산시기를 결정하는 방법이다.
③ 각 부품별 계획 주문 발주시기는 MRP의 결과물이다.

12
정답 ②

최소여유시간(STR)이란 남아있는 납기일수와 작업을 완료하는 데 소요되는 일수와의 차이를 여유시간이라고 할 때, 여유시간이 짧은 것부터 순서대로 처리하는 것이다.

13 정답 ④

- $EOQ = \sqrt{\dfrac{2 \times (\text{연간 수요량}) \times (\text{1회 주문비})}{(\text{재고유지비용})}}$

$= \sqrt{\dfrac{2 \times 1,000 \times 200}{40}} = 100$

- $(\text{연간 재고유지비용}) = \dfrac{EOQ}{2} \times (\text{단위당 연간 재고유지비})$

$= \dfrac{100}{2} \times 40 = 2,000$원

- $(\text{연간 주문비용}) = \dfrac{(\text{연간수요})}{EOQ} \times (\text{단위당 주문비})$

$= \dfrac{1,000}{100} \times 200 = 2,000$원

$(\text{총재고비용}) = (\text{연간 재고유지비용}) + (\text{연간 주문비용})$

∴ $2,000 + 2,000 = 4,000$원

14 정답 ④

계속기업의 가정이란 보고기업이 예측 가능한 미래에 영업을 계속하여 영위할 것이라는 가정이다. 기업이 경영활동을 청산 또는 중단할 의도가 있다면, 계속기업의 가정이 아닌 청산가치 등을 사용하여 재무제표를 작성한다.

오답분석

① 재무제표는 재무상태표, 포괄손익계산서, 자본변동표, 현금흐름표, 그리고 주석으로 구성된다. 법에서 이익잉여금처분계산서 등의 작성을 요구하는 경우는 주석으로 공시한다.

② 원칙적으로 최소 1년에 한 번씩은 작성해야 한다.

③ 현금흐름표 등 현금흐름에 관한 정보는 현금주의에 기반한다.

15 정답 ②

B회사가 지급한 현금은 470,000(기계장치) + 340,000 + 10,000(처분손실) − 800,000 = 20,000원이다.

16 정답 ③

- 지방자치단체로부터 차입한 자금의 공정가치

$= 100,000 \times 0.7350 = 73,500$원

- 지방자치단체로부터 100,000원을 차입하였으므로 공정가치보다 초과 지급한 금액이 정부보조금이 된다. 따라서 정부보조금은 26,500원이다.

- (2023년 말 장부금액) = 100,000 − 25,000(감가상각누계액) − 19,875(정부보조금 잔액) = 55,125원

17 정답 ①

- $P_0 = D_1 \div (k - g)$에서 $g = b \times r = 0.3 \times 0.1 = 0.03$

- $D_0 = (\text{주당순이익}) \times [1 - (\text{사내유보율})]$

$= 3,000 \times (1 - 0.3) = 2,100$원

- $D_1 = D_0 \times (1 + g) = 2,100 \times (1 + 0.03) = 2,163$원

- $P = 2,163 \div (0.2 - 0.03) = 12,723$원

18 정답 ④

오답분석

① 자기자본이 아닌 타인자본이 차지하는 비율이다.

② 당순자산이 아닌 주당순이익의 변동폭이 확대되어 나타난다.

③ 보통주배당이 아닌 우선주배당이다.

19 정답 ②

5가지 성격 특성 요소(Big Five Personality Traits)

- 개방성(Openness to Experience) : 상상력, 호기심, 모험심, 예술적 감각 등으로 보수주의에 반대하는 성향

- 성실성(Conscientiousness) : 목표를 성취하기 위해 성실하게 노력하는 성향. 과제 및 목적 지향성을 촉진하는 속성과 관련된 것으로, 심사숙고, 규준이나 규칙의 준수, 계획 세우기, 조직화, 과제의 준비 등과 같은 특질을 포함

- 외향성(Extraversion) : 다른 사람과의 사교, 자극과 활력을 추구하는 성향. 사회와 현실 세계에 대해 의욕적으로 접근하는 속성과 관련된 것으로, 사회성, 활동성, 적극성과 같은 특질을 포함

- 수용성(Agreeableness) : 타인에게 반항적이지 않은 협조적인 태도를 보이는 성향. 사회적 적응성과 타인에 대한 공동체적 속성을 나타내는 것으로, 이타심, 애정, 신뢰, 배려, 겸손 등과 같은 특질을 포함

- 안정성(Emotional Stability) : 스트레스를 견디는 개인의 능력. 정서가 안정적인 사람들은 온화하고 자신감이 있음

20 정답 ③

ISO 14000 시리즈는 환경경영에 대한 국제표준으로 기업이 환경보호 및 환경관리개선을 위한 환경경영체제의 기본 요구사항을 갖추고 규정된 절차에 따라 체계적으로 환경경영을 하고 있음을 인증해주는 제도이다.

21 정답 ①

테일러(Tailor)의 과학적 관리론은 노동자의 심리상태와 인격은 무시하고, 노동자를 단순한 숫자 및 부품으로 바라본다는 한계점이 있다. 이러한 한계점으로 인해 직무특성이론과 목표설정이론이 등장하는 배경이 되었다.

22 정답 ③

규범기는 역할과 규범을 받아들이고 수행하며 성과로 이어지는 단계이다.

터크만(Tuckman)의 집단 발달의 5단계 모형
1. 형성기(Forming) : 집단의 구조와 목표, 역할 등 모든 것이 불확실한 상태. 상호 탐색 및 방향 설정
2. 격동기(Storming) : 소속감, 능력, 영향력은 인식한 상태. 권력분배와 역할분담 등에서 갈등과 해결 과정을 겪음
3. 규범기(Norming) : 집단의 구조, 목표, 역할, 규범, 소속감, 응집력 등이 분명한 상태. 협동과 몰입
4. 성과달성기(Performing) : 비전 공유 및 원활한 커뮤니케이션으로 집단목표 달성. 자율성, 높은 생산성
5. 해체기(Adjourning) : 집단의 수명이 다하여 멤버들은 해산됨

23 정답 ④

행동기준고과법은 평가직무에 적용되는 행동패턴을 측정하여 점수화하고 등급을 매기는 방식으로 평가한다. 따라서 등급화하지 않고 개별행위 빈도를 나눠서 측정하는 기법은 옳지 않다. 또한 BARS는 구체적인 행동의 기준을 제시하고 있으므로 향후 종업원의 행동변화를 유도하는 데 도움이 된다.

24 정답 ④

질문지법은 구조화된 설문지를 이용하여 직무에 대한 정보를 얻는 직무분석 방법이다.

25 정답 ②

서브리미널 광고는 자각하기 어려울 정도의 짧은 시간 동안 노출되는 자극을 통하여 잠재의식에 영향을 미치는 현상을 의미하는 서브리미널 효과를 이용한 광고이다.

오답분석
① 애드버커시 광고 : 기업과 소비자 사이에 신뢰관계를 회복하려는 광고이다.
③ 리스폰스 광고 : 광고 대상자에게 직접 반응을 얻고자 메일, 통신 판매용 광고전단을 신문・잡지에 끼워 넣는 광고이다.
④ 키치 광고 : 설명보다는 기호와 이미지를 중시하는 광고이다.

26 정답 ④

보기의 사례는 기업이 고객의 수요를 의도적으로 줄이는 디마케팅이다. 프랑스 맥도날드사는 청소년 비만 문제에 대한 이슈로 모두가 해당 불매운동에 동참하고 있을 때, 청소년 비만 문제를 인정하며 소비자들의 건강을 더욱 생각하는 회사라는 이미지를 위해 단기적으로는 수요를 하락시킬 수 있는 메시지를 담아 디마케팅을 실시하였다. 결과적으로는 소비자를 더욱 생각하는 회사로 이미지 마케팅에 성공하며, 가장 대표적인 디마케팅 사례로 알려지게 되었다.

27 정답 ①

시장세분화는 수요층별로 시장을 분할해 각 층에 대해 집중적인 마케팅 전략을 펴는 것이다. 인구통계적 세분화는 나이, 성별, 라이프사이클, 가족 수 등을 세분화하여 소비자 집단을 구분하는 데 많이 사용한다.

오답분석
② 사회심리적 세분화는 사회계층, 준거집단, 라이프 스타일, 개성 등으로 시장을 나누는 것이다.
③ 시장표적화는 포지셔닝할 고객을 정하는 단계이다.
④ 시장포지셔닝은 소비자들의 마음속에 자사제품의 바람직한 위치를 형성하기 위하여 제품 효익을 개발하고 커뮤니케이션하는 활동을 의미한다.

28 정답 ④

공급사슬관리(SCM)란 공급자로부터 최종 고객에 이르기까지 자재 조달, 제품 생산, 유통, 판매 등의 흐름을 적절히 관리하는 것이다. 이를 통해 자재의 조달 시간을 단축하고, 재고 비용이나 유통 비용 등을 절감할 수 있다.

오답분석
① 자재소요량계획(MRP)에 대한 설명이다.
② 업무재설계(BPR)에 대한 설명이다.
③ 적시생산방식(JIT)에 대한 설명이다.

29 정답 ④

외부실패비용은 고객에게 판매된 후에 발생하는 비용을 말하며 대개 고객 서비스와 관련된 비용이다. 외부실패비용에는 반품비용, 보상 위자료, 반환품 비용, 리콜 비용, 품질 보증 클레임 비용 등이 있다.

30 정답 ②

MRP Ⅱ(Manufacturing Resource Planning Ⅱ)는 제조자원을 계획하는 관리시스템이다.

오답분석
① MRP(Material Requirement Planning) : 자재소요량계획으로서 제품(특히 조립제품)을 생산함에 있어서 부품(자재)이 투입될 시점과 투입되는 양을 관리하기 위한 시스템이다.
③ JIT(Just In Time) : 적기공급생산으로 재고를 쌓아 두지 않고서도 필요한 때 제품을 공급하는 생산방식이다.
④ FMS(Flexible Manufacturing System) : 다품종 소량생산을 가능하게 하는 생산 시스템으로 생산 시스템을 자동화, 무인화하여 다품종 소량 또는 중량 생산에 유연하게 대응하는 시스템이다.

31
정답 ③

- (만기금액)$= 5,000,000 + 5,000,000 \times 6\% \times \dfrac{6}{12}$

  $= 5,150,000$원

- (할인액)$= 5,150,000 \times (할인율) \times \dfrac{3}{12}$

  $= 5,150,000 - 4,995,500 = 154,500$원
- (할인율)$= 12\%$

32
정답 ③

- (당기법인세부채)

  $= (150,000 + 24,000 + 10,000) \times 25\% = 46,000$원
- (이연법인세자산)$= 10,000 \times 25\% = 2,500$원
- (법인세비용)$= 46,000 - 2,500 = 43,500$원

33
정답 ①

$Ks = (D_1 \div P_0) + g = (2,000 \div 30,000) + 0.04 \fallingdotseq 10\%$

34
정답 ④

에이전시 숍은 근로자들 중에서 조합가입의 의사가 없는 자에게는 조합가입이 강제되지 않지만, 조합가입에 대신하여 조합에 조합비를 납부함으로써 조합원과 동일한 혜택을 받을 수 있도록 하는 제도이다.

35
정답 ④

근로자가 스스로 계획하고 실행하여 그 결과에 따른 피드백을 수집하고 수정해 나가며, 일의 자부심과 책임감을 가지고 자발성을 높이는 기법은 직무충실화 이론에 해당한다. 직무충실화 이론은 직무확대보다 더 포괄적으로 구성원들에게 더 많은 책임과 더 많은 선택의 자유를 요구하기 때문에 수평적 측면으로는 질적 개선에 따른 양의 증가, 수직적 측면으로는 본래의 질적 개선의 증가로 볼 수 있다.

36
정답 ③

SWOT 분석 방법은 기업을 Strength(강점), Weakness(약점), Opportunities(기회), Threats(위협)의 4가지 요인으로 분석하여 마케팅 전략을 세우는 방법이다. 이 중 해외시장의 성장은 Opportunities(외부환경에서 유리한 기회요인), Threats(외부환경에서 불리한 위협요인)에 해당한다.

오답분석

①·②·④ Strength(경쟁기업과 비교하여 소비자로부터 강점으로 인식되는 것이 무엇인지)에 해당한다.

37
정답 ②

시계열 분석법은 시계열 자료수집이 용이하고 변화하는 경향이 뚜렷하여 안정적일 때 이를 기초로 미래의 예측치를 구하지만, 과거의 수요 패턴이 항상 계속적으로 유지된다고 할 수 없으므로 주로 중단기 예측에 이용되며, 비교적 적은 자료로도 정확한 예측이 가능하다.

38
정답 ②

ㄱ. PI 마케팅(President Identity Marketing) : 기업 최고경영자의 이미지를 관리함으로써 기업의 이미지를 개선하고 홍보하는 마케팅 기법이다.

ㄷ. 코즈 마케팅(Cause Marketing) : 기업이 사회 구성원으로서 마땅히 해야 할 책임을 다함으로써 긍정적인 이미지를 구축하고 이를 마케팅에 활용하는 전략이다.

오답분석

ㄴ. 니치 마케팅(Niche Marketing) : 시장의 빈틈을 공략하는 새로운 상품을 잇달아 시장에 내놓음으로써 다른 특별한 제품 없이도 셰어(Share)를 유지시켜 가는 판매전략이다.

ㄹ. 밈 마케팅(Meme Marketing) : 밈(Meme)과 마케팅(Marketing)의 합성어로, 인터넷 밈(대중문화계에서는 인터넷에서 유행하는 특정 문화요소를 모방 혹은 재가공한 콘텐츠)을 활용한 마케팅이다.

39
정답 ②

오답분석

① 자존적 편견 : 성공은 자신이 잘해서 이루어졌다고 생각하고, 실패는 상황 때문에 일어났다고 믿는 경향이다.

③ 투사 : 한 사람의 두드러진 특성이 그 사람의 다른 특성을 평가하는 데 역시 영향을 미치는 현상이다.

④ 통제의 환상 : 사람들이 그들 자신을 통제할 수 있는 경향이거나, 외부 환경을 자신이 원하는 방향으로 이끌어갈 수 있다고 믿는 심리적 상태이다.

40
정답 ④

기업의 경영진을 보호하여 적대적 M&A를 방어하기 위한 수단 중 하나인 황금낙하산 제도에 대한 설명이다. M&A의 방어 수단으로는 포이즌필, 백기사, 황금낙하산, 왕관의 보석이 있으며, M&A의 공격 수단으로는 그린메일, 곰의 포옹, 새벽의 기습이 있다.

41
정답 ①

포터(M. Porter)의 경쟁전략 유형
- 원가우위 전략
- 차별화 전략
- 원가집중화 전략
- 차별적 집중화 전략

42 정답 ②

공정성이론이란 조직 구성원은 자신의 투입에 대한 결과의 비율을 동일한 직무 상황에 있는 준거인의 투입 대 결과의 비율과 비교해 자신의 행동을 결정하게 된다는 이론이다.

오답분석

① 기대이론 : 구성원 개인의 모티베이션의 강도를 성과에 대한 기대와 성과의 유의성에 의해 설명하는 이론이다.
③ 욕구단계이론 : 인간의 욕구는 위계적으로 조직되어 있으며 하위 단계의 욕구 충족이 상위 계층 욕구의 발현을 위한 조건이 된다는 이론이다.
④ 목표설정이론 : 의식적인 목표나 의도가 동기의 기초이며 행동의 지표가 된다고 보는 이론이다.

43 정답 ④

평가센터법에는 다양한 방법의 평가기법들이 사용되기 때문에 표준화가 어렵고 상대적 비교도 어려우며, 시간과 비용이 많이 든다는 특징이 있다.

44 정답 ④

최저임금제의 필요성
• 계약자유의 원칙 한계 보완 : 계약의 자유가 소유권과 결합하여 오히려 경제적 강자를 보호하고 경제적 약자를 지배하는 제도로 전환되는 한계를 보완
• 사회적 약자 보호 : 생존임금과 생활임금을 보장하여 저임금 노동자 등의 사회적 약자들을 보호
• 시장실패 보완 : 임금이 하락함에도 불구하고 노동공급은 줄어들지 않고 계속 증가하여 임금이 계속 떨어지는 현상인 왜곡된 임금구조를 개선
• 유효수요 증대 : 저소득층의 한계소비성향을 높여 사회 전반적인 수요 증대

45 정답 ③

오답분석

① 서열법 : 피평정자의 근무성적을 서로 비교해서 그들 간의 서열을 정하여 평정하는 방법이다.
② 평정척도법 : 관찰하려는 행동에 대해 어떤 질적 특성의 차이를 몇 단계로 구분하여 판단하는 방법이다.
④ 중요사건기술법 : 피평정자의 근무실적에 큰 영향을 주는 중요 사건들을 평정자로 하여금 기술하게 하거나 주요 사건들에 대한 설명구를 미리 만들고 평정자로 하여금 해당되는 사건에 표시하게 하는 평정방법이다.

46 정답 ②

역할연기법은 경영관리상의 문제 해결이나 이해를 위해 당사자가 문제의 주인공처럼 실연해서 문제의 핵심을 파악하는 것으로, 감독자 훈련이나 세일즈맨에 대한 기술훈련 등에 사용되고 있다. 따라서 역할연기법은 훈련방법이지 훈련의 필요성을 분석하는 방법이 아니다.

47 정답 ④

서번트(Servant) 리더의 특성
• 경청하는 자세
• 공감대 형성에의 노력
• 부하들의 고통치유에 관심
• 분명한 인식을 통해 대안 제시
• 맹종 아닌 설득에 의한 동반
• 폭넓은 사고를 통해 비전 제시
• 예리한 통찰력으로 미래예측을 하도록 도움
• 청기지적인 태도로 봉사
• 부하들의 능력개발에 노력
• 조직 구성원들 간 공동체 형성에 조력

48 정답 ①

주제품과 함께 사용되어야 하는 종속제품을 높은 가격으로 책정하여 마진을 보장하는 전략을 종속제품 가격결정이라고 한다.

오답분석

② 묶음 가격결정 : 몇 개의 제품들을 하나로 묶어서 할인된 가격으로 판매하는 전략이다.
③ 단수 가격결정 : 제품 가격의 끝자리를 단수로 표시하여 소비자들이 제품의 가격이 저렴하다고 느껴 구매하도록 하는 가격 전략이다.
④ 침투 가격결정 : 빠른 시일 내에 시장에 깊숙이 침투하기 위해 신제품의 최초가격을 낮게 설정하는 전략이다.

49 정답 ③

오답분석

① 편의품 : 최소한의 노력으로 적합한 제품을 구매하려는 행동의 특성을 보이는 제품으로 주로 일상생활에서 소비빈도가 가장 높으며 가장 인접해 있는 점포에서 구매하는 상품이다.
② 선매품 : 여러 점포를 방문하거나 다양한 제품들의 가격수준, 품질, 스타일 등에 대한 적합성을 비교하여 최선의 선택으로 결정하는 제품이다.
④ 자본재 : 다른 재화를 생산하기 위해 사용되는 재화이다.

50

시장세분화의 요건

- 측정가능성 : 세분시장의 특성(고객 수, 구매력)이 측정 가능해야 함
- 접근가능성 : 유통경로나 매체를 통한 접근이 가능해야 함
- 실행가능성 : 세분시장을 공략하기 위한 효과적 마케팅 프로그램을 개발할 수 있어야 함
- 충분한 세분시장의 규모 : 충분한 이익을 얻을 수 있어야 함
- 차별화 가능성 : 세분시장 내는 동질적, 세분시장 간은 이질적이어야 함

| 03 | 경제학

01	02	03	04	05	06	07	08	09	10
④	①	④	②	②	①	④	②	②	④
11	12	13	14	15	16	17	18	19	20
④	④	②	①	④	②	①	④	③	③
21	22	23	24	25	26	27	28	29	30
④	④	③	④	①	①	②	①	②	②
31	32	33	34	35	36	37	38	39	40
④	②	②	②	④	④	④	①	②	④
41	42	43	44	45	46	47	48	49	50
①	④	④	④	④	③	①	④	②	④

01
정답 ④

일반적인 폐쇄경제 모형에서 정부저축은 이자율의 함수로 표현되지 않는다. 보통 이자율이 하락할 경우 투자가 증가하지만 $S_P + S_G = I$에 따르면 민간저축이 증가한 상태에서 정부저축이 증가했는지 감소했는지를 단정하기 어렵다.

02
정답 ①

자본투입을 늘리고 노동투입을 줄일 경우 생산성도 높아지고 비용도 줄어들기 때문에 동일한 양의 최종생산물을 산출하면서도 비용을 줄일 수 있다.

03
정답 ④

정액세만 존재하고 한계소비성향(c)이 0.6인 경우 정부지출승수 $(\frac{dY}{dG})$와 투자승수$(\frac{dY}{dI})$는 모두 $\frac{1}{1-c} = \frac{1}{1-0.6} = 2.5$로 나타낼 수 있다. 이때 정액조세승수는 $\frac{-c}{1-c} = \frac{-0.6}{1-0.6} = -1.5$이다.

04
정답 ②

수요곡선 : $2P = -Q + 100$, $P = -\frac{1}{2}Q + 50$

공급곡선 : $3P = Q + 20$, $P = \frac{1}{3}Q + \frac{20}{3}$

$-\frac{1}{2}Q + 50 = \frac{1}{3}Q + \frac{20}{3}$

$\frac{5}{6}Q = \frac{130}{3}$, $Q = 52$, $P = 24$

따라서 물품세 부과 전 균형가격 $P = 24$, 균형생산량 $Q = 52$ 공급자에게 1대당 10의 물품세를 부과하였으므로, 조세부과 후 공급곡선은 $P = \frac{1}{3}Q + \frac{50}{3}$

$$-\frac{1}{2}Q+50=\frac{1}{3}Q+\frac{50}{3}$$

$$\frac{5}{6}Q=\frac{100}{3},\quad Q=40$$

조세부과 후 생산량이 40이므로, $Q=40$을 수요곡선에 대입하면 조세부과 후의 균형가격 $P=30$

이와 같이 조세가 부과되면 균형가격은 상승(24 → 30)하고, 균형생산량은 감소(52 → 40)함을 알 수 있으며, 소비자가 실제로 지불하는 가격이 6원 상승하고 있으므로 10의 물품세 중 소비자 부담은 6원, 공급자 부담은 4원임을 알 수 있다.

이때 공급자가 부담하는 총 조세부담액은 (거래량)×(단위당조세액)=40×4=160이 된다.

05 정답 ②

절대우위는 다른 생산자에 비해 더 적은 생산요소를 투입해 같은 상품을 생산할 수 있는 능력이고 비교우위는 다른 생산자보다 더 적은 기회비용으로 생산할 수 있는 능력이다. A사는 B사보다 모터, 펌프 모두 시간당 최대 생산량이 많으므로 모터, 펌프 모두에 절대우위가 있다. 반면, A사의 펌프 생산 기회비용은 모터 1개지만 B사의 펌프 생산 기회비용은 모터 $\frac{2}{3}$개다. 따라서 B사는 펌프 생산에 비교우위가 있다.

06 정답 ①

솔로우모형은 규모에 대한 보수불변 생산함수를 가정하며, 시간이 흐름에 따라 노동량이 증가하며 기술이 진보하는 것을 고려한 성장모형이다. 솔로우모형은 장기 균형상태에서 더 이상 성장이 발생하지 않으며 자본의 한계생산체감에 의해 일정한 값을 갖게 되는 수렴현상이 발생한다고 설명한다.

07 정답 ④

경기부양을 위해 확장적 재정정책을 과도하게 실행하면 국가의 부채가 증가하여 극심한 재정적자로 정부의 신인도가 하락할 우려가 있으며, 재정적자는 빚을 미래 세대에게 물려주는 결과를 가져온다. 또한 확장적 재정정책은 물가를 상승시키고 통화가치를 하락시키며, 정부의 국채 대량 발행은 이자율 상승을 가져온다.

08 정답 ②

구축효과에 대한 설명이다.

채권가격 변화에 의한 구축효과의 경로
정부의 국공채 발행 → 채권의 공급 증가 → 채권가격 하락 → 이자율 상승(채권가격과 이자율과는 음의 관계) → 투자 감소

09 정답 ②

소득증가비율보다 X재 구입량의 증가율이 더 작으므로 X재는 필수재이다.

10 정답 ④

오답분석

① (10분위분배율)$=\dfrac{(최하위\ 40\%\ 소득계층의\ 소득)}{(최상위\ 20\%\ 소득계층의\ 소득)}$

$=\dfrac{12\%}{(100-52)\%}=\dfrac{1}{4}$이다.

② 지니계수는 면적 A를 삼각형 OCP 면적(A+B)으로 나눈 값이다.

즉, $\dfrac{A\ 면적}{\triangle OCP\ 면적}=\dfrac{A}{A+B}$의 값이 지니계수이다.

③ 중산층 붕괴 시 A의 면적은 증가하고, B의 면적은 감소한다.

11 정답 ④

독점시장의 시장가격은 완전경쟁시장의 가격보다 높게 형성되므로 소비자잉여는 줄어든다.

12 정답 ④

IS-LM 모형은 이자율과 국민소득과의 관계를 분석하는 경제모형이다. 이 모형은 물가가 고정되어 있다는 한계점을 가지고 있긴 하나, 여전히 유용한 경제모형으로 활용되고 있다. IS 곡선은 생산물시장의 균형을 달성하는 이자율과 국민소득을 나타내며, LM 곡선은 화폐시장의 균형을 달성하는 이자율과 국민소득을 나타낸다. IS-LM에서 균형은 $Y=25$, $r=2.5$이지만, 현재 $Y=30$, $r=2.5$이므로, 현재상태가 IS 곡선 상방에 있어 상품시장에서 초과공급, LM 곡선 하방에 있어 화폐시장에서 초과수요이다.

13 정답 ②

시장구조가 완전경쟁이라고 하더라도 불완전경쟁, 외부성, 공공재 등 시장실패 요인이 존재한다면 파레토효율적인 자원배분이 이루어지지 않는다.

14 정답 ①

중첩임금계약은 명목임금이 경직적인 이유를 설명한다. 케인즈학파는 화폐에 대한 착각현상으로 임금의 경직성이 나타난다고 설명하며, 새케인즈학파는 노동자가 합리적인 기대를 가지나 현실적으로는 메뉴비용 등의 존재로 임금 경직성이 발생한다고 설명한다.

15

정답 ④

희생비율이란 인플레이션율을 1% 낮추기 위해 감수해야 하는 GDP 감소율을 말한다. 필립스곡선의 기울기가 매우 가파르다면 인플레이션율을 낮추더라도 실업률은 별로 상승하지 않으므로 GDP 감소율이 작아진다. 극단적으로 필립스곡선이 수직선이라면 인플레이션율을 낮추더라도 실업률은 전혀 상승하지 않으므로 GDP 감소율이 0이 되어 희생비율도 0이 된다. 그러므로 필립스곡선의 기울기가 가파를수록 희생비율은 작아진다.

> **오쿤의 법칙(Okun's law)**
> • 미국의 경제학자 오쿤이 발견한 현상으로 실업률과 GDP의 관계를 나타낸다.
> • 경기회복기에는 고용의 증가속도보다 국민총생산의 증가속도가 더 크고, 불황기에는 고용의 감소속도보다 국민총생산의 감소속도가 더 큰 법칙을 말한다.

16

정답 ②

갑, 을 모두가 전략 A를 선택하는 경우와 모두가 전략 B를 선택하는 경우에 각각 내쉬균형이 성립하므로 내쉬균형은 2개가 존재한다.

오답분석

① 우월전략균형은 각 참가자의 우월전략이 만나는 균형을 의미하고, 우월전략은 상대방의 전략과 관계없이 자신의 보수를 가장 크게 하는 전략이다. 갑이 전략 A를 선택하면 을은 전략 A를 선택하는 것이 유리하고, 갑이 전략 B를 선택하면 을도 전략 B를 선택하는 것이 유리하므로 을의 입장에서 우월전략은 존재하지 않는다. 갑의 입장에서도 마찬가지다.

③ 제시된 게임에서 내쉬균형은 두 참가자가 같은 전략을 선택하는 경우에 달성된다.

④ 내쉬균형은 각 참가자의 내쉬전략이 만나는 균형을 의미한다. 내쉬전략은 상대방의 전략이 제시된 상태에서 자신의 보수를 가장 크게 하는 전략으로, 내쉬균형이 달성되면 각 참가자들은 더 이상 전략을 바꿀 필요가 없다.

17

정답 ①

소규모 경제에서 자본이동과 무역이 완전히 자유롭고 변동환율제도를 채택한다면 확대재정정책이 실시되더라도 소득은 불변이고, 이자율의 상승으로 B국 통화는 강세가 된다.

18

정답 ④

이자율 평가설에서는 $i = i^* + \dfrac{f-e}{e}$ 가 성립한다(단, i는 자국이자율, i^*는 외국이자율, f는 연간 선물환율, e는 현물환율이다). 문제에서 주어진 바에 따르면 $i=0.05$, $i^*=0.025$, $e=1,200$이므로 이들을 식에 대입하면 $f=1,230$이 도출된다.

19

정답 ③

오답분석

ㄹ. 비용극소화를 통해 도출된 비용함수를 이윤함수에 넣어서 다시 이윤극대화 과정을 거쳐야 하므로 필요조건이기는 하나 충분조건은 아니다.

20

정답 ③

B기업의 수요곡선이 가격(P=500)으로 일정하게 주어진 것은 완전경쟁 시장구조임을 의미한다. 먼저 사적인 이윤극대화 생산량을 구하기 위해 P=MC로 두면 $500=200+\dfrac{1}{3}Q$, $\dfrac{1}{3}Q=300$, Q=900으로 계산된다. 외부한계비용이 20이므로 사적인 한계비용과 외부한계비용을 합한 사회적인 한계비용은 SMC$=220+\dfrac{1}{3}Q$이다. 사회적인 최적생산량을 구하기 위해서는 P=SMC이므로 $500=220+\dfrac{1}{3}Q$, $\dfrac{1}{3}Q=280$, Q=840으로 계산된다.

21

정답 ④

한국은행은 고용증진 목표 달성이 아닌 통화정책 운영체제로서 물가안정목표제를 운영하고 있다.

22

정답 ④

덕선이가 실망노동자가 되면서 실업자에서 비경제활동인구로 바뀌게 되었다.

실업률은 경제활동인구에 대한 실업자의 비율이므로 분자인 실업자보다 분모인 경제활동인구가 큰 상황에서 실업자와 경제활동인구가 동일하게 줄어든다면 실업률은 하락하게 된다.

고용률은 생산가능인구에 대한 취업자의 비율이므로 덕선이가 실망노동자가 되어도 분자인 취업자와 분모인 생산가능인구는 아무런 변화가 없다. 따라서 고용률은 변하지 않는다.

23

정답 ③

$\Pi_t=0.04$, $\Pi_{t-1}=0.08$을 $\Pi_t-\Pi_{t-1}=-0.8(U_t-0.05)$에 대입하면 $U_t=10\%$가 도출된다. 현재 실업률이 5%이기 때문에 실업률 증가분은 5%p이고 세 번째 가정에 따르면 GDP는 10% 감소한다. 인플레이션율을 4%p 낮출 경우 GDP 변화율(%)이 10%이므로, 인플레이션율을 1%p 낮출 경우 감소되는 GDP 변화율(%)인 희생률은 2.5로 도출된다.

24
정답 ④

먼저 정부지출을 1만큼 증가시킬 때 국민소득(Y)이 얼마만큼 증가하는지를 도출해야 한다. $Y = C + I + G + X - M$에서 각 수치들을 대입하면 $Y = 0.5Y + 10 + 0.4Y + 10 + G + X - 0.1Y - 20 \Rightarrow 0.2Y = G + X$. 따라서 G값을 1만큼 증가시키면 Y값은 5만큼 커지게 된다. 다음으로 커진 국민소득에 대응해서 소비가 얼마만큼 증가하는지를 도출하면 된다. $C = 0.5Y + 10$에서 Y가 5만큼 상승할 때 $C = 2.5$가 상승한다. 따라서 정부지출을 1만큼 증가시키면 소비는 2.5가 상승한다.

25
정답 ①

- 차선이론이란 모든 파레토효율성 조건이 동시에 충족되지 못하는 상황에서 더 많은 효율성 조건이 충족된다고 해서 더 효율적인 자원배분이라는 보장이 없다는 이론이다. 차선이론에 따르면 점진적인 제도개혁을 통해서 일부의 효율성 조건을 추가로 충족시킨다고 해서 사회후생이 증가한다는 보장이 없다.
- 후생경제학에서 효율성은 파레토효율성을 통하여 평가하고, 공평성은 사회후생함수(사회무차별곡선)를 통해 평가한다.
- 후생경제학의 제1정리를 따르면 모든 경제주체가 합리적이고 시장실패 요인이 없으면 완전경쟁시장에서 자원배분은 파레토효율적이다.

26
정답 ①

수요란 일정기간 주어진 가격으로 소비자들이 구입하고자 의도하는 재화와 서비스의 총량을 의미한다. 수요는 관련재화(대체재, 보완재)의 가격, 소비자의 소득수준, 소비자의 선호 등의 요인에 따라 변화하며, 수요의 변화는 수요곡선 자체를 좌우로 이동시킨다. 제시된 그림에서는 수요곡선이 오른쪽으로 이동하고 있으므로 복숭아 수요를 증가시키는 요인이 아닌 것을 고르는 문제이다. 복숭아의 가격이 하락하면 복숭아의 수요가 증가하게 되는데, 이는 '수요량의 변화'로서 수요곡선상에서 움직이게 된다.

27
정답 ②

과거에는 국민총생산(GNP)이 소득지표로 사용되었으나 수출품과 수입품의 가격변화에 따른 실질소득의 변화를 제대로 반영하지 못했기 때문에 현재는 국민총소득(GNI)을 소득지표로 사용한다. 명목 GNP는 명목 GDP에 국외순수취요소소득을 더하여 계산하는데, 명목 GDP는 당해연도 생산량에 다 당해연도의 가격을 곱하여 계산하므로 수출품과 수입품의 가격변화에 따른 실질소득 변화가 모두 반영된다. 즉, 명목으로 GDP를 집계하면 교역조건변화에 따른 실질무역손익이 0이 된다. 다시 말해 명목 GNP는 명목 GNI와 동일하다.

28
정답 ①

최고가격제에서는 소비자 보호를 위해 최고가격을 시장 균형가격보다 낮은 수준에서 책정하여야 한다. 이 경우 초과수요가 발생하기 때문에 암시장이 나타날 수 있다.

오답분석
② 최저가격제란 공급자를 보호하기 위한 규제로 수요의 가격탄력성이 탄력적일수록 효과가 미흡해진다.
③·④ 최저임금제는 정부가 노동시장에 개입하여 임금의 최저수준을 정하는 가격하한제의 한 예이다. 가격하한제란 시장가격보다 높은 수준에서 최저가격을 설정하는 가격규제 방법이다. 최저임금이 시장균형 임금보다 높은 수준에서 책정되면 노동시장에서 초과공급이 발생하고 그만큼의 비자발적 실업이 발생하게 된다. 이 경우 이미 고용된 노동자들은 혜택을 받을 수 있지만 취업 준비생들은 계속 실업자로 남을 가능성이 크다.

29
정답 ②

오답분석
가. A재에 대한 수요가 증가하면 A재의 생산량이 증가하므로 A재에 특화된 노동에 대한 수요가 증가한다. 그러나 노동공급곡선이 수직선이므로 노동수요가 증가하더라도 고용량은 변하지 않고 임금만 상승하게 된다.
다. 노동공급이 증가하면 임금이 하락하므로 A재의 생산비용이 낮아진다. 이로 인해 A재 시장에서 공급곡선이 오른쪽으로 이동하므로 A재의 가격은 하락하고 거래량은 증가한다.
마. 노동공급이 감소하면 임금이 상승하므로 A재 생산비용이 상승하여 A재의 공급곡선이 왼쪽으로 이동한다.

30
정답 ②

오답분석
가. 완전경쟁기업이 단기에 초과이윤을 획득하고 있으면, 장기에는 다른 경쟁기업들이 진입하게 되므로 장기에는 모든 완전경쟁기업이 정상이윤만을 획득한다.
라. 초과이윤 상태에서는 한계비용이 평균비용보다 크다. 한계비용과 총평균비용이 일치하는 평균비용의 최소점을 손익분기점이라고 한다.
마. 완전경쟁시장의 이윤극대화 조건에 따라 시장가격과 한계비용은 일치한다.

31
정답 ④

마찰적 실업이란 직업을 탐색하는 과정에서 발생하는 실업으로 완전고용상태에서도 발생하는 자발적 실업이다. 반면, 구조적 실업은 산업구조의 변화나 기술의 발달로 인해 특정한 기능을 가진 노동자에 대한 수요가 감소함에 따라 발생하는 비자발적 실업이며, 경기적 실업은 경기침체로 인한 총수요의 부족으로 발생하는 비자발적 실업이다.

① 주부는 비경제활동인구에 포함된다.
② 실업률은 실업자의 수를 경제활동인구로 나누어 구한다.
③ 남녀차별로 인한 실업은 구조적 실업이다.

32 정답 ②

나. 저축률이 높은 나라일수록 1인당 소득은 높은 경향이 있다.
라. 칼도우의 정형화된 사실에 따르면 개발도상국과 선진국 간의
   1인당 소득격차는 확대된다.

33 정답 ②

우월전략은 상대방의 전략에 관계없이 항상 자신의 보수가 가장
크게 되는 전략을 말한다.

34 정답 ②

항상소득가설에 의하면 항상소득의 증가는 소비의 증가에 크게 영
향을 미치지만 임시소득이 증가하는 것은 소비에 거의 영향을 미
치지 않는다. 따라서 항상소득의 한계소비성향은 일시소득의 한
계소비성향보다 크다.

35 정답 ④

수요의 가격탄력성이란 어떤 재화의 가격이 변할 때 그 재화의 수
요량이 얼마나 변하는지를 나타내는 지표이다. 수요의 가격탄력
성은 수량의 변화율을 가격의 변화율로 나누고 음의 부호($-$)를
부가하여 구할 수 있으며, 이 값이 1보다 큰 경우를 '탄력적'이라
고 하고 이는 가격 변화에 수요량이 민감하게 변한다는 것을 의미
한다. 이 문제에서 가격 변화율은 10%, 제품 판매량은 5% 감소하
였으므로 수요의 가격 탄력성은 $\frac{5\%}{10\%}=0.5$로 1보다 작다.

36 정답 ④

생산에 투입된 가변요소인 노동의 양이 증가할수록 총생산이 체
증적으로 증가하다가 일정 단위를 넘어서면 체감적으로 증가하기
때문에 평균생산과 한계생산은 증가하다가 감소한다. 한계생산물
곡선은 평균생산물곡선의 극대점을 통과하므로 한계생산물과 평
균생산물이 같은 점에서는 평균생산물이 극대가 된다. 한편, 한
계생산물이 0일 때 총생산물이 극대가 된다.

37 정답 ④

산업 내 무역(Intra-industry Trade)은 동일한 산업 내에서 재화
의 수출입이 이루어지는 것을 말한다. 산업 내 무역은 시장구조가
독점적 경쟁이거나 규모의 경제가 발생하는 경우에 주로 발생하
며, 부존자원의 차이와는 관련이 없다. 산업 내 무역은 주로 경제
발전의 정도 혹은 경제 여건이 비슷한 나라들 사이에서 이루어지
므로 유럽연합 국가들 사이의 활발한 무역을 설명할 수 있다.

38 정답 ①

우상향하는 총공급곡선이 왼쪽으로 이동하는 경우는 부정적인 공
급충격이 발생하는 경우이다. 따라서 임금이 상승하는 경우 기업
의 입장에서는 부정적인 공급충격이므로 총공급곡선이 왼쪽으로
이동하게 된다.

② · ③ 총수요곡선을 오른쪽으로 이동시키는 요인이다.
④ 총공급곡선을 오른쪽으로 이동시키는 요인이다.

39 정답 ②

코즈의 정리란 재산권(소유권)이 명확하게 확립되어 있고, 거래비
용 없이도 자유롭게 매매할 수 있다면 권리가 어느 경제 주체에
귀속되는가와 상관없이 당사자 간의 자발적 협상에 의한 효율적인
자원배분이 가능해진다는 이론이다. 그러나 현실적으로는 거래비
용의 존재, 외부성 측정의 어려움, 이해당사자의 모호성, 정보의
비대칭성, 협상능력의 차이 등으로 코즈의 정리로 문제를 해결하
는 데는 한계가 있다.

40 정답 ④

가. 여가, 자원봉사 등의 활동은 생산활동이 아니므로 GDP에 포
   함되지 않는다.
다. GDP는 마약밀수 등의 지하경제를 반영하지 못하는 한계점이
   있다.

41 정답 ①

다. 정부의 지속적인 교육투자정책으로 인적자본축적이 이루어지
   면 규모에 대한 수확체증이 발생하여 지속적인 성장이 가능하
   다고 한다.
라. 내생적 성장이론에서는 금융시장이 발달하면 저축이 증가하
   고 투자의 효율성이 개선되어 지속적인 경제성장이 가능하므
   로 국가 간 소득수준의 수렴현상이 나타나지 않는다고 본다.

42 정답 ④

사회후생의 극대화는 자원배분의 파레토효율성이 달성되는 효용 가능경계와 사회무차별곡선이 접하는 점에서 이루어진다. 그러므로 파레토효율적인 자원배분하에서 항상 사회후생이 극대화되는 것은 아니며, 사회후생 극대화는 무수히 많은 파레토효율적인 점들 중 한 점에서 달성된다.

43 정답 ④

라. 케인즈는 절대소득가설을 이용하여 승수효과를 설명하였다.

44 정답 ④

IS 곡선이란 생산물시장의 균형이 이루어지는 이자율(r)과 국민소득(Y)의 조합을 나타내는 직선을 말하며, 관계식은 다음과 같다.

$$r = \frac{-1 - c(1-t) + m}{b}Y + \frac{1}{b}(C_0 - cT_0 + I_0 + G_0 + X_0 - M_0)$$

즉, IS 곡선의 기울기는 투자의 이자율탄력성(b)이 클수록, 한계소비성향(c)이 클수록, 한계저축성향(s)이 작을수록, 세율(t)이 낮을수록, 한계수입성향(m)이 작을수록 완만해진다. 한편, 소비, 투자, 정부지출, 수출이 증가할 때 IS 곡선은 오른쪽으로, 조세, 수입, 저축이 증가할 때 왼쪽으로 수평이동한다. 외국의 한계수입성향이 커지는 경우에는 자국의 수출이 증가하므로 IS 곡선은 오른쪽으로 이동한다.

45 정답 ④

자연실업률이란 마찰적 실업만 존재하는 완전고용상태의 실업률을 의미한다. 정부가 구직 사이트 등을 운영하여 취업정보를 제공하는 경우에는 자연실업률이 하락하지만 경제 불확실성이 증가한다. 반면, 정부의 사회보장제도 확대 등은 자연실업률을 상승시키는 요인이다.

46 정답 ③

소비, 투자, 국제수지, 국민소득 같은 경우는 일정 기간에 통상적으로 분기별 혹은 연도별로 기간을 정하여 측정하는 유량 변수에 해당한다. 하지만 통화량은 일정 시점에 어느 정도의 양이 통화되고 있는지를 알아보기 위한 것으로 저량 변수에 해당한다.

• 유량 변수 : 소비, 투자, 국민소득, 국제수지, 수출, 수입 등
• 저량 변수 : 통화량, 자본량, 외환보유량 등

47 정답 ①

항상소득가설은 미국의 경제학자 프리드먼이 주장한 소비함수이론이다. 프리드먼은 소득을 정기적이고 확실한 '항상소득'과 임시적 수입인 '일시소득'으로 구분했다. 또한 항상소득의 일정 비율은 소비되지만 일시소득은 소비보다는 저축하는 경향이 강하다고 주장했다. 이는 소득 변동이 소비에 미치는 효과가 '소득의 성질'에 따라 다름을 강조한 것이다. 소득 변동이 일시적으로 증가한 것은 일시소득이 늘어난 것으로 소비에 영향을 미치지 못하거나 영향을 미치는 정도가 매우 낮다. 그러나 항상소득의 변화는 소비에 미치는 영향이 크고 항구적이다.

48 정답 ④

예상한 인플레이션과 예상하지 못한 인플레이션의 경우 모두에서 메뉴 비용이 발생한다.

• 물가변화에 따라 가격을 조정하려면 가격표 작성비용(메뉴 비용)이 발생한다.
• 메뉴 비용이 커서 가격조정이 즉각적으로 이루어지지 않은 경우에는 재화의 상대가격이 변화하고 이에 따라 자원배분의 비효율성이 발생한다.

49 정답 ②

선별은 정보를 갖지 못한 측이 상대방(정보를 가진 측)의 특성을 알아내기 위해 노력하는 것을 말한다. 통신사가 다양한 종류의 요금제도를 제시하고 서로 다른 유형의 소비자가 자신이 원하는 요금제도를 선택하게 하는 것은 선별의 예에 속한다.

① 역선택은 정보의 비대칭으로 인해서 정보를 갖지 못하거나 부족한 측의 입장에서 보았을 때, 바람직하지 못한 상대와 거래할 가능성이 높아지는 현상을 말한다. 도덕적 해이는 정보를 갖지 못하거나 부족한 측의 입장에서 보았을 때 정보를 가지고 있는 상대가 바람직하지 않은 행동을 취하는 가능성이 높아지는 현상을 말한다. 정보의 비대칭성이 존재하면 역선택과 도덕적 해이의 문제가 항상 발생하기보다는 발생할 가능성이 크다고 보는 것이 옳다.
③ 공동균형에서는 서로 다른 선택을 할 수 없다.
④ 보험회사 입장에서 해당 예는 도덕적 해이가 아니라 역선택에 해당한다.

50 정답 ④

해외주식 및 채권투자는 자본계정에 속한다.

| 04 | 법학

01	02	03	04	05	06	07	08	09	10
③	②	②	①	①	④	④	②	③	④
11	12	13	14	15	16	17	18	19	20
③	①	②	④	④	④	①	③	④	①
21	22	23	24	25	26	27	28	29	30
④	②	④	③	④	④	①	④	①	④
31	32	33	34	35	36	37	38	39	40
①	③	④	④	①	③	③	④	①	②
41	42	43	44	45	46	47	48	49	50
④	④	②	④	①	①	②	③	③	②

01
정답 ③

법은 당위의 법칙을 바탕으로 한다. 존재의 법칙을 바탕으로 하는 것은 자연법칙이다.

02
정답 ②

행정행위(처분)의 부관이란 행정행위의 일반적인 효과를 제한하기 위하여 주된 의사표시에 붙여진 종된 의사표시로 행정처분에 대하여 부가할 수 있다. 부관의 종류에는 조건, 기한, 부담 등이 있다.

> **부관의 종류**
> - 조건 : 행정행위의 효력의 발생 또는 소멸을 발생이 불확실한 장래의 사실에 의존하게 하는 행정청의 의사표시로, 조건성취에 의하여 당연히 효력을 발생하게 하는 정지조건과 당연히 그 효력을 상실하게 하는 해제조건이 있다.
> - 기한 : 행정행위의 효력의 발생 또는 소멸을 발생이 장래에 도래할 것이 확실한 사실에 의존하게 하는 행정청의 의사표시로, 기한의 도래로 행정행위가 당연히 효력을 발생하는 시기와 당연히 효력을 상실하는 종기가 있다.
> - 부담 : 행정행위의 주된 의사표시에 부가하여 그 상대방에게 작위·부작위·급부·수인의무를 명하는 행정청의 의사표시로, 특허·허가 등의 수익적 행정행위에 붙여지는 것이 보통이다.
> - 철회권의 유보 : 행정행위의 주된 의사표시에 부수하여 장래 일정한 사유가 있는 경우에 그 행정행위를 철회할 수 있는 권리를 유보하는 행정청의 의사표시이다(숙박업 허가를 하면서 윤락행위를 하면 허가를 취소한다는 경우).

03
정답 ②

중대한 재정·경제상의 위기에 있어서 국가의 안전보장 또는 공공의 안녕질서를 유지하기 위해 대통령이 행하는 재정·경제상의 처분이다(헌법 제76조 제1항). 따라서 국무총리가 아니라 대통령의 긴급재정경제처분권을 규정하고 있다.

> **오답분석**
> ① 헌법 제77조 제1항에 해당한다.
> ③ 실질적 의미의 헌법은 규범의 형식과 관계없이 국가의 통치조직·작용의 기본원칙에 대한 규범을 총칭한다.
> ④ 헌법 전문·헌법 제5조·제6조 등에서 국제평화주의를 선언하고 있다.

04
정답 ①

기판력은 확정된 재판의 판단 내용이 소송당사자와 후소법원을 구속하고, 이와 모순되는 주장·판단을 부적법으로 하는 소송법상의 효력을 말하는 것으로 행정행위의 특징과는 관련 없다.

05
정답 ①

근대 입헌주의 헌법은 국법과 왕법을 구별하는 근본법(국법) 사상에 근거를 두고, 국가권력의 조직과 작용에 대한 사항을 정하고 동시에 국가권력의 행사를 제한하여 국민의 자유와 권리 보장을 이념으로 하고 있다.

06
정답 ④

행정주체와 국민과의 관계는 행정주체인 국가의 물품공급계약관계, 공사도급계약관계, 국가의 회사주식매입관계, 국채모집관계 등과 같이 상호 대등한 당사자로서 사법관계일 때도 있고, 행정주체와 국민은 법률상 지배자와 종속관계의 위치로 인·허가 및 그 취소, 토지의 수용 등과 같이 행정주체가 국민에게 일방적으로 명령·강제할 수 있는 공법관계일 때도 있다.

07
정답 ④

법은 권리에 대응하는 의무가 있다(양면적). 반면, 도덕은 의무에 대응하는 권리가 없다(일면적).

08
정답 ②

건축허가는 법률행위적 행정행위 중 명령적 행위에 속한다.

행정행위의 구분

법률행위적	명령적 행위	하명, 허가, 면제
행정행위	형성적 행위	특허, 인가, 대리
준법률행위적 행정행위		확인, 공증, 통지, 수리

09 정답 ③

법은 외면성을 갖지만 도덕은 내면성을 갖는다.

법과 도덕의 비교

구성	법(法)	도덕(道德)
목적	정의(Justice)의 실현	선(Good)의 실현
규율 대상	평균인의 현실적 행위·결과	평균인이 내면적 의사·동기·양심
규율 주체	국가	자기 자신
준수 근거	타율성	자율성
표현 양식	법률·명령형식의 문자로 표시	표현양식이 다양함
특징	외면성 : 인간의 외부적 행위·결과 중시	내면성 : 인간의 내면적 양심과 동기를 중시
	강제성 : 위반 시 국가권력에 의해 처벌받음	비강제성 : 규범의 유지·제재에 강제가 없음
	양면성 : 의무에 대응하는 권리가 있음	일면성(편면성) : 의무에 대응하는 권리가 없음

10 정답 ④

헌법의 개정은 헌법의 동일성을 유지하면서 의식적으로 헌법전의 내용을 수정·삭제·추가하는 것을 말한다.

11 정답 ③

법규범은 자유의지가 작용하는 자유법칙으로 당위의 법칙이다.

12 정답 ①

헌법의 폐지는 기존의 헌법(전)은 배제하지만 헌법제정권력의 주체는 경질되지 않으면서 헌법의 근본규범성을 인정하고 헌법의 전부를 배제하는 경우이다.

13 정답 ②

루소는 개인의 이익이 국가적 이익보다 우선하며, 법의 목적은 개인의 자유와 평등의 확보 및 발전이라고 보았다.

14 정답 ④

오답분석

①·②·③ 우리나라 헌법은 이외에 자유민주주의, 권력분립주의, 기본권 존중주의, 복지국가원리, 사회적 시장경제주의원리 등을 표방하고 있다.

15 정답 ④

유효한 행정행위가 존재하는 이상 모든 국가기관은 그 존재를 존중하고 스스로의 판단에 대한 기초로 삼아야 한다는 것으로 구성요건적 효력을 말한다.

행정행위의 효력

공정력		비록 행정행위에 하자가 있는 경우에도 그 하자가 중대하고 명백하여 당연무효인 경우를 제외하고는, 권한 있는 기관에 의해 취소될 때까지는 일응 적법 또는 유효한 것으로 보아 누구든지(상대방은 물론 제3의 국가기관도) 그 효력을 부인하지 못하는 효력
구속력		행정행위가 그 내용에 따라 관계행정청, 상대방 및 관계인에 대하여 일정한 법적 효과를 발생하는 힘으로, 모든 행정행위에 당연히 인정되는 실체법적 효력
존속력	불가쟁력 (형식적)	행정행위에 대한 쟁송제기기간이 경과하거나 쟁송수단을 다 거친 경우에는 상대방 또는 이해관계인은 더 이상 그 행정행위의 효력을 다툴 수 없게 되는 효력
	불가변력 (실질적)	일정한 경우 행정행위를 발한 행정청 자신도 행정행위의 하자 등을 이유로 직권으로 취소·변경·철회할 수 없는 제한을 받게 되는 효력

16 정답 ④

영미법계 국가에서는 선례구속의 원칙에 따라 판례의 법원성이 인정된다.

17 정답 ①

오답분석

②·③·④ 국가공무원법에 명시된 공무원의 복무는 이외에 성실의무, 복종의 의무, 직장 이탈 금지, 종교중립의 의무, 청렴의 의무, 품위 유지의 의무, 영리 업무 및 겸직 금지, 집단 행위의 금지가 있다(국가공무원법 제7장). 따라서 범죄 고발의 의무는 공무원의 복무의무로 옳지 않다.

18 정답 ③

오답분석

① 조례는 규칙의 상위규범이다.
② 국제법상의 기관들은 자체적으로 조약을 체결할 수 있다.
④ 재판의 근거로 사용된 조리(條理)와 법원으로서의 조례는 서로 무관하다.

제5회 정답 및 해설

19   정답 ④

자유민주적 기본질서의 내용에 기본적 인권의 존중, 권력분립주의, 법치주의, 사법권의 독립은 포함되지만, 계엄선포 및 긴급명령권, 양대정당제(복수정당제로 해야 맞다)는 포함되지 않는다.

20   정답 ①

성문법은 '헌법 → 법률 → 명령 → 자치법규(조례 → 규칙)'의 단계적 구조로 이루어져 있다.

21   정답 ④

자유민주적 기본질서는 모든 폭력적 지배와 자의적 지배, 즉 반국가단체의 일인독재 내지 일당독재를 배제하고 다수의 의사에 의한 국민의 자치·자유·평등의 기본원칙에 의한 법치주의적 통치질서이다. 구체적으로는 기본적 인권의 존중, 권력분립, 의회제도, 복수정당제도, 선거제도, 사유재산과 시장경제를 골간으로 한 경제질서 및 사법권의 독립 등이 있다. 그러므로 법치주의에 위배되는 포괄위임입법주의는 민주적 기본질서의 원리와 거리가 멀다.

22   정답 ②

행정상 장해가 존재하거나 장해의 발생이 목전에 급박한 경우, 성질상 개인에게 의무를 명해서는 공행정 목적을 달성할 수 없거나, 미리 의무를 명할 시간적 여유가 없거나, 미리 의무를 명할 시간적 여유가 없는 경우에 개인에게 의무를 명함이 없이 행정기관이 직접 개인의 신체에 직접 실력을 가하여 행정상 필요한 상태의 실현을 목적으로 하는 행위를 행정상 즉시강제라 한다.

23   정답 ④

상사에 관하여는 상법에 규정이 없으면 상관습법에 의하고 상관습법이 없으면 민법의 규정에 의한다(상법 제1조)는 점을 주의하여야 한다. 따라서 상법의 적용순서는 '상법 → 상관습법 → 민사특별법 → 민법 → 민사관습법'의 순서이다.

24   정답 ③

행정소송법에서 정한 행정사건과 다른 법률에 의하여 행정법원의 권한에 속하는 사건의 제1심 관할 법원은 행정법원이다(행정법원이 설치되지 아니한 지역의 경우 지방법원이 관할). 행정소송은 3심급제를 채택하여 제1심 판결에 대한 항소사건은 고등법원이 심판하고, 상고사건은 대법원이 관할한다.

25   정답 ④

오답분석

① 강행법과 임의법은 당사자 의사의 상관성 여부에 따른 구분이다.
② 고유법과 계수법은 법이 생성된 근거에 따른 구분이다.
③ 실체법과 절차법은 법이 규정하는 내용상의 구분이다.

26   정답 ④

행정쟁송제도 중 행정소송은 행정심판에 의해 구제받지 못했을 경우 위법한 행정행위에 대해 최종적으로 법원에 구제를 청구하는 절차이다. 행정심판은 행정관청의 구제를 청구하는 절차를 말한다.

27   정답 ①

과잉금지원칙은 국가의 권력은 무제한적으로 행사되어서는 안 되고 국민의 기본권을 제한하는 법률은 목적의 정당성·방법의 적절성·침해의 최소성·법익의 균형성을 갖추어야 한다는 원칙이다. 헌법 제37조 제2항은 과잉금지의 원칙을 '필요한 경우에 한하여' 법률로써 기본권을 제한할 수 있다고 표현하고 있다.

오답분석

② 헌법유보원칙 : 헌법에서 직접 기본권 제한에 대한 내용을 규정하는 것으로 헌법은 정당의 목적과 활동(헌법 제8조 제4항), 언론·출판의 자유(헌법 제21조 제4항), 군인·공무원·경찰 공무원 등의 국가배상청구권(헌법 제29조 제2항), 공무원의 근로 3권(헌법 제33조 제2항) 등에 대하여 규정하고 있다.
③ 의회유보원칙 : 국민의 권리와 의무에 관련된 영역에서 그 본질적인 사항은 입법자로서 국민 스스로가 결정해야 한다는 원칙이다. 단, 헌법상의 국민의 자유와 권리를 제한할 때는 그 본질적인 사항에 대해 법률로 규율해야 할 것이다. 우리 헌법은 국가안전보장·질서유지·공공복리를 위하여 필요한 경우에 '법률'로써 제한할 수 있다고 규정하고 있다(헌법 제37조 제2항).
④ 포괄위임입법금지원칙 : 법률에서 구체적으로 범위를 정하지 않고 일반적·포괄적으로 위임하는 것을 금지하는 원칙이다.

28   정답 ④

- 공법 : 헌법, 행정법, 형법, 형사소송법, 민사소송법, 행정소송법, 국제법 등
- 사법 : 민법, 상법, 회사법, 어음법, 수표법 등
- 사회법 : 근로기준법, 연금법, 보험법, 사회보장법, 산업재해보상보험법 등

29   정답 ①

간주는 법의 의제를 말한다. 사실 여하를 불문하고 일정한 상태를 법에 의하여 사실관계로 확정하는 것으로 법문상 "~(으)로 본다."라고 규정한 경우가 이에 해당한다. 또한 반증을 허용하지 않는다는 점이 특징이다.

30
정답 ④

이사가 없거나 결원이 있는 경우에 이로 인하여 손해가 생길 염려 있는 때에는 법원은 이해관계인이나 검사의 청구에 의하여 임시이사를 선임하여야 한다(민법 제63조).

31
정답 ①

권능은 소유권에서 파생되는 사용권·수익권·처분권과 같이 권리에서 파생되는 개개의 법률상의 자격을 말한다.

권리와의 구별개념

구분	내용
권한(權限)	타인을 위하여 법률행위를 할 수 있는 법률상의 자격이다(예 이사의 대표권, 국무총리의 권한 등).
권능(權能)	권리에서 파생되는 개개의 법률상의 자격을 말한다(예 소유권자의 소유권에서 파생되는 사용권·수익권·처분권).
권원(權原)	어떤 법률적 또는 사실적 행위를 하는 것을 정당화시키는 법률상의 원인을 말한다(예 지상권, 대차권).
권리(權利)	일정한 이익을 누릴 수 있게 법이 인정한 힘을 말한다(예 지배권, 형성권, 항변권 등).
반사적 이익 (反射的 利益)	법이 일정한 사실을 금지하거나 명하고 있는 결과, 어떤 사람이 저절로 받게 되는 이익으로서 그 이익을 누리는 사람에게 법적인 힘이 부여된 것은 아니기 때문에 타인이 그 이익의 향유를 방해하더라도 그것의 보호를 청구하지 못한다(예 도로·공원 등 공물의 설치로 인한 공물이용자의 이익, 공중목욕탕 영업의 거래제한으로 인하여 이미 허가를 받은 업자의 사실상의 이익).

32
정답 ③

오답분석

① 인지청구권은 본인의 일신전속적인 신분관계상의 권리로서 포기할 수도 없으며 포기하였더라도 그 효력이 발생할 수 없는 것이고, 이와 같이 인지청구권의 포기가 허용되지 않는 이상 거기에 실효의 법리가 적용될 여지도 없다(대판 2001.11.27, 2001므1353).

② 임대차계약에 있어서 차임불증액의 특약이 있더라도 그 약정 후 그 특약을 그대로 유지시키는 것이 신의칙에 반한다고 인정될 정도의 사정변경이 있다고 보여지는 경우에는 형평의 원칙상 임대인에게 차임증액청구를 인정하여야 한다(대판 1996.11. 12, 96다34061).

④ 취득시효완성 후에 그 사실을 모르고 당해 토지에 관하여 어떠한 권리도 주장하지 않기로 하였다 하더라도 이에 반하여 시효주장을 하는 것은 특별한 사정이 없는 한 신의칙상 허용되지 않는다(대판 1998.5.22, 96다24101).

33
정답 ④

ㄱ. 민법 제123조 제2항에 해당한다.

ㄴ. 증권회사 또는 그 임·직원의 부당권유행위를 금지하는 증권거래법 제52조 제1호는 공정한 증권거래질서의 확보를 위하여 제정된 강행법규로서 이에 위배되는 주식거래에 관한 투자수익보장약정은 무효이고, 투자수익보장이 강행법규에 위반되어 무효인 이상 증권회사의 지점장에게 그와 같은 약정을 체결할 권한이 수여되었는지 여부에 불구하고 그 약정은 여전히 무효이므로 표현대리의 법리가 준용될 여지가 없다(대판 1996.8.23, 94다38199).

ㄷ. 법정대리인인 친권자가 부동산을 매수하여 이를 그 자에게 증여하는 행위는 미성년자인 자에게 이익만을 주는 행위이므로 친권자와 자 사이의 이해상반행위에 속하지 아니하고, 또 자기계약이지만 유효하다(대판 1981.10.13, 81다649).

ㄹ. 민법 제114조 제1항에 해당한다.

34
정답 ④

무권대리행위에 대한 추인은 무권대리행위로 인한 효과를 자기에게 귀속시키려는 의사표시이니만큼 무권대리행위에 대한 추인이 있었다고 하려면 그러한 의사가 표시되었다고 볼 만한 사유가 있어야 하고, 무권대리행위가 범죄가 되는 경우에 대하여 그 사실을 알고도 장기간 형사고소를 하지 아니하였다 하더라도 그 사실만으로 묵시적인 추인이 있었다고 할 수는 없는 바, 권한 없이 기명날인을 대행하는 방식에 의하여 약속어음을 위조한 경우에 피위조자가 이를 묵시적으로 추인하였다고 인정하려면 추인의 의사가 표시되었다고 볼 만한 사유가 있어야 한다(대판 1998.2.10, 97다31113).

35
정답 ①

오답분석

② 채권양도의 경우 권리이전의 효과는 원칙적으로 당사자 사이의 양도계약 체결과 동시에 발생하며, 채무자에 대한 통지 등은 채무자를 보호하기 위한 대항요건일 뿐이므로, 채권양도행위가 사해행위에 해당하지 않는 경우에 양도통지가 따로 채권자취소권 행사의 대상이 될 수는 없다(대판 2012.8.30, 2011다32785, 32792).

③ 근로자가 그 임금채권을 양도한 경우라 할지라도 그 임금의 지급에 관하여는 근로기준법 제36조 제1항에서 정한 임금 직접지급의 원칙이 적용되어 사용자는 직접 근로자에게 임금을 지급하지 아니하면 안 되고, 그 결과 비록 적법 유효한 양수인이라도 스스로 사용자에 대하여 임금의 지급을 청구할 수 없으며, 그러한 법리는 근로자로부터 임금채권을 양도받았거나 그의 추심을 위임받은 자가 사용자의 집행 재산에 대하여 배당을 요구하는 경우에도 그대로 적용된다(대판 1996.3.22, 95다2630).

④ 채무자는 채권양도를 승낙한 후에 취득한 양도인에 대한 채권으로써 양수인에 대하여 상계로써 대항하지 못한다(대판 1984.9.11, 83다카2288).

36
정답 ③

채무이행의 기한이 없는 경우에는 채무자는 이행청구를 받은 때로부터 지체책임이 있다(민법 제387조 제2항).

37
정답 ③

오답분석

① 계약 당시 손해배상액을 예정한 경우에는 다른 특약이 없는 한 채무불이행으로 인하여 입은 통상손해는 물론 특별손해까지도 예정액에 포함되고 채권자의 손해가 예정액을 초과한다 하더라도 초과부분을 따로 청구할 수 없다(대판 1993.4.23, 92다41719).

② 계약 당시 당사자 사이에 손해배상액을 예정하는 내용의 약정이 있는 경우에는 그것은 계약상의 채무불이행으로 인한 손해액에 관한 것이고 이를 그 계약과 관련된 불법행위상의 손해까지 예정한 것이라고는 볼 수 없다(대판 1999.1.15, 98다48033).

③ 채무불이행으로 인한 손해배상액의 예정이 있는 경우에는 채권자는 채무불이행 사실만 증명하면 손해의 발생 및 그 액을 증명하지 아니하고 예정배상액을 청구할 수 있다(대판 2000.12.8, 2000다50350).

38
정답 ④

오답분석

① 계약의 합의해제는 명시적으로뿐만 아니라 당사자 쌍방의 묵시적인 합의에 의하여도 할 수 있으나, 묵시적인 합의해제를 한 것으로 인정되려면 계약이 체결되어 그 일부가 이행된 상태에서 당사자 쌍방이 장기간에 걸쳐 나머지 의무를 이행하지 아니함으로써 이를 방치한 것만으로는 부족하고, 당사자 쌍방에게 계약을 실현할 의사가 없거나 계약을 포기할 의사가 있다고 볼 수 있을 정도에 이르러야 한다(대판 2011.2.10, 2010다77385).

② 계약이 합의해제된 경우에는 그 해제시에 당사자 일방이 상대방에게 손해배상을 하기로 특약하거나 손해배상청구를 유보하는 의사표시를 하는 등 다른 사정이 없는 한 채무불이행으로 인한 손해배상을 청구할 수 없다(대판 1989.4.25, 86다카1147, 86다카1148).

③ 계약의 합의해제에 있어서도 민법 제548조의 계약해제의 경우와 같이 이로써 제3자의 권리를 해할 수 없다(대판 1991.4.12, 91다2601).

39
정답 ①

소유권이전등기를 마치지 않았기 때문에 乙은 X건물의 소유자라고 할 수 없으므로 丙에게 불법행위로 인한 손해배상을 청구할 수 없다.

40
정답 ②

전2조의 규정(권리의 일부가 타인에게 속한 경우와 매도인의 담보책임)은 수량을 지정한 매매의 목적물이 부족되는 경우와 매매목적물의 일부가 계약당시에 이미 멸실된 경우에 매수인이 그 부족 또는 멸실을 알지 못한 때에 준용한다(민법 제574조). 이 경우 선의의 매수인이어야 한다.

41
정답 ④

입양으로 인한 친족관계는 입양의 취소 또는 파양으로 인하여 종료한다(민법 제776조).

오답분석

①·② 자기의 직계존속과 직계비속을 직계혈족이라 하고 자기의 형제자매와 형제자매의 직계비속, 직계존속의 형제자매 및 그 형제자매의 직계비속을 방계혈족이라 한다(민법 제768조).

③ 혈족의 배우자, 배우자의 혈족, 배우자의 혈족의 배우자를 인척으로 한다(민법 제769조).

42
정답 ④

법규의 명칭에 따른 구별기준에 대한 학설은 존재하지 않는다.

공법과 사법의 구별기준에 대한 학설

이익설 (목적설)	관계되는 법익에 따른 분류로 공익보호를 목적으로 하는 법을 공법, 사익보호를 목적으로 하는 법을 사법으로 본다.
주체설	법률관계의 주체에 따른 분류 기준을 구하여 국가 또는 공공단체 상호 간, 국가·공공단체와 개인 간의 관계를 규율하는 것을 공법, 개인 상호 간의 관계를 규율하는 것을 사법으로 본다.
성질설 (법률관계설)	법이 규율하는 법률관계에 대한 불평등 여부에 따른 분류기준으로 불평등관계(권력·수직관계)를 규율하는 것을 공법, 평등관계(비권력·대등·수평관계)를 규율하는 것을 사법으로 본다.
생활관계설	사람의 생활관계를 표준으로 삼아 국민으로서의 생활관계를 규율하는 것을 공법, 국가와 직접적 관계가 없는 인류로서의 생활관계를 규율하는 것을 사법으로 본다.
통치관계설	법이 통치권의 발동에 관한 것이냐 아니냐에 따라 국가통치권의 발동에 대한 법을 공법, 그렇지 않은 법을 사법으로 본다.
귀속설 (신주체설)	행정주체에 대해서만 권리·권한·의무를 부여하는 경우를 공법, 모든 권리주체에 권리·의무를 부여하는 것을 사법으로 본다.

43
정답 ②

법률행위의 취소에 대한 추인은 취소의 원인이 소멸된 후에 하여야만 효력이 있다(민법 제144조 제1항).

44
정답 ④

헌법 제11조 제1항은 차별금지 사유로 성별·종교·사회적 신분만을 열거하고 있고 모든 사유라는 표현이 없어 그것이 제한적 열거규정이냐 예시규정이냐의 문제가 제기되는데, 우리의 학설과 판례의 입장은 예시규정으로 보고 있다.

45
정답 ①

사회법은 자본주의의 문제점(사회적 약자 보호)을 합리적으로 해결하기 위해 근래에 등장한 법으로, 점차 사법과 공법의 성격을 모두 가진 제3의 법영역으로 형성되었으며 법의 사회화·사법의 공법화 경향을 띤다.

46
정답 ①

우리나라 헌법은 대법원에 대하여 포괄적인 재판권과 사법권을 부여하지만, 헌법재판소에 대하여는 헌법 제111조 제1항과 제113조 제2항에 따른 위헌법률심판권, 탄핵심판권, 위헌정당해산심판권, 권한쟁의심판권, 헌법소원심판권, 헌법재판소 규칙제정권만을 부여한다.

오답분석
② 위헌법률심판의 대상은 법률이므로 헌법 규정에 대해서는 위헌법률심판을 할 수 없다.
③ 헌법재판소법 제68조 제1항에 해당한다.
④ 헌법재판소법 제41조 제1항에 해당한다.

47
정답 ②

'물권적 청구권'은 물권내용의 완전한 실현이 어떤 사정으로 방해되었거나 또는 방해될 염려가 있는 경우에 그 방해사실을 제거 또는 예방하여 물권내용의 완전한 실현을 가능케 하는 데 필요한 행위를 청구할 수 있는 권리이다. 이는 사권의 보호를 위한 한 수단으로서 소유권절대의 원칙과 가장 관련이 깊다.

48
정답 ③

형법의 장소적 효력 중 보호주의에 대한 설명이다.

형법의 장소적 효력

속지주의	자국영토 내의 범죄에 대해 자국의 형법을 적용
속인주의	자국민의 범죄에 대해 자국의 형법을 적용
보호주의	자국 또는 자국민의 이익이 침해되는 경우 국적·영토에 관계없이 자국의 형법 적용
기국주의	공해상의 선박·항공기는 국적을 가진 국가의 배타적 관할에 속한다는 원칙을 적용
세계주의	국적 여하를 불문하고 문명국가에서 인정되는 공통된 법익을 침해하는 범죄에 대해 자국 형법을 적용

49
정답 ③

상법 제4편 제2장의 손해보험에는 화재보험(ㄴ), 운송보험, 해상보험(ㄷ), 책임보험(ㄱ), 자동차보험, 보증보험이 있다. 재보험(ㅂ)은 책임보험의 규정을 준용(상법 제726조)하므로 손해보험에 포함시킨다.

오답분석
생명보험(ㄹ), 상해보험(ㅁ)은 인보험에 해당한다.

50
정답 ②

행정행위는 법률에 근거를 두어야 하고(법률유보), 법령에 반하지 않아야 한다(법률우위). 따라서 법률상의 절차와 형식을 갖추어야 한다.

01	02	03	04	05	06	07	08	09	10
④	④	④	②	④	④	①	①	③	③
11	12	13	14	15	16	17	18	19	20
②	③	④	④	④	①	②	①	③	④
21	22	23	24	25	26	27	28	29	30
④	②	④	②	①	①	②	①	②	③
31	32	33	34	35	36	37	38	39	40
②	②	③	④	③	③	③	①	④	①
41	42	43	44	45	46	47	48	49	50
②	④	④	③	②	①	④	③	③	②

01 정답 ④

일반적으로 재무제표는 일관성 있게 1년 단위로 작성해야 하는데, 실무적인 이유로 어느 특정 기업이 보고기간을 52주로 한다면 이 관행은 허용된다. 이렇게 작성된 재무제표와 1년 단위로 작성된 재무제표 사이에 상당한 차이가 발생하지 않기 때문이다.

02 정답 ④

토지(유형자산)에 대한 취득세 지출은 원가에 포함되어 자산에 속하기 때문에 당기순이익을 감소시키지 않는다.

오답분석

①·②·③ 비용발생으로 당기순이익을 감소시키는 거래에 해당한다.

03 정답 ④

회계상 거래는 회사의 재무상태인 자산·부채·자본의 증감변동이 일어나는 거래(①, ②, ③)를 말한다. 부동산을 담보로 제공하는 행위는 일상적인 거래에 해당하지만 자산·부채·자본의 증감변동이 일어나지 않으므로 회계상 거래로 보지 않는다.

04 정답 ②

차입금 상환을 면제받는 것은 부채의 감소에 해당한다.

> **부채의 감소**
> • 차입금 상환을 면제받다.
> • 차입금을 자본금으로 전환하다.
> • 차입금을 갚다.

05 정답 ④

내용연수가 비한정인 무형자산의 내용연수를 유한 내용연수로 변경하는 것은 회계추정의 변경으로 회계처리한다.

회계정책의 변경과 회계추정의 변경

구분	개념	적용 예
회계정책의 변경	재무제표의 작성과 보고에 적용되던 회계정책을 다른 회계정책으로 바꾸는 것을 말한다. 회계정책이란 기업이 재무보고의 목적으로 선택한 기업회계기준과 그 적용방법을 말한다.	• 한국채택국제회계기준에서 회계정책의 변경을 요구하는 경우 • 회계정책의 변경을 반영한 재무제표가 거래, 기타 사건 또는 상황이 재무상태, 재무성과 또는 현금흐름에 미치는 영향에 대하여 신뢰성 있고 더 목적적합한 정보를 제공하는 경우
회계추정의 변경	회계에서는 미래 사건의 불확실성의 경제적 사건을 추정하여 그 추정치를 재무제표에 보고하여야 할 경우가 많은데 이를 회계추정의 변경이라고 한다.	• 대손 • 재고자산 진부화 • 금융자산이나 금융부채의 공정가치 • 감가상각자산의 내용연수 또는 감가상각자산에 내재된 미래경제적 효익의 기대소비행태 • 품질보증의무

06 정답 ④

• [재고자산회전기간(일)]

$$= \frac{360}{(\text{재고자산회전율})} = \frac{360}{\frac{[\text{매출원가(또는 매출액)}]}{(\text{평균재고자산})}}$$

$$= \frac{360}{\frac{8,000}{2,000}} = 90일$$

• [영업주기(180일)]=(재고자산회전기간)+(매출채권회수기간)
  ∴ (매출채권회수기간)=90일

• (매출채권회수기간)= $\frac{360}{(\text{매출채권회전율})}$ =90일

  ∴ (매출채권회전율)=4회

• (매출채권회전율)= $\frac{(\text{매출액})}{(\text{평균매출채권})}$ = $\frac{(\text{매출액})}{2,500}$ =4회

  ∴ (매출액)=10,000원

07
정답 ①

(현금 및 현금성 자산)=(현금)+(당좌예금)=(보통예금)=(현금성자산)이다. 이때 취득일로부터 만기가 3개월 이내에 도래하는 금융상품이다.

단, 이때 주의해야 할 것은 만기가 보고기준일로부터 3개월이 아니라 취득일로부터 3개월 이내여야 한다는 것이다. 따라서 주어진 자료에서 양도성 예금증서는 취득시 만기 90일이므로 포함시키고, 만기 2개월 남은 정기예금은 포함시키지 않는다.

∴ (현금 및 현금성 자산)=50,000(통화)+20,000(양도성 예금증서)=70,000원

08
정답 ①

• 계정분석

2021년 충당부채

지출액	14,000	기초	0
기말	4,000	설정액	18,000

2022년 충당부채

지출액	6,000	기초	4,000
기말	0	설정액	2,000

• (2021년 손익계산서상의 설정액)=600,000×0.03=18,000원
• (2년간 실제보증 지출액)=14,000+6,000=20,000원
• (2022년 보증비용 추가설정액)=6,000−4,000=2,000원

09
정답 ③

$$(매출채권회전율)=\frac{(매출액)}{(평균매출채권잔액)}$$

$$=\frac{2,000,000}{(120,000+280,000)\div2}=\frac{2,000,000}{400,000\div2}$$

$$=\frac{2,000,000}{200,000}=10회$$

매출채권회전율이 10회이므로 365일을 10회로 나누면 1회전하는 데 소요되는 기간은 36.5일이다.

10
정답 ③

$$(예정매출수량)=\frac{(고정원가)+(목표이익)}{(공헌이익)^*}=\frac{6,000+20,000}{400-300}$$

$$=260단위$$

*(공헌이익)=(판매가격)−(변동원가)

11
정답 ②

고저점법이란 조업도(생산량, 판매량, 노동시간, 기계작업시간, 기계수리시간 등)의 최고점과 최저점으로 원가함수 $y=a+bx$를 추정하여 회계정보를 분석하는 방법이다.

이 문제에서 x는 생산량의 변화, y는 원가의 변화량을 나타내며, a는 변동비율, b는 고정비를 나타낸다.

$y=ax+b$에서 변동비율 a는 함수의 기울기이므로 다음과 같이 구한다.

$$[변동비율\ a(기울기)]=\frac{(y의\ 변화량)}{(x의\ 변화량)}=\frac{(800,000-600,000)}{(300-200)}$$

$$=2,000원$$

고정비 b는 a에 2,000, x와 y에 각각 (300, 800,000) 또는 (200, 600,000)을 대입해 구한다.

[고정비(b)]=800,000−(300×20,000)=200,000원
총제조원가 10% 증가 → 고정비 10% 증가 → b=220,000원
생산량 400단위 가정 시 → x에 400 대입
∴ y(총원가)=(2,000×400)+220,000=1,020,000원

12
정답 ③

• 계속기록법(Perpetual Inventory System)은 상품을 구입할 때마다 상품계정에 기록하며 상품을 판매하는 경우에 판매시점마다 매출액만큼을 수익으로 기록하고 동시에 상품원가를 매출원가로 기록하는 방법이다.

• 실지재고조사법(Periodic Inventory System)은 기말실사를 통해 기말재고수량을 파악하고 판매가능수량[(기초재고수량)+(당기매입수량)]에서 실사를 통해 파악된 기말재고수량을 차감하여 매출수량을 결정하는 방법이다.

13
정답 ④

대여금은 자금을 빌려준 경우 발생하는 채권으로, 자산에 해당하고, 차입금은 자금을 빌린 경우 발생하는 확정된 채무로 부채에 해당한다. 따라서 채권에 들어갈 계정과목은 차입금이 아닌 대여금이다.

14
정답 ④

주식을 할증발행(액면금액을 초과하여 발행)하면 자본잉여금인 주식발행초과금이 발생한다. 즉, 주식발행초과금은 주식발행가액이 액면가액을 초과하는 경우 그 초과하는 금액으로, 자본전입 또는 결손보전 등으로만 사용이 가능하다. 따라서 자산과 자본을 증가시키지만 이익잉여금에는 영향을 미치지 않는다.

이익잉여금의 증감원인

증가원인	• 당기순이익 • 전기오류수정이익(중대한 오류) • 회계정책 변경의 누적효과(이익)
감소원인	• 당기순손실 • 배당금 • 전기오류수정손실(중대한 오류) • 회계정책 변경의 누적효과(손실)

15 정답 ④

보강적 질적 특성으로는 비교가능성, 검증가능성, 적시성, 이해가능성이 있다.

16 정답 ①

금융원가는 당해 기간의 포괄손익계산서에 표시되는 항목이다.

포괄손익계산서의 항목
• 영업수익
• 제품과 재공품의 변동
• 원재료사용액
• 종업원급여
• 감가상각비와 기타상각비
• 영업손익
• 기타수익
• 이자비용(=금융원가)
• 기타비용
• 법인세비용 차감전 손익
• 법인세비용
• 당기순손익
• 기타포괄손익(가감)
• 주당손익
 - 기본주당순손익
 - 희석주당순손익

17 정답 ②

(매출총이익)=(순매출액)-(매출원가)
(순매출액)=500,000-5,000-20,000=475,000원
(매출원가)=100,000+200,000-5,000-5,000-110,000
    =180,000원
∴ (매출총이익)=475,000-180,000=295,000원

18 정답 ①

• 2021년 감가상각비 : 100,000×30%=30,000원
• 2022년 감가상각비 : (100,000-30,000)×30%=21,000원

19 정답 ③

감가상각방법이 연수합계법이므로, 분모에 총 감가상각대상년수의 합계인 1+2+3+4+5=15를, 분자에 잔여 내용연수인 5를 적용한다. 그리고 기계장치 취득일이 2022년 7월 1일이므로 이 날부터 2022년 12월 31일까지 6개월분을 감가상각하면

$$(1,000,000-100,000) \times \frac{5}{15} \times \frac{6}{12} = 150,000원이다.$$

연수합계법에 의한 1년분 감가상각비

$$[(취득원가)-(잔존가치)] \times \frac{(잔존내용연수)}{(내용연수의 합)}$$

20 정답 ④

고용계약은 그 자체로 당해 기업의 재무상태에 변동을 일으키지 못한다.

회계거래에 해당하지 않는 것	회계거래에 해당하는 것
• 담보설정 • 계약 등 • 상품의 주문 • 발행된 주식을 액면분할	• 도난 • 분실 • 유형자산의 사용에 의한 가치감소 • 건물이 화재로 소실

21 정답 ④

공정가치모형은 최초 측정 시 원가로 기록한 후 감가상각을 하지 않고, 회계연도 말에 공정가치로 평가하여 평가손익을 '당기손익'에 반영하는 방법이다. 즉, 투자부동산에 대해 공정가치모형을 적용할 경우 공정가치 변동으로 발생하는 손익은 발생한 기간의 당기손익에 반영한다.

22 　　　　　　　　　　　　　　　　정답 ②

매입채무와 사채는 금융부채이다. 반면에 선수금, 미지급법인세, 소득세예수금은 비금융부채이다.

23 　　　　　　　　　　　　　　　　정답 ④

부채 대리비용은 채권자와 주주의 이해상충관계에서 발생하며, 부채비율이 높을수록 커진다.

오답분석

① 위임자는 기업 운영을 위임한 투자자 등을 의미하고, 대리인은 권한을 위임받아 기업을 경영하는 경영자를 의미한다. 대리인은 위임자에 비해 기업 운영에 대한 정보를 더 많이 얻게 되어 정보비대칭 상황이 발생한다.
② 기업의 자금조달의 원천인 자기자본과 부채 각각에서 대리비용이 발생할 수 있다.
③ 자기자본 대리비용은 외부주주와 소유경영자(내부주주)의 이해상충관계에서 발생한다. 지분이 분산되어 있어서 외부주주의 지분율이 높을수록 자기자본 대리비용은 커진다.

24 　　　　　　　　　　　　　　　　정답 ②

ㄱ. 미수금 : 일상적 판매대상인 상품·제품 이외의 자산을 매각한 대금 중 미수된 금액으로, 유동자산에 해당한다.
ㄷ. 현금 및 현금성 자산 : 현금과 현금성 자산은 모두 유동자산에 해당하며, 현금성 자산이란 큰 거래비용 없이 쉽게 현금화할 수 있는 일종의 대기 투자자금을 말한다.

오답분석

ㄴ. 선수금 : 용역이나 상품의 대가를 분할하여 받기로 하였을 때 먼저 수령하는 금액으로, 유동부채에 해당한다.
ㄹ. 장기차입금 : 결산일 또는 그다음 날을 기준으로 지급 기한이 1년 이상인 차입금을 말하며, 고정부채에 해당한다.
ㅁ. 예수금 : 거래와 관련하여 임시로 보관하는 자금으로, 유동부채에 해당한다.

25 　　　　　　　　　　　　　　　　정답 ①

단기매매목적으로 보유하는 유가증권의 취득과 판매에 따른 현금흐름은 영업활동현금흐름으로 분류한다.

26 　　　　　　　　　　　　　　　　정답 ①

감자차익은 당기순이익에 영향을 미치지 않는다.

27 　　　　　　　　　　　　　　　　정답 ②

관련범위 내에서 조업도가 0이라도 일정액이 발생하는 원가를 혼합원가라 한다.

오답분석

① 기회원가는 현재 기업이 보유하고 있는 자원을 둘 이상의 선택 가능한 대체안에 사용할 수 있는 경우, 최선의 안을 선택함으로써 포기된 대체안으로부터 얻을 수 있었던 효익을 의미하며, 의사결정 시 고려할 수 있다.
③ 관련범위 내에서 생산량이 감소하면 단위당 고정원가는 증가한다.
④ 관련범위 내에서 생산량이 증가하면 단위당 변동원가는 변함이 없다.

28 　　　　　　　　　　　　　　　　정답 ①

- (2022년 말 감가상각액)$=\dfrac{(취득원가)-(추정잔존가치)}{(추정내용연수)}$

  $=\dfrac{2,000-200}{4}=450$원

- (2022년 말 장부금액)$=2,000-450=1,550$원
- 2022년 말에 동 설비를 1,400원에 처분하였으므로 (유형자산처분손익)$=1,400-1,550=-150$원이다.

29

정답 ②

수선충당부채 및 퇴직급여부채는 비유동부채에 해당된다.

유동부채와 비유동부채의 구분

유동부채	비유동부채
• 매입채무	• 장기차입금
• 미지급비용	• 사채
• 단기차입금	• 수선충당부채
• 선수금	• 장기매입채무
• 미지급금	• 장기미지급금
• 유동성장기부채 등	• 퇴직급여부채

30

정답 ③

수정전시산표는 결산 이전의 오류를 검증하는 절차로 '필수적' 절차가 아니라 '선택적' 절차에 해당한다.

31

정답 ②

대변에 선급보험료 300원이 수정(감소)되었기 때문에 수정전시산표의 선급보험료가 기말 재무상태표의 선급보험료보다 300원 많은 것을 선택하면 된다.

32

정답 ②

(현금 및 현금성 자산)=1,000(당좌예금)+455(배당금지급통지표)+315(우편환증서)+200(타인발행수표)=1,970원이다.

> **현금 및 현금성 자산**
> 기업이 보유하고 있는 통화 및 통화대용증권과 당좌예금이나 보통예금 등 요구불예금 및 현금성 자산을 말한다. 차용증서(단기대여금), 임차보증금(비유동자산), 당좌개설보증금(장기금융상품), 수입인지(소모품비) 등은 제외된다.

통화	지폐, 주화 등 사용가능한 화폐(외국화폐 포함)
통화대용 증권	국고지급통지서, 가계수표, 타인발행수표, 자기앞수표, 여행자수표, 대체저금환급증서, 공사채만기이자표, 일람출급어음, 배당금지급통지표, 우편환증서, 우표수표, 송금수표, 만기도래 약속어음, 환어음 등

33

정답 ③

일괄구입이란 두 종류 이상의 자산을 일괄구입가격으로 동시에 취득하는 것을 말한다. 두 종류 이상의 자산을 일괄구입가격으로 동시에 취득하는 경우, 개별자산의 취득원가는 개별자산의 상대적 공정가치의 비율로 개별자산에 배분하여야 한다.

- (토지)$=1,200,000\times\dfrac{1,200,000}{1,200,000+300,000}=960,000$원

- (건물)$=1,200,000\times\dfrac{300,000}{1,200,000+300,000}=240,000$원

34

정답 ④

정보이용자가 항목 간의 유사점과 차이점을 식별하고 이해할 수 있게 하는 질적 특성은 '비교가능성'이다. 이해가능성은 정보이용자가 그 정보를 쉽게 이해할 수 있어야 한다는 특성이다. 즉, 정보를 명확하고 간결하게 분류하고, 특징지으며 표시해야 한다는 의미이다. 이는 정보이용자가 제공된 회계정보를 이해하지 못하는 경우 회계정보는 의사결정에 영향을 미치지 못하고 유용한 정보가 될 수 없기 때문이다.

35

정답 ③

- (매출원가)$=\dfrac{(당기매출액)}{[1+(원가에 대한 이익률)]}=\dfrac{6,000}{1+0.2}=5,000$원

- (기말재고액)=(기초재고액)+(당기매입액)−(매출원가) $=2,200+4,300-5,000=1,500$원

36

정답 ③

오답분석

① 재평가가 단기간에 수행되며 계속적으로 갱신된다면, 동일한 분류에 속하는 자산이라 하더라도 순차적으로 재평가할 수 있다.
② 유형자산을 재평가할 때, 그 자산의 장부금액을 재평가금액으로 조정한다.
④ 자산의 장부금액이 재평가로 인하여 감소된 경우에 그 감소액은 당기손익으로 인식한다. 그러나 그 자산에 대한 재평가잉여금의 잔액이 있다면 그 금액을 한도로 재평가감소액을 기타포괄손익으로 인식한다.

37

정답 ③

(기말재고자산)$=200,000+(100,000\times0.7)=270,000$원

38

정답 ①

- (매출원가)=(기초재고)+(당기매입액)−(기말재고) $=9,000+42,000-6,000=45,000$원
- $6,000$(기말장부)$-4,000$(기말순실현가능가치)$=2,000$원(평가손실)

39 정답 ④

화폐의 시간가치 영향이 중요한 경우 충당부채는 의무를 이행하기 위하여 예상되는 지출액의 현재가치로 평가한다. 또한 할인율은 부채의 특유한 위험과 화폐의 시간가치에 대한 현행 시장의 평가를 반영한 세전 이율이다. 이 할인율에는 미래현금흐름을 추정할 때 고려한 위험을 반영하지 아니한다.

40 정답 ①

외상매출금

(단위 : 원)

기초	120,000	회수	(1,096,400)
기말	1,108,000	대손	1,600
		기말	130,000
계	1,228,000	계	1,228,000

대손충당금

(단위 : 원)

대손	1,600	기초	3,000
기말	2,400	설정	1,000
계	4,000	계	4,000

41 정답 ②

- 기말상품재고액은 저가주의에 의한 순실현가능가치로 인식된다.
  A상품 : 1,000원, B상품 : 1,900원
  (기말재고자산 합계)=1,000+1,900=2,900원
- (매출원가)=0(기초재고)+10,000(당기매입)−2,900(기말재고)=7,100원

42 정답 ④

- 현금유입액

	기초	400,000
−	감가상각누계액	140,000
	장부금액	260,000
+	구입액	140,000
−	기중 감가상각	50,000
	장부금액	350,000원

이때 460,000(기말)−160,000(감가상각누계액)=300,000원 (실제 장부금액)이다.
따라서 (350,000−300,000=50,000원)(장부금액 처분차액)+10,000원(이익)이므로 현금유입액은 60,000원이다.

43 정답 ④

- (기말 부채총액)=(기말 자산총액)−(기말 자본총액)
  =(기말 자산총액)−[(기초 자본총액)+(순이익)−(기중 배당금의 지급)]
  =(기말 자산총액)−[(기초 자본총액)+(총수익)−(총비용)−(기중 배당금의 지금)]
  =400,000−(120,000+400,000−320,000−30,000)
  =230,000원

44 정답 ③

재고자산의 매입원가는 매입가격에 수입관세와 제세금, 매입운임, 하역료, 완제품, 원재료 및 용역의 취득과정에 직접 관련된 기타원가를 가산한 금액이다. 매입할인, 리베이트 및 기타 유사한 항목은 매입원가를 결정할 때 차감한다.

45 정답 ②

독립된 외부감사인이 충분하고 적합한 감사증거를 입수하였고 왜곡표시가 재무제표에 개별적 또는 집합적으로 중요하지만 전반적이지는 않다는 결론을 내리는 경우 표명하는 감사의견은 한정의견이다.

46 정답 ①

완성될 제품이 원가 이상으로 판매될 것으로 예상하는 경우에는 그 생산에 투입하기 위해 보유하는 원재료 및 기타 소모품을 감액하지 아니한다(즉, 저가법을 적용하지 않음). 그러나 원재료 가격이 하락하여 제품의 원가가 순실현가능 가치를 초과할 것으로 예상된다면 해당 원재료를 순실현가능 가치로 감액한다. 이 경우 원재료의 현행대체원가는 순실현가능 가치에 대한 최선의 이용가능한 측정치가 될 수 있다.

오답분석
② 선입선출법은 기말재고금액을 최근 매입가격으로 평가하므로 비교적 자산의 시가 또는 현행원가(Current Cost)가 잘 반영된다.
③ 후입선출법에 대한 설명이다.
④ 통상적으로 상호 교환될 수 없는 재고자산항목의 원가와 특정 프로젝트별로 생산되고 분리되는 재화 또는 용역의 원가는 개별법을 사용하여 결정한다.

47

정답 ④

선급금과 선수금은 각각 비금융자산과 비금융부채에 해당한다.

금융자산과 금융부채의 비교

구분	금융자산	금융부채
금융	현금 및 현금성 자산, 매출채권, 대여금, 받을어음, 지분상품 및 채무상품, 투자사채 등	매입채무, 지급어음, 차입금, 사채 등
비금융	선급금, 선급비용, 재고자산, 유형자산, 무형자산 등	선수금, 선수수익, 충당부채, 미지급법인세 등

48

정답 ③

가수금은 이미 현금으로 받았으나 아직 계정과목이나 금액 등을 확정할 수 없어 일시적으로 처리하는 부채계정으로 기말 재무상태표에는 그 내용을 나타내는 적절한 계정으로 대체하여 표시해야 한다. 또한, 당좌차월은 당좌예금잔액을 초과하여 수표를 발행하면 발생하는 것으로 기말 재무상태표에는 단기차입금 계정으로 표기한다.

49

정답 ③

검증가능성은 둘 이상의 회계담당자가 동일한 경제적 사건에 대하여 동일한 측정방법으로 각각 독립적으로 측정하더라도 각각 유사한 측정치에 도달하게 되는 속성을 말한다. 즉, 검증가능성은 정보가 나타내고자 하는 경제적 현상을 충실히 표현하는지를 정보이용자가 확인하는 데 도움을 주는 보강적 질적 특성이다.

재무정보의 질적 특성

근본적 질적 특성	• 목적적합성	• 충실한 표현
보강적 질적 특성	• 비교가능성 • 적시성	• 검증가능성 • 이해가능성

50

정답 ②

주식을 할인발행하더라도 총자본은 증가한다.

오답분석

① 중간배당(현금배당)을 실시하면 이익잉여금을 감소시키게 되므로 자본이 감소한다.
③ 자기주식은 자본조정 차감항목이므로 자기주식을 취득하는 경우 자본이 감소한다.
④ 당기순손실이 발생하면 이익잉여금을 감소시키게 되므로 자본이 감소한다.